U0128454

曾国藩
和他的幕僚们

马东玉 ———— 著

团结出版社

图书在版编目（CIP）数据

曾国藩和他的幕僚们／马东玉著. 一北京：团结
出版社，2012.1（2022.12 重印）
ISBN 978-7-5126-0718-7

Ⅰ.①曾… Ⅱ.①马… Ⅲ.①曾国藩（1811～1872）
－人物研究 Ⅳ.①K827=52

中国版本图书馆 CIP 数据核字（2011）第 261053 号

出　版：团结出版社
　　　　（北京市东城区东皇城根南街 84 号　邮编：100006）
电　话：（010）65228880　65244790（出版社）
　　　　（010）65238766　85113874　65133603（发行部）
　　　　（010）65133603（邮购）
网　址：http://www.tjpress.com
E-mail：zb65244790@vip.163.com
　　　　tjcbsfxb@163.com（发行部邮购）
经　销：全国新华书店
印　装：三河市东方印刷有限公司

开　本：170mm×240mm　16 开
印　张：20
字　数：290 千字
版　次：2012 年 1 月　第 1 版
印　次：2022 年 12 月　第 2 次印刷

书　号：978-7-5126-0718-7
定　价：49.00 元

前　言

　　幕僚又称幕友、幕宾，是旧时大帅或军政长官的参谋、书记人等。《晋书》记载，东晋大将桓温组织北伐军，用郗超为幕僚，谢安、王坦之等名将诣桓温处议论军事，桓温让郗超卧在帐中床上听之，风动帐开，谢安看见躺在床上的郗超，笑着说："郗生可谓入幕之宾矣！"[①] 所以，幕僚最雅的称谓还是幕宾。这个小故事说明军政长官对幕僚的重视程度，桓温用郗超之计两度北伐，取得不少胜利，终为前秦阻扼。谢安以"北府兵"八万人打败前秦数十万大军，取得淝水之战的巨大胜利。八万北府军打败九十万秦军，用的也是朱序的计谋。

　　军事的重大胜利靠的是多方面的因素，诸葛亮用兵如神最后还是失败了，但他一个文人指挥较弱的蜀军能取得很多胜利，又与他的用兵谋略分不开。所以，名将无不重视谋士，名君也都重视谋臣。

　　幕僚班子称幕府，幕府的大小、质量在于幕主，即长官的个人气度诸方面，说到底还是个用人问题。

　　远的不说，近代的曾国藩、李鸿章、左宗棠，其中曾国藩的幕府最盛，人才质量也最佳，李、左两人也都曾是曾的幕宾。李鸿章的幕僚也不少，但人品学问远不如曾幕，鸡鸣狗盗者居多。左宗棠的个人气度差，很不能容人，因此他几乎没有幕僚，他自己也常叹息"营务处视同虚设"，遇事

---

① 《晋书·郗超传》。

无人商量，也想"得良才助勋"，但终因"性情太刚，气度太窄，到底不能容人才；真是人才，不愿常为文襄公所用；能够留下的，就余子碌碌不足数了。"①

曾国藩深知人才的可贵，也深窥用人的精妙。他尝读《史记·高祖本记》，刘邦在百官面前承认自己文不如萧何、张良，武更难与韩信相比，但是萧、张、韩三人为什么能听命于他？三人又为什么能各尽其才？这就是三人不如他的地方，这就是刘邦的才能。

曾国藩心里也非常明白，用兵打仗自己是个外行，不仅无法与郭子仪相比，就连手下大将塔齐布、罗泽南等也远远不及。然而，数十年所以能成就一番事业，全赖众人的襄助，倘若没有众多杰出人才的辅佐，他一介书生，凭什么以武功名世？这些人是他或识之于风尘，或拔之于微末，或破格委之以重任，用之任之，不猜不疑。人世间有多少才能，识人用人是一切才能中的最大才能，自己能清楚这一点，并能运用自如，才是自己一生中最大的幸事。

曾国藩辞世，与他不睦八年的左宗棠送来的挽联曰：

> 谋国之忠，知人之明，自愧不如元辅；
>
> 同心若金，攻错若石，相期无负平生。②

这幅联语曾国藩辞世前已经见过，听说曾国藩病重，远在西北战场的左宗棠寄来一封情意真切的信，信中就有这个联语。曾国藩看了十分欣慰，不再归咎这个"湖南骡子"八年前向朝廷告发他的过错③，同时对他非常感激，认为"知人之明，谋国之忠"，是对他一生最为准确的概括，并期望这个评价能得到当世的公认和后人的重视。

时人赞誉他德近孔孟，文如韩（愈）欧（阳修），武比郭（子仪）李

---

① 秦翰才：《左文襄公在西北》，第19页。

② 《左宗棠全集》，第13册，第485页。

③ 事见拙著《曾国藩大传》第四十一章；《左宗棠》第十三章。

（泌），勋过裴（度）王（阳明），是一代完人，后世楷模，曾国藩皆听后晒之，而唯对左宗棠八字评语感到欣慰、感激。左氏概括的那八个字，对清廷的忠诚固然重要但却是空洞，此外便剩下"知人之明"了，左氏"自愧不如"者也正是这个"知人之明"，才使自己的幕中空虚，目空一切的老左也总算看清了个人的最大缺失。

本人读到这里，心有感念。在写罢曾氏、左氏传后，还想把曾氏的用人问题再说几句话。正巧，团结出版社副总编辑张阳同志欲组织一组"幕僚"的书稿，本书便也算凑个份子。

目 录

一

犯颜直谏而被荐

曾国藩少年得志，27 岁中进士、点翰林，尔后踌躇满志，要做孔孟那般的大儒，做诸葛亮、陈平那样的"布衣之相"，还要做司马迁、班固、韩愈、欧阳修那样的大学问家。

为此，他下苦功夫修德读书，其德行大进，学问大长，也的确距孔孟、韩愈、欧阳修不远了。

但是，因时局的突然变化，却把他推上带兵打仗的位子上，这是他万万没想到的。

1850 年，道光皇帝在内忧外患交迫之中抑郁死去，咸丰帝继位，为救民于水火，下诏开言路、求贤才。

曾国藩于道光十八年（1838 年）中进士做京官，距今已是十余年。这些年曾国藩由七品翰林升至二品大员，但也是清政府痛遭外敌入侵，江河日下的十余年。十几年未回家乡，但家乡的许多好友如刘蓉、郭嵩焘、欧阳兆熊、罗泽南等不断写信反映湖南地方情形，多说官场腐败，摊派多如牛毛，自然灾害不断发生，迫使各地农民暴动、土匪抢劫，民不聊生。

1851 年，广西发生农民大起义，短短几个月便接连大败清朝钦差大臣李星沅、广西巡抚周天爵，扯旗北上，称王封制。同年 3 月，咸丰帝任命他的舅父、首席军机大臣赛尚阿为前线总指。当时，赛尚阿在清廷中地位最高，与咸丰的关系也最密切，派他去前线作战，朝野反响极大，认为清廷的内忧之局，已非同一般了。

形势所迫，曾国藩再无法面壁坐省，也无法静心读书，他先是应诏连上

《应诏陈言折》《条陈日讲事宜疏》《备陈民间疾苦疏》《平银价疏》《议汰兵疏》。奏折揭示了民间的种种苦处、官吏无能腐败、兵勇徒费国用等实情，要求皇帝采纳，革除各种弊端。同时提出选拔贤才，以供救时之用，奏折推荐了江忠源、李棠阶、吴廷栋、王庆云、严正基等人，认为这些人"堪当大用"。

当时的曾国藩尚不知咸丰是个毫无作为的皇帝，与六弟奕䜣争夺皇位已弄得精力衰竭，登上帝位不过循例发了求贤诏书。对曾国藩上的一系列奏折也不知看是未看，反正让曾国藩等了许多时日，仍不见消息。

待到太平天国农民大起义，连败李星沅、周天爵大军，朝廷震动，曾国藩便着了急，他多次写信给湖南的朋友，说自己上疏多篇，大臣们也纷纷上奏，但年轻的皇帝多置于不问，或以"知道了""勿庸议"数字了之，把大臣的奏疏"高阁束置，若风马牛不相与"，将"书生之血诚，徒供胥吏唾弃之具"。①

情急之下，尚不大通时务的曾国藩又于1851年5月上了一道锋芒直指咸丰皇帝本人的折子，名为《敬陈圣德三端预防流弊》。他认为，新君登位，文武多谨小慎微，"唯阿之风"正在形成。这对青年皇帝可不是好事，容易滋长皇帝的"骄矜"，养成"恶直好谀"的习性，那就是国家的祸事了。而自己作为二品大员，十年不断荣升，却未给国家造出寸功，现在正是国家多事之秋，必须有个英明的皇帝主持国家大事，因此趁着新君登位不久，冒死把"骄矜之机关说破"，使新君"日就竞业"，使朝臣"趋于骨鲠"，以树立朝廷进取之风，救国救民于水火②。

曾国藩的"犯颜直谏"，几乎因此丢了前程甚至脑袋。但其"冒死直陈"，在朝廷和家乡知识分子中反响极大，反而造成了他十年间不断荣升。

---

① 《曾文正公书札》，第1卷，第30页。
② 《曾文正公家书》，咸丰元年五月十四日。

上疏的确不寻常，是直接揭皇帝的短。

宗旨包括三个方面：一是批评皇帝苛求小节，疏于大计，对前线的统帅安排不当，造成作战的失败；二是批评咸丰文过饰非，不求实际；三是批评皇帝骄矜，出尔反尔，刚愎自用，言行不一①。

曾国藩怕这篇疏稿仍像前几篇那样，石沉大海，在上朝时当着皇帝和百官的面把紧要内容背了下来。由疏谏变成了面陈。

自金田起义后，前线的风声越来越紧，咸丰的朝会也就很多，所议内容也多是战事。由于朝会多，议论又关乎战争大计，所以发言的臣工就越来越少，多是皇帝点名逼着才说几句无关痛痒的话。

一次朝会，君臣面对沉默一段后，曾国藩突然出班跪在百官之前，面对皇帝大声背他的那篇奏稿。

开始他跪奏了"防琐碎之风"，举例说皇帝自统驭天下以来，多以小节归咎大臣，因小失大。广西的军事用人，也是因小失大，筹措之中皆有失误。

曾国藩的湖南话不易被人听懂，所以他说的节奏很慢，但声音却极为洪亮，加之朝堂上十分寂静，让百官清清楚楚地听到曾国藩在句句指责皇帝本人，因此鸦雀无声，不知会如何收场。

咸丰听了第一段，克制着勃勃升腾的怒火，往下听着。

曾国藩揭露他开言路是文过饰非。言称百官应诏上疏，多不见回音，或以"知道了"应付，间或有褒奖者，亦不知何由褒，或褒之而贬之，臣工不知措。如"手诏以褒倭仁，未几而疏之以万里之外；优者以答苏廷魁，未几而后为乱道之流。是鲜察言之实意，续饰纳谏之虚文。"

他明明看到面前的年轻皇帝脸色由白变红，两眼变形、嘴角拉长、牙齿咬了起来，是为怒极之兆。但他不等皇帝发声吐气，一口气又背出"防骄矜

---

① 《曾文正公全集·奏稿》（以下简称《曾文正公奏稿》）第 1 卷，第 32—37 页。

之气"。这时咸丰已听不到曾国藩所言内容，只听到"饰非拒谏""娱神淡远""恭己自怡""厌薄恒俗而长骄矜之气"等指责他的短语。

年轻的咸丰自登极以来尚无人敢如此指责他，于是大喝："狂悖！""你，你，该当何罪！"马上要令军机拟曾国藩之罪。

此时，大学士祁隽藻、左都御史季芝昌出班跪求，说曾国藩罪该万死，但出于对国家的愚忠，冒死直陈，原视皇帝为尧舜，自古"君圣臣直"，望免其罪。咸丰这才未加其罪，仍愤愤连声，命令退朝。

曾国藩的"犯颜直谏"，在清廷的官中传扬；湖南地方也无不说湖南出了个海瑞。刘蓉、罗泽南、郭嵩焘、江岷樵、欧阳兆熊等人同声称赞曾之"大疏所陈，动关至计，是固有言人所不能言、不敢言者"，此举"慰天下贤豪之望，尽大臣报国之忠！"

一场风波过去，但太平军北上的风声却越来越紧，咸丰二年（1852年）六月，曾国藩授为江西省乡试正考官，奏准回籍探亲。当他行至安徽太湖县小池驿时，忽接母亲江氏去世的讣闻，遂调转方向，由九江登船，急急奔回原籍奔丧。船行不久，又闻湖南省城长沙已被"长毛"围困多时，只得由水路改走旱路，经湘阴、宁乡而达湘乡荷叶塘老家。

曾国藩一踏入湖南，太平军的传闻更紧了，长沙被围虽解，但岳州失陷、武汉丢失，围追太平军的大帅赛尚阿、向荣、乌兰泰皆受处分，前线再无能征之帅、能战之兵了。

此时有人上疏，让地方官举办团练，利用人地两熟的条件，组织地方武装，保卫桑梓，对抗太平军。

曾国藩尚未到家，让他在湖南举办团练的诏书已传到他手中。

不久听说，是他在京中的老师和密友唐鉴向皇帝举荐了他。

曾国藩与唐鉴相识于一个偶然的机遇。唐鉴，字镜海，湖南善化人。道光二十一年（1841年），由江宁藩司调京师任太常寺卿，道光皇帝在乾清门接见他，曾国藩作为翰林院检讨，侍驾在侧。道光帝极称唐鉴治朱子学的成就，皇帝的极力称赞让曾国藩既羡慕又好奇，便主动去拜访。

两人一见如故，在唐鉴告老之前的五年中，两人几乎无日不见。曾国藩以弟子礼诚心接受他的教诲，唐鉴把自己一生所学毫无保留地教给了曾国藩。他在京师十二年，虽升为二品大员，但皆为虚职，他利用这十二年顺着唐鉴的指示方向，读经、克省，也成为了当时少见的一代大儒。曾国藩的品质和学问，唐鉴自然是十分清楚的。

唐鉴于道光二十五年（1845 年）致仕还乡，到江宁金陵书院主讲，名震江南。咸丰二年七月，咸丰帝召他入京，连连召见，垂问军国大计。唐鉴向他推荐了曾国藩，详细讲述了曾的人品、学问，以为"曾涤生才堪大用，为忠诚谋国之臣"，并以自己一生名望担保，请咸丰帝坚信其忠贞，将来必成大事，请咸丰帝任命他为湖南团练大臣。

曾国藩接到任命诏书，因热孝在身，并无出山之意，加上自己对带兵打仗全无心理准备，虽儒家有修齐平的宗旨，但文人带兵毕竟在历史上少见。

太平军在两湖的节节胜利，激起湖南士子的保家卫国情怀，也不断给曾国藩冲击。尤其是以他为榜样的湖南友人，都亟望他能出山带头打击太平军。

曾国藩向皇帝推荐过的江忠源，是湖南新宁人。道光丁酉（十七年）年举于乡，与同乡刘长佑入京，拜访曾国藩。曾见到此二人，认为皆不凡，尤以为江忠源为血性男儿，"必立名天下，然当以节烈死。"[1] 道光末年，湖南大乱，江便自办团练，镇压了雷再浩起义，以知县用。洪秀全起义后，他与弟弟江忠浚率"楚勇"投奔赛尚阿，参加了桂林、永安、全州、道州、桂阳、

----

[1]　朱孔彰：《中兴将帅别传》，第 23 页。

郴州、长沙诸战役。他募的"楚勇"作战十分勇敢，以一当绿营军十百，上述战役清军虽败，但在"楚勇"担当的局部战斗中，皆打败对敌的太平军，尤其全州蓑衣渡一战，"楚勇"打死了太平军南王冯云山，江忠源的名声在太平军和清廷上下，已很响亮。

江忠源几次来信催促曾国藩出山。

罗泽南曾为曾国藩推荐，他是长沙知识分子推重的人物。他是举人办私塾，培植了大批知书又知兵的青年士子，王鑫、李续宾、李续宜、蒋益沣、刘腾鸿、杨昌浚，后来都是湘军的悍将，此时都是他的学生。太平军入湖南，罗泽南正办团练，听说曾国藩回乡，更是极力拥护他出山领导。

当时的湖南巡抚张亮基，在幕僚左宗棠的推荐下，也给曾国藩写信，请他出来相助镇压太平军。但是，曾国藩顾虑重重，反而具折让张亮基代发，要求在家守制三年。

这时，太平军攻克武汉又回头向长沙进攻，张亮基与左宗棠等商量，让郭嵩焘到曾国藩家里致吊，劝说他出山。

郭与曾的关系比其他朋友还亲密。他与曾都是翰林出身，也因丁母忧回籍守制，太平军进攻湖南，他主动为张亮基出谋划策，并被众人推至曾家作说客。

郭向曾剖析利害，并告诉他自唐鉴推举之后，皇帝又在朝堂上公开征询了大臣的意见，其中恭亲王和内阁学士肃顺极力保举，说曾是林则徐、陶一类的报国忠臣，如今洪、杨造反，非得这样的人物出山不可。

曾国藩在朝中多年，深知恭亲王和肃顺，二人是皇族中的顶尖人物，有他们在朝中支持，不怕地方的事办不好。郭嵩焘怕曾国藩怀疑，遂取出好友周寿昌的信。

周寿昌是长沙人，也是翰林出身，是京官中曾的同乡，感情自然很好。周是京官中有名的"包打听"，他的消息既快又准，不容怀疑。

郭与曾分析，"长毛"的致命之处是拜上帝，迷信《新约》，以数千年的儒教为敌，所到之处毁学官、砸孔位、杀儒士，文人学士无不切齿恨之。连乡村愚民，走卒贩夫也不容之。吾辈打起捍卫名教的旗帜，必定得天下士子之心，天下人都能归顺勤王卫道之师，"长毛"是不会长久的。

郭嵩焘又主动承担办团练的第一笔经费，愿去湘阴劝募二十万两白银。又让当时任湘乡挂名团总，曾国藩之父曾麟书劝儿子出山，使曾国藩上应诏命，下应父命，移孝为忠，名正言顺。

曾国藩这才打消顾虑，决定出山办团练。第二天，又接到咸丰的第二道急旨，催令曾国藩寻人抓紧组织团练，奔赴前线，那天是咸丰二年十二月十三日（1853 年 1 月 21 日）。曾国藩安排好家事，四个弟弟都要随兄上战场，曾国藩只带曾国葆一人离家，让曾国荃、曾国华先在家守孝，等待时机。于是，再祭母亲，求母亲谅他难尽孝道，墨经出山①，尽忠国家。

---

① 墨经：指居丧时穿的孝服，这里指守孝之时。

二
第一个幕僚

咸丰二年十二月十七日（1853年1月25日），曾国藩与郭嵩焘从家乡动身前往长沙，途经湘乡县城时，接到巡抚张亮基征调湘乡练勇一千名赴省城的扎令。已募集好的千名练勇正好由曾国藩带走，湘乡的罗泽南、刘蓉、朱孙诒也随曾国藩而去。这些人便是曾国藩初办团练的班底。

十二月二十二日，曾国藩一行赶至长沙，早有江忠源、左宗棠和众乡绅，及昔日岳麓书院的一班同学前来迎接。

随后，巡抚张亮基在大开的中门外率领省署全数官员大张旗鼓，迎接曾国藩。在欢迎宴上，接待者各怀鬼胎，多数心想曾国藩一介文士，带兵打仗不过说着好玩。而张亮基见曾国藩墨经出山，练勇为他守地方，最少也能减轻他遭受长毛攻击的负担，口口声声"仁兄对湖南挚爱，对小弟挚爱，望施补天之术，使三湖之土早得安宁！"

曾国藩心中空虚，一再谦恭，言称一介书生，不可寄之深望。张亮基却说他是一位建非常之业、立非常之功的当代豪杰，他朗朗背诵曾国藩的题《戎行图》古风："生世不能学皋，裁量帝载归甄陶。犹当不同郭与李，手提两京还天子。……读史万卷发浩叹，余事尚须效脒起。"①

曾国藩听了感激、兴奋，三角眼放出神采，两颊也布上多时未有的光辉。

第二天，曾国藩向咸丰拜折，要求在长沙建一大团，成就劲旅，剿灭

---

① 《曾国藩诗集》第1卷。该诗为唐镜海二图之一《十月戎行图》题。

"洪杨发匪"。随后把一千团丁编为两营，由罗泽南、王鑫各带一营；从中抽出八十名精悍干将，组成亲兵队，由曾国葆统带。再组织一队人马，十余名委员，在紧挨巡抚衙门的鱼塘口开一衙门，招牌上写着"湖南审案局"，委托过去兵麓书院的同窗，在籍江苏候补知州黄廷瓒负责。

这个黄廷瓒，便是曾国藩出山后的第一个幕僚。

黄廷瓒在读书时就认真刻苦，目不斜视，是个典型的书痴，所以做人也率真。大家都把他当成书呆子取笑，连取笑他的话他也当成真的，人们大笑而去，他也以微笑作答。正因为他的迂直，所以官场上混得很差，任江苏候补知州，一候便是三年，都一直得不到实缺，弄得衣食无着，寒酸不堪，连母亲去世奔丧的路费都没有。

曾国藩看好的便是他的率真。当今官场腐败，官吏多是油滑之徒，正缺少这种不会取巧、心地实在的人。曾国藩把审案局事务全盘委托他负责，其他委员要办的事务，曾国藩也让他监管。一般的案件，曾国藩让他审理甚为放心，黄廷瓒也能办得井井有条。

实际上"审案局"在长沙省城处位尴尬，它不是个正常衙门，曾国藩也只是"帮办"差事，不是钦差，毫无实权。他带来的千把人犹如后来说的民兵，无正规训练、无正规装备，也没有粮饷供应。连他的"审案局"所有供给，国家不曾给一文钱，郭嵩焘答应去湘阴募款，但尚未成行，所有需求给养，全是曾国藩等人掏的腰包、凑的份子。

所以，"审案局"成立后所做之事，只是帮着省署维持地方治安。

因受太平军起义影响，本就"不靖"的湖南，遍地是"匪类"起事，其中有的是反对官府的暴动，而多数则是趁火打劫的土匪暴乱。

因此，"审案局"有的是事做。那千把"民兵"，虽未经与太平军对仗，对付小股暴动或暴乱，却绰绰有余。

初入长沙，道州便发生天地会何贱苟宣布起义，围攻县城。曾国藩派王鑫、刘长佑、李朝辅前往镇压。队伍刚出发，又接衡山草市刘积厚起事，杀死地方官，响应太平军，曾国藩又命人催马出令，让王鑫分兵前往衡山对付刘积厚。命令刚发出，又报信县黑红会、桂阳丰边钱会、安化串子会、永州一炷香会同时起事。

几天里，呈报到"审案局"里的急件一大堆。曾国藩既要向上报告，又要向各路"民兵"发命令，还要审理抓来的"盗匪"。这些亏得有黄廷瓒辅佐，各种命令、报告、文件，黄廷瓒写得又快又好，收发处理都十分得体。审理案件也全是他一人主持，只要得到曾国藩的命令，他也审理处置得干净利落。

曾国藩给他的命令也很简单：只要审实是盗贼、土匪和捉回来的暴乱者，立即推出正法，毫不停留。为了警示震慑，他还命人制作一批木笼，类于囚车，把死囚枷在木笼里游街示众。游罢街也不取出，直至游死、饿死为止。于是，没过多久，湖南百姓皆知长沙来了个残忍酷毒的团练头子曾国藩。许多人向省里告状，说"审案局"是阎王殿，连审案局里的委员们也不打算再陪曾国藩干这些伤天害理之事了，大都溜之大吉。

但黄廷瓒仍一如既往，毫不动摇。每天的事务多得不可开交，他从早至夜，认真而兴奋，根本顾不得吃饭和休息，毫无怨言，就像处理自己的家务，盖房子娶老婆那样。

告状的人也无从说理。张亮基百分之百支持曾国藩，不断把曾的"成绩"上报皇帝，咸丰下旨说曾国藩"有胆有识，刚强干练"。

但不久形势发生根本变化，武汉失守，总督徐广缙被革职，张亮基奉调接替徐广缙，湖南巡抚由原任骆秉章复职，布政使是徐有壬，按察使为陶恩培。这三个人一来长沙就表示对曾的做法不买账，曾国藩的日子也就不好过了。

但曾国藩仍一味蛮干，且不听黄廷瓒的劝告，闯了大祸。

一天，团丁报告说小西门米行被抢，那是长沙城最大的米行。

曾国藩一听便恼火，立命曾国葆派快马去罗泽南营调回一百团丁，前往米行。又命黄廷瓒带几个亲兵，前往米行调查现场。

黄廷瓒很快回来报告情况，那里数百人闹事，米行被打开，有十几个壮汉给百姓发米，更多的老人孩子拥入米行自行取米，秩序很乱。

"这些无法无天的匪徒，开仓放粮，这是造反啊！"曾国藩高声骂着。

罗泽南营距米行很近，不久便包围米行，驱散群众，捆来放米的十三个"匪首"，交到审案局。曾国藩像往常一样，命黄廷瓒负责审理。

深夜，黄廷瓒汇报了审讯情况。

米行老板吴新刚是个贪婪阴毒的奸商，多年来他收买官府欺行霸市，靠着多种不法手段垄断了长沙城的米市，百姓叫他"无心肝"。事件发生的原因是他在如今长沙缺米之时，从外地低价收来一批陈米，掺在好米内高价卖给市民，市民受害，无不深恨之。此时，有码头脚伕廖仁和等十多个人前去买米，发现有假，和吴新刚争论，乃致厮打，最后酿成抢米事件。

若在平日，曾国藩会毫不迟疑支持廖仁和，明摆着是老百姓惩罚不法奸商，抢光他的米也是活该。但现在是非常之时，各地土匪趁乱抢劫，如果按常规处理，支持抢米者，匪徒们便会借机效尤，那就反了天。没办法，是廖仁和闯到风口浪尖上，非得借他们的人头，彻底断绝长沙的抢风。

"叔康兄，你看此事该如何处置为好？"叔康是黄廷瓒的字，曾国藩想听听他的意见。

黄廷瓒毫不犹豫地回答："吴新刚是百姓深恨的奸商，百姓自发惩罚，完全应该；但从法令上讲，有碍社会安定，此风自不可长。依卑职之见，为首的廖仁和，杖责一百，余者据情分别杖责，释放回家。而米行老板吴新刚却要严惩。"

曾国藩甚是佩服黄廷瓒的处置，要在平常，黄廷瓒真是一位合格的师爷，但在这非常时期，他就有些不知时务了。

曾国藩看看黄廷瓒，慢慢地说："廖仁和等敢鼓动抢米，不是和会匪有关系吧？"黄廷瓒从曾国藩的眼神里看到了诡秘。

第二天，曾国葆把一封信放到曾国藩的案前，信上歪歪斜斜地写着一行字："放人，万事俱休；不放，刀兵相见。"字旁有红、蓝、黑三色三个圈圈。

曾国藩把信交给黄廷瓒，黄看了惊叫："串子会，这是串子会！"

"原来真是会匪作案，事不宜迟，明天就把廖仁和等会匪杀头示众！"曾国藩大声命令。

"全部杀头？"黄廷瓒十分惊恐。

"一个也不留，斩草务必除根！"曾国藩拉长了脸。

黄廷瓒又迟疑着说："一次杀十几个人，这就是大案了，最好先请示骆中丞，请来王旗才能杀这么多人，省得招致口舌！"

"若在平日，杀十几个人应该请来王旗。但如今是非常时期，行动迟缓串子会来抢人会闹出更大乱子。杀了这些会匪，骆中丞不会不同意！"

"我看，吴新刚更要严惩，不然会造成民愤，事情是他引起的。"黄廷瓒仍不忘案子的主方。曾国藩若有所思，黄廷瓒又激动地说："骚乱要平息，奸商恶棍、贪官污吏也一定要惩办！"

曾国藩点点头，站起来抚着黄廷瓒的背，慢慢说："叔康兄，你是说到了要害，但眼下我是个在籍侍郎，只能奉旨帮办团练，镇压土匪无权惩办腐败。有朝一日我有此权，一定请你为之襄助，我们齐心合力，清除贪官污吏，造出大事业来，不负你我在岳麓书院的寒窗苦读。"

第二天，长沙城阴云笼罩。曾国藩调来自己所有武装，一怕匪徒劫法场，二是震慑乱民。但是，不办奸商而杀放粮者，百姓议论纷纷，人群涌向法场，个个愤愤不平。

当十三颗血淋淋的人头高高挂起时，"曾剃头""曾阎王"等恶名瞬时在长沙传开了。

三

罗泽南献计平祸端

湘军成军之初，曾国藩帐下的罗泽南和塔齐布最有名，时称"塔、罗"。塔齐布勇猛善战，文韬不足；罗泽南有谋有勇，既是大将又是幕客，是少见的人才。

巡抚骆秉章为官庸冗，对曾国藩如何审案、如何杀人并不大放在心上，反以为有人为他平靖地方，自己乐得清闲，但其他文武官员可就不像骆秉章了。

刚从衡永郴桂道上提拔而来的按察史陶恩培就把曾国藩看作眼中钉，常找骆秉章叨咕："曾剃头办事还有个规矩没有？一次杀这么多人，连个招呼都不打，他以为是在自家院子里杀鸡吗！他如此自行其是，湖南一省，只要他曾国藩一人就行了，我们跟着吃干饭就行了！"

骆秉章迟疑一会儿说："曾国藩是专断了些，但他勇于任事，也难能可贵。皇上下旨让他这么做，咱就睁一只眼闭一只眼吧。"

"我们倒无所谓，只是中丞您的地位难处啊。皇帝下旨办团练，各省都有人在办，安徽的吕贤基、江苏的季芝昌，哪个官衔不比曾国藩高，但他们都在巡抚管辖下办事。如今团练大臣十几个，没有像他这么办事的！"

陶恩培这话引起他的警觉。昨天湖南提督鲍起豹也曾说，曾国藩等开口闭口湖南官员暮气深重，要起用书生取而代之，气势咄咄逼人。杀人确应请示巡抚，但也可自作主张。长此以往，让各衙门官员如何留住面目，让他这个巡抚如何担当！

停了一会儿，骆秉章问："你刚才说鲍提督也讨厌他，什么事啊？"

陶恩培回答："曾国藩要撤换清德副将，提拔塔齐布。清德到他那里诉苦。鲍提督认为这是排除异己，培植亲信。塔齐布是刚提的都司，马上要提为副将，取清德之位，这算什么事，他曾国藩是个在籍侍郎，他有这个权吗？"

骆秉章感觉事态有些严重，又搭上满员清德，还是不掺和为好，便打起呵欠。陶恩培见状，只好起身告辞。

此前，曾国藩曾找鲍起豹商量操练营伍之事。曾国藩的勇丁三营和驻长沙的绿营兵分开操练，到时合起来会操，由他与提督官佐共同检阅。鲍起豹手中还有三千五百绿营兵，那是国家的正规军，自己才是真正的统帅。他根本看不起曾国藩带来的那千把土里土气的民兵，但碍着曾国藩的面子，只好同意。

曾国藩被朝廷任命的是团练大臣，说到底是个练兵的大臣，练出好兵好去打长毛。所以，他对操练十分重视，在无案可审时，每日到场。鲍起豹早已懒散惯了，他吃不了练兵那个苦，总不去练兵场督促。

曾国藩一面督促团勇操练，一面冷眼看绿营军。绿营兵多数懒惰，队伍人数不足，稀稀拉拉。操练时集合、点名、走走步伐、各自拿起刀枪舞弄几下，就算完事。

但是，有几支队伍却不一般。一个是抚标中营守备塔齐布督管的队伍，这支队伍齐整，塔齐布穿着短衣紧裤，脚穿草鞋，为士兵示范。曾国藩经过调查，知道他是满洲镶黄旗人，原在乌兰泰部任大器营护军三等侍卫。咸丰元年分发湖南，以都司用。此人虽是上三旗中人，但毫无旗人作风，果勇沉毅，一腔热诚。

第二个人是提标二营千总诸殿元，武举出身，技艺精纯。士兵在他训练下，可方可圆，可见他带兵有方。

第三个人是把总周凤山，是镇筸兵的小头目。此人武艺好，熟习兵法，威信很高，他带的队伍也很齐整。

曾国藩经过协调，请上述三人作团勇的教师，发给他们双饷。

自团勇和绿营联合操练，绿营兵不能像平日那么马虎，又有塔齐布等带头，绿营官兵也只能陪在那里。团勇每天早晨出操，接连练四个时辰，曾国藩一丝不苟，总是亲自到场督促。还经常集合训话，一训便是个把时辰，讲什么军纪、作风、吃苦耐劳、尽忠报国等。一天下来，个个骨架散板，曾大人的训话，更让人腻烦之极。

绿营兵回到营房，个个痛骂曾国藩，盼他早点见阎王。

于是，绿营兵上操的人数越来越少，连塔齐布的抚标中营缺操者亦渐增多。曾国藩见了很恼火。尤其让他难以忍受的是，长沙协副将清德，自会同出操以来一次也不出现，派人请他也不来。打听原因，是对曾国藩保奏塔齐布不满。曾国藩为提高长沙绿营的战斗能力，曾据实两次保举塔齐布，一次保举为游击，再度保举为参将。而清德在塔齐布为火器营护军时已是副将了，现在仍未升迁，塔齐布则由一个无品级的护军眼看也要和他同等级了，因此很不服气！便在长沙的军官中煽动，军官们早已不满曾国藩干预他们的操练和生活，便不让士兵再听令于曾国藩和塔齐布。

清德明目张胆的对抗，曾国藩自然也不会听之任之，便命罗泽南调查他的污点。找绿营军官的污点也太容易。很快，罗泽南就汇报了清德贪污军饷、倒卖军火、嫖妓、赌博等恶行。还说太平军围长沙时，一次清德竟然脱去官服，躲到老百姓家里。

查实之后，曾国藩决定拿清德开刀。

机会很快就来了。六月初八是清德姨太太的生日，几天前清德便发出请柬，想为爱妾热闹一天。而逢三、八是绿营和团练会操的日子，可见清德根本不把军训和曾国藩当回事。曾国藩利用这个机会狠整一下这个骄蛮的家伙，便于初七日发出告示，晓喻团丁和绿营，初八会操，是对几个月操练的大检查，官兵们必须按时参加，任何人不得缺席和请假。

当晚，清德的亲兵便把曾国藩的告示内容告知了他，清德闻言大怒，当即大骂曾国藩，并扬言让他滚蛋！他进一步告诉亲兵：宴席照样摆，操办喜事的一个不能少，看他能对我怎么样！

第二天会操时曾国藩穿戴整齐，骑马来到南门外练兵场。

点名时，清德不仅未到场，他的长沙协左营五百人只到了二百多。曾国藩顿时大怒，下令全体停止会操，质问长沙协带队的都司："人都到哪里去了？"都司回禀：五十多人为清德将军操办喜事，七十多人因病请假，余者不知去向。

曾国藩登上点将台，威严地说："兵者，国之长城也。国家出饷养兵，意在保国卫家。如今，长毛已攻下武汉，正向我湖南进犯，像今天这样，如长毛来攻，将领办私事，兵员缺了一大半，还怎么作战！兵者，国之利器也。刀剑要长磨砺，不然将生锈，绿营怠于操练，使队伍松散，如何能上得战场！"他还说，今天的事一定要严查，追究主要军官的责任，无故缺席者，一律记过、罚饷。

曾国藩再令罗泽南、李续宾查实兵员的缺数、去向和原因。而后把情况写一封长信，连夜送给湖广总督张亮基。清廷兵利，各处八旗兵归都统管辖，绿营兵总归总督管辖，巡抚一般不许干预各省兵事。张亮基本对湖南绿营的腐败不满，看到信中说的情况更加气愤，马上回信交来人带回，让曾国藩按军纪具折参清德。张亮基的回信，便是总督的意见了，这是湖广地方的最高命令。

于是，曾国藩立即写了一折一片。折上的内容叙说长沙绿营军纪散漫，原因是军官管理松懈，清德在大敌当前时为小妾过生日，公开让会操的士兵为其办事，支持数百兵员不去操练，影响极为恶劣。附片的内容是，长毛进攻长沙，清德见敌人开挖地道，袭陷南城时，他丢开士兵和阵地，自行摘去顶戴，藏匿于民户。所带兵员也效之脱去号衣，抛之满街，传为一方笑柄。因此请求皇上将清德革职解交刑部从重治罪，庶几惩一儆百，肃军威而作士气，若自己稍有私见，求皇上严查，治臣欺君之罪。

奏折拜发之前，他思考再三又附一片：他以为塔齐忠勇奋发，习劳耐苦，深得兵佐之心，故荐此人，乞皇上破格超擢。日后塔齐布如有临阵退缩事，即将微臣一并治罪。是让皇帝提拔塔齐布，以代清德。

清德办喜事搅了六月初八的大会操，他对曾国藩的举动不能不注意，因此自己被参、塔齐布被保的事很快传到他的耳中。他自然又急又恨，心生一计，跪到鲍起豹那里大肆挑拨。他不提受参之事，只是渲染曾国藩在长沙自作威福，贬低绿营官兵，在练兵场上当着全数官兵的面攻击绿营官佐，还给他管不着的官兵下达记过罚饷的处分。大家都说："兄弟们到底是受提督的指挥，还是受团练大臣的指挥！"此外，又编造了许多曾国藩指责鲍起豹治军不严，作风腐败的谣言。

鲍起豹是个骄傲跋扈的武夫，根本就看不起曾国藩一介文员，听了清德的煽动，勃然大怒："他曾国藩一个舞文弄墨的书呆子，懂个屁练兵！他敢讥我带兵不严，他知不知道，六月酷暑逼着士兵演练，这哪里是练兵，分明是虐待士卒！"

清德见鲍起豹上了道，又趁机说，自己为家人办生日，找几个士兵帮忙，而这却让曾国藩抓住机会大做文章，让他的团丁调查自己，还上本参自己，要撤职拿问，保举塔齐布做长沙协副将。

鲍起豹听了更加恼火，一拍桌子说："反了他曾国藩！参劾我绿营大将，也不经过我的同意，就是骆中丞也不敢这么做！传我的命令：自明日起，营兵一律不与团练会操，塔齐布也不准再到团练那里当教练。谁敢违抗我的命令，先打五十军棍！"

有长沙最高军事长官的支持，绿营兵愈加看不起团勇，同时嘲笑曾国藩，认为他只会说说嘴，动枪动刀，不是鲍提督的对手。从此，绿营不再出操，团练士兵不断受到长沙协士兵的袭击和辱骂，曾国葆在大街上还挨了一群绿营兵的拳脚。塔齐布不敢再来当教练，罗泽南、李续宾、王鑫等团勇头目感到了屈辱。绿营与团勇的矛盾一触即发。

矛盾果然爆发了，首先发生在凶悍的镇筸兵身上。

镇筸是个地名，在湖南凤凰县境，这里人情强悍，私斗出名，所以入伍的兵勇也极为强霸。镇筸兵自明代便以凶悍名世，到咸丰年全国六十六镇绿营兵，仍数镇筸兵凶野。他们经常闹事，寻找是非与别镇争斗，一旦争斗他们会一拥而上，白刀子进红刀子出也不在乎。这次绿营与团勇的矛盾，他们又先挑起。

七月十五中元节那天，绿营放假一天，团勇也随着放假。士兵们去长沙各地吃酒、逛庙会。塔齐布怕士兵干出出格的事来，带着几名护兵四处检查，当走到一处酒棚，看见四个镇筸兵正在打架，四周也有各棚的绿营兵，也有团勇远远站着看热闹，都不敢上前劝架。塔齐布觉得不像话，便大声喝道："不要打架！丢人现眼，要打回营房打去！"四个镇筸兵一听不再打，却瞪着醉眼看着塔齐布，其中一个说："老子们在这玩玩，干你屁事？你狂叫个熊！"护兵一听吃喝："这是塔参将，你们瞎了眼吗？"

若是平日，不要说参将，就是都司、把总也是可以镇住一般士兵，哪怕是镇筸兵。但因前些日子曾国藩与绿营鲍起豹闹矛盾，又传扬塔齐布投靠曾国藩出卖绿营，这几个悍兵趁着酒劲更加撒野。

"什么屌塔参将庙参将，老子只认鲍提督，就是曾剃头也管不着老子吃酒玩耍，有本事请鲍提督来，就是曾剃头来了也只配给老子舔腚！"

塔齐布的护兵见状大怒，他们冲向镇筸兵，一顿好打，个个鼻口流血，满地找牙。塔齐布的兵自然个个都有真本事，何况是护兵。

镇筸兵人少，吃了大亏后狼狈而逃。

当晚，当塔齐布回营刚坐定，只听一片吃喝声，一百多名镇筸兵执刀舞枪，向他们营房冲过来。营官邹寿璋以为发生兵变，也集合全营五百名士兵把在营房门口，其他绿营、团练也吹号集合队伍，准备打伏。

邹寿璋急忙向冲过来的镇篁兵讯问发生了什么事，那几个挨打的镇篁兵见势头不对，吵吵嚷嚷一顿便领着一百多名士兵呼啸而去。

等把实情弄明白，邹寿璋报给团练大营，曾国藩知道后一下气个半死。如今绿营把他当成死对头，连一般士兵都敢痛骂他，塔齐布不仅未得升职，反受连累。于是，他提笔给鲍起豹写信，要求他惩办镇篁兵。

鲍起豹接到信后，嘴里说："我让你曾国藩下不了台：于是也给曾国藩写了一个便条："把喝酒闹事的镇篁兵捆送，请曾大人按军律处治。"他派一队亲兵，到镇篁兵驻地，声称曾国藩逼要闹事的四个士兵。亲兵把四个兵捆好，连信一起送给曾国藩。

镇篁兵被捆走后，恼了云南楚雄协副将邓绍良，他是镇篁兵的头领。他会亲兵吹号集合，当众煽动："曾国藩捆走了我们四个兄弟，杀头示众。这是我们镇篁兵数百年未有过的奇耻大辱！兄弟们看怎么办！"

队伍中立即有人喊："曾国藩敢杀我们的人，我们先把他杀掉！""塔齐布是绿营的叛徒，也杀了这个奸细！"

于是，数百镇篁兵在邓绍良的率领下，呼啸着先冲向塔齐布的住房，把屋子里的东西全部砸碎。塔齐布听到呼叫声，先躲到院后的草丛中才免于一死。捣毁塔齐布的家后，镇篁兵又呼啸着冲向审案局，将曾国藩的临时衙门围住。

衙门的卫兵一见不好，高喊："绿营造反！护住曾大人！"曾国葆立即率亲兵，把正在议事的曾国藩、罗泽南等护住。罗泽南则命令几个士兵："翻墙去叫大队来！"曾让王鑫翻墙去请骆秉章。

两边剑拔弩张，曾国藩站起来，面对怒目而视的邓绍良，大声说："邓绍良，你目无王法，狗胆包天，竟敢青天白日闯我钦命团练大臣的衙门，你不要命了！"

镇篁兵个个扬刀舞枪，乱嚷："曾剃头快放人！""不放人，杀了他！"

巡抚衙门和审案局只是一墙之隔，骆秉章怕事情闹大，在王鑫等人的陪同下，很快到达。

他先是假意喝退了邓绍良和镇筸兵，然后让曾国藩放了人，先平众怒，再从容处置。

曾国藩这些天对骆秉章隔岸观火的态度早已不满，正想利用机会压压这个无能的中丞大人。他说："骆中丞，我作为练兵大臣，处罚不守军纪的骄兵，何来众怒！镇筸兵酗酒闹事，辱骂长官，我已征得鲍提督将令，让我根据军纪处置，这里有鲍提督的咨函。"他不等骆秉章再开口，高喊："来人！把鲍提督捆送的四个目无长官的闹事者押上来！"

曾国葆答应："带上来！"

只见刘松山、李运典、彭毓橘、王魁山、易良幹等全身披挂，带着一百名刀手，押来四个镇筸兵。这时，团练三营人马也赶来审案局，把邓绍良带来的镇筸兵团团包围。

骆秉章此来本想压压曾国藩，见此情景，吓得脸色惨白，不知所措。邓绍良等也都有大祸临头之感，吓得浑身发抖，先前的军威一扫而光。四个被捆的士兵，更是两腿发软，跪在曾国藩面前直呼"饶命！"曾国藩断喝："作为保境安民的国家军队，竟敢在公众场合酗酒闹事，辱骂长官，循鲍提督所请，杖责五十军棍，游营三日，以示军纪之严！"

令下，早有八条大汉手持大棍，把四个兵按倒在地，抡棍便打。

邓绍良见状已汗如雨下，正要溜走，曾国藩大声喝住："邓绍良，你身为副将，纵兵持刀攻本部堂衙门，形同谋反，罪当诛戮！本部堂暂且让你回营，等待听参吧！"

然而，正当审案局为出口恶气而快慰时，更大麻烦又来了。

镇筸兵那边传出消息，四个挨打的士兵中一名叫王连升的，被抬回后当夜死亡。邓绍良与鲍起豹商量，声称绿营士兵被曾国藩活活打死，绿营士兵可不是该杀的匪徒；即使当兵的犯了纪律，也不该被打死。人命关天，要让曾国藩吃官司抵命。

曾国藩一听王连升死亡，心里一惊，随之同罗泽南商量，一个士兵挨打，打的是屁股，无论如何也打不死。

正当他们议论之时，审案局外传来叫骂声，警卫来报，邓绍良率镇篁兵抬来了王连升的尸体，要进审案局。曾国藩命令紧闭大门，不予理睬。

外面叫骂一阵后，警卫送来一纸，上面写着三条，有鲍起豹的签名：由审案局一人为死者偿命；为死者披麻戴孝发丧；发给抚恤银一千两。"如果做不到，就拜折到皇帝老子那打官司！"这是鲍起豹带来的口信。

"一派胡言！出去把尸体搬开，审案局要办事，岂能让臭尸挡路！"曾国藩大喊。

罗泽南制止了亲兵的行动，把曾国藩拉到一边，剖析利害、商量对策。

罗泽南认为，五十棍打不死一个当兵的，其中或另有蹊跷，说他们弄死王连升借尸整审案局又拿不到证据。如硬不答应条件，打起官司来，对我方的确不利。因此，他建议先把尸身入殓置于空屋，余下来的由他处理。曾国藩只好同意。

三天后，罗泽南取来长沙利生药铺的药单，是死者因风寒抓的药，有死者的签名。利生药铺老板说风寒虽不致死人，但若受刑罚和惊吓便不好说，并愿亲自出来作证。

"死者先有病在身，受刑时并未说明，因受刑、受惊致死。如此一来事情便好办了。"罗泽南说着，给曾国藩再出主意：派人把药单送给邓绍良，再谈条件。

经讨价还价，双方定下三条：审案局派人护送死者灵柩回原籍；发给抚恤金白银五百两。

原来，利生药铺老板贺瑗的堂妹已许给曾国藩长子纪泽为妻，他能不帮忙吗？

四

识之于风尘，拔之于微末

曾国藩总结自己一生的成功处，是识人和用人。这个成功，完全是形势逼出来的。

长沙练兵缺少知兵的教练，他看准了塔齐布，想把他弄过来，为他上表，让皇帝提拔。结果，惹得邓绍良、鲍起豹强烈嫉恨，闹出大乱子，让他在长沙无处立足。

塔齐布在绿营中待不下去，只得随他而来，他算是得到了一员忠实的大将。

要独成一军，与太平军对抗，他们感到人才不足。

这前后，又有人才出现，一个是鲍超，一个是杨载福。

杨载福，字厚庵，湖南善化人。同治继位，因载字同小皇帝载淳，避忌而改为岳斌。杨载福生长湖江之滨，父亲一生以放排为业，他自幼与江河湖水打交道，水性极好。小时父亲请先生教他识字读书，怎奈他不爱文墨，只喜欢骑马射箭、舞枪弄棒，因此有一身好本事。

杨载福是位热血青年，乡间流传着不少他急人之难、救助贫苦、惩罚恶霸的故事，也流传着他在江湖救人的传说。据说他在水中更显一身神力，一个人拉着竹排在水面上行走如飞，犹如翻江的蛟龙。

据说曾国藩回家居丧期间，亲眼看到杨载福放排时的情景，给他写了一封推荐信，让他去长沙城找巡抚骆秉章。骆秉章见了曾国藩的亲笔信，便把他送到湖南绿营中，安排在抚标右营。营官见杨载福武艺出众，又是巡抚送来的，便提拔他做外委把总，派他到辰州协训练新入伍之兵员。

完成一期训练任务回长沙交差，才知曾国藩在长沙主办团练，便经骆秉章同意，到审案局投奔曾国藩，曾国藩留他在团练大营作教官。

鲍超则是曾国藩救之于生死攸关之际者。

那是杨载福投来不久，一天下午他们从长沙南门的操场上练兵回鱼塘口审案局，途经盐道街时，看到按察使司的几个差役锁押一个人向前走着。后面跌跌撞撞跑来一个妇人，妇人猛然抱住被押的人大哭，后面又跑来两个男人，扯着妇人往回拖，妇人死命不放，引得路人停下来观看。

曾国藩等人也停下观看，见那人二十六七岁，身材健壮，膀阔腰圆，面孔黝黑，两眼有神，满脸胡刺又密又乱，好一条大汉！

差役们见是曾国藩，赶忙点头问候。

曾国藩既对被押的汉子注意，便问："这汉子所犯何罪？"

"曾大人，一句话说不清楚，陶大人命我等速押到提刑司问案！"

那个汉子闻听"曾大人"，连忙喊："您老就是曾大人？我鲍超今日落难，求您老救我！"

曾国藩疑问："让我救你？"

那汉子像落在激流猛抓住一块救命木板，接连说："您老不是奉旨办团练吗？我鲍超愿投帐下。我如今便是当年落难的薛仁贵，日后我会辅佐大人征东征西，建立伟功的！"

"好大的口气！"曾国藩想，此人敢说这样的话一定非同小可，现在我正缺少人才，救了他不是一举两得？但不知他犯何罪。于是向押差说："把他押到审案局去，我要审问，陶大人那里我派人去交代！"

被押的人又说："曾大人，这妇人是小人的女人，请您老发慈悲，先行安置！"

曾国藩让随从把那女人先送旅店安置，再去臬司衙门告诉陶大人，并让另两个汉子先行回去，过几天问明白后再作处置。

差役无奈，只好跟着曾国藩一行来到审案局。

到局后曾国藩令人给鲍超松了绑，鲍超跪下来，细说被押的原委。

鲍超字春亭，四川奉节人，自幼父母双亡，给地主放牛为生。15 岁时到峨眉山清虚观，为道人打柴担水。鲍超力气很大，做事勤劳，虽性情暴然，但为人耿直不欺，清虚观主很是喜爱他，空闲时便教他些武艺。鲍超虽不识字，但悟性极好，各种武艺，一经点拨便熟记在心。三四年后，鲍超便成了武艺高手。

后来，因口角与另一道人打了起来，他一顿拳脚把对方打得晕死过去。清虚观主见道观留不住鲍超，便赶他下山。临行时，鲍超跪在地上感谢师傅教育之恩，道长并不挽救他，只说以后荣辱他自享自受，不得再提起清虚观，也不许再提为师之名。

鲍超下山便投了川军。后洪杨事发，朝廷要调兵去广西前线，鲍超便离开川军，跑去广西向荣处投军，被向大人看中，做了亲兵护卫。

然而，向荣不是长毛的对手，节节败退，受到皇帝的革职严惩。而鲍超在永安大战中身负重伤，向荣给他些银两，留在广西一个老百姓家养伤。

鲍超养伤这家主人姓韦，是一纯朴百姓。一家人对他尽心尽责，韦家的姑娘整日端汤包伤，心眼极好。伤好后，韦家收他作了女婿，希望他能好好过日子。但鲍超岂是安分之人，他和韦家商量，自己是向荣提督的亲兵护卫，如今国家用人，自己有一身本事不能老死在田舍，要追随向提督，立功扬名。韦家留不住他，女儿说嫁鸡随鸡，也跟鲍超到了长沙。

到长沙后听说向荣又去了金陵，所带盘缠用尽，心中万分烦恼。一天，他在所住店中喝 3 斤多烧酒，说起醉话："老天不睁眼，让我鲍超倒大霉，谁给我一百两银子，把我老婆领走！"他喊的虽是醉话，但一个粗人被逼无奈，心里确有此盘算。

一个时辰后,也就有人愿出银子买他的妻子。鲍超大醉未醒,也就真的在卖妻的契约上签了字。但当买主去领人时,妻子哭喊不去,鲍超也醒了酒,见有人对妻子拉拉扯扯,哪能容忍!便对买妻人一顿老拳,将他打个半死。买妻人也不是等闲之辈,家里也养着家丁,于是拿上买妻契约,一状告到臬台衙门。

于是,臬台派出差役,锁拿了鲍超。

曾国藩听后,心说这个莽夫品行一定有亏,竟做出卖妻之事。但英雄末路,难再怪他。但他究竟有多大本事,还得考考。于是,先让他吃上一顿,叫来罗泽南、王鑫、李续宾一干人,大家来看看鲍超的武艺。

常言会者不惧,鲍超学有峨眉和少林的真功夫。听说曾大人要考他,他不慌不忙,脱掉上衣,打起长拳。只见由慢至快,后来唯闻风声霍霍,哪还能看到人形!猛然间闻听一声虎吼,闷雷般震天响,"嘭"的一声,数层牛皮绷成的箭靶,被他一拳打穿。观者情不自禁喝一声彩!

自团练成立,千多号勇丁,也有李续宾等通武之人、杨载福的水陆功夫,但都难能有鲍超这种功夫,这等神力!

曾国藩心中一喜,当即表示:"不必再去金陵找向荣了,留下来吧!"鲍超闻听一拜到底,高声说:"谢大人!今生今世,鲍超跟定大人,效犬马之劳!"

随后,曾国藩打发人料理一切。又给鲍超一百两银子安置妻子和居住,鲍超便成了团练的首席教官,以后成了湘军中第一员猛将。

五

衡州集贤才

曾国藩在长沙被逼走衡州城，开始了他练湘军的实际阶段。在那里他招集故旧，发愤练兵，他的湘军文武大部分到位，终于成为当时自朝廷到地方，谁也不敢小觑的军事和政治集团。

湘军的幕府班子，也渐次成形。

初办团练的受挫，给曾国藩刺激很大，也使他有了下一步的打算。长沙城绝非练兵用武之地，官场黑暗，绿营腐败。这里就是一群乌鸦，只有你也浑身漆黑才听不到周围的聒噪，即使练成了团练，也会被传染恶习，同他们一起烂掉。

于是，他下决心离开长沙城。

临走前原想给皇帝上疏，弹劾湖南巡抚、提督纵兵闹事对他的排挤，然而当他写了一段后又马上住笔。他想到参劾鲍起豹的奏折，至今没有皇帝的旨意，这说明什么？推荐塔齐布，反使他和自己一样，难在绿营立足。

古往今来，成大事者哪有一帆风顺的！太史公的名句："古者，富贵而名磨灭不可胜记，唯倜傥非常之人称焉。"西伯候、孔子、孙膑、韩非、左丘明、司马迁等，哪个不是遭受非常之难而成就非常之业者！

"好汉打脱牙和血吞！"

后来他回想起这时的情景，同幕僚们说："我们起兵是被人反激而成的，初办团练之时，借人抚衙而居，令不得行，想杀几个不听令的士兵，全军鼓噪入吾居处，几为所戕。因是发愤练万人，居然成就了一支军队，而有今日。"①

"伐木叮叮，鸟鸣嘤嘤，出自幽谷，迁入乔木。"对！赶快离开长沙幽谷，到衡州去独辟山林。不久前他曾在给皇帝的奏折中，提到过衡州一带不靖，拟率练勇去驻扎一段时日，皇帝并无异议。去衡州练勇，也算是向皇帝报告过了。

当年的衡州城，是湖南衡州府知府衙门所在地，实际的名字叫衡阳，即今天的衡阳市，地处湘水和蒸水的汇合处，是湖南的名城，仅次于长沙。因为是知府衙门所在地，故称衡州。域北是南岳衡山，控水陆要冲，历来是兵家必争之地。

衡州是曾国藩的祖籍，夫人欧阳氏也是衡州人，那里亲友多，是他的第二故乡，做事比长沙要容易。这是他来衡州的一个重要原因。

初来衡州，曾国藩接受了长沙的教训，一定要同官府沟通好关系。衡州知府陆传应在曾国藩到来前已接到巡抚的札文，因此大开中门迎接。知府官居四品，比曾国藩低了五级，但曾国藩却表现得十分谦恭，以"兄"相称，给陆知府的印象颇佳。

经陆知府首肯，团练大臣"署衙"暂设于小西门演武场。这个演武场位于衡州西门外的蒸水滨，是当年吴三桂在衡州称帝时的练兵点将场。演武场很有气派，练兵场比长沙的大一倍，阅兵点将台高耸，当年吴三桂的"行署"还在，只是名称变成了祠堂。曾国藩把原先的那千余名团丁安驻在演武场周围的空房子里，他的"指挥部"或"衙门"便设在祠堂里。

因他被人排挤而出，挫败之心很重，又怕给地方带来压力。所以，办起事来十分谨慎。就说自己的"署衙"吧，到底取个什么名字？也颇费脑子。

---

① 赵烈文：《能静居士日记》，同治六年八月二十一日。

安排好团丁，曾国藩赶紧同罗泽南一同去拜访陆知府，临行吩咐王鑫负责布置一下"衙署"。当他们从知府衙回来时，老远就听见祠堂那边鞭炮齐鸣，人声鼎沸。罗泽南笑向曾国藩说："璞山办事能力很强，就是好大喜功！"

曾国藩点头："把兵练好是我们第一要义，这种虚空排场是要少弄。"他喜爱罗泽南的实在，他出身贫寒，办事踏实而简要，笃信理学，满肚子学问，却犹如处子，毫不夸张。

曾国藩回来，已见祠堂门前清扫一新，铺地的黄土也经踩实，团丁们正清理鞭炮纸屑。一见曾国藩回来，王鑫高兴地迎上前去说："曾大人，衙署里外都已整理齐整，只少个署衙大牌，我已派人去做了。为图个吉利，我已先用大红纸写出糊在门旁了，请大人过目！"

曾国藩抬头，只见祠堂中门边糊上了一幅红纸黑字招牌，字体正大光明，一看便是王鑫的正楷书法。上书："钦命团练大臣曾统辖湖南湘军总营务局"。

曾国藩看看王鑫，眉头锁紧，一句话不说走进祠堂，罗泽南毫无表情跟着进门。

到衡州练兵之前，曾国藩的帐下，罗泽南与王鑫是名望最高的两个人。曾国藩带出的千余湘勇，就是罗、王二人募集而来的。王鑫字璞山，湘乡人。以至孝闻于乡，母臂生疽，他以嘴吮之，血出如箭，他大哭呼天，愿以身代。母病好后，乡人以为大孝感动了上天。二十四岁时与罗泽南建立了深交，并愿以弟子追随。罗泽南很器重这个学生兼挚友，认为此人极敢承当，是个敢于主宰浮沉的人物。

曾国藩对王鑫的至孝和文武才干都很欣赏，但他总认为王鑫的身上，缺少罗泽南的那种沉毅气质，可能是年轻，浮躁了些。

大家坐定后曾国藩慢慢说："钦命明白说我们是帮办，丢掉此二字就违反了钦命；再者我们办的是团练，不是军队，不能自称湘军。你们带来的千余人马称湘勇，我们以后也只能称湘勇。丢掉帮办二字，又自称湘军，那会授人以柄啊！"

王鑫虽好大喜功，但却极为聪明。经曾国藩提醒，马上认识到问题的严重，赶紧说："曾大人，是卑职一时犯糊涂，我这就去撕下来！"

曾国藩叫住他："璞山，你的颜体字写得越来越好，木牌制好后还借你的大手笔另写幅吧。"

"写个什么牌子好呢？"

"还写原来的湖南审案局吧。"

一切安顿好之后，曾国藩给郭嵩焘、刘蓉、李元度、陈士杰、江忠源各写了一封信。

此时江忠源因战功已擢为湖北按察使，正率兵在江西与太平军作战。他来信说，长毛势力越加强大，又很能打仗，清军不是他们的对手。让曾国藩抓紧练兵，早日派往江西前线，交给他指挥，只有练成精锐，才能与长毛对抗。曾国藩给他写回信，告诉他已从长沙来衡阳练勇，请他向皇帝奏明，委他在湖南招募五千勇丁，练成精锐之师，交他指挥。曾国藩是要用江忠源的急切要求，让皇帝再度下旨，增强他招募兵马的合法性。

给刘蓉等写信，是说明他用人之急，让他们赶紧前来襄助，共举大业。

刘蓉，字孟容，号霞轩，湘乡人。少怀大志而自负，不随流俗，年三十六仍偃蹇于乡。县令朱孙诒数度招，始赴县试，一举为首。他与罗泽南极友善，虽大器未成，但名冠湖南士林。曾国藩居京官时，与刘蓉多有书信话文往还，称之为"卧龙"。[1] 以后的曾国藩幕中，刘蓉笔翰如流，为曾所信赖。

李元度，字次青，平江人。曾与曾国藩共读岳麓书院，举人出身。目今

---

[1]　朱孔彰：《中兴将帅别传》，第159页。

正任黔阳教谕，曾国藩欣赏其才思敏捷，也请他来衡州帮办文书。

陈士杰，字隽丞，湖南桂阳州人。道光二十八年，以拔贡进京考试，朝考时阅卷大臣便是曾国藩。曾国藩见他的卷子言之有物，又议论风发，欣喜地荐卷录取了他，此后陈视之为恩师。此次朝考，陈取为一等第一，用七品小京官分发户部，他敝车羸马，不事造请。时以朴介著称的阎敬铭为户部尚书，对陈士杰的简朴极为称赞。曾国藩是其同乡，又是荐卷大臣，他虽心里感激，但亦未尝轻诣也。咸丰元年，丁父忧，贫不能归，曾国藩又为之办装。曾国藩曾语人："隽丞外朴内朗，干济才也。"咸丰二年，桂阳李明先聚众起义，响应太平军，州生员刘占元举团练，夜访陈士杰，求善策。士杰曰："贼势大，不虞我之敢取之也。及其众未集，可即掩捕之。"占元从其计，夜经入李明先所聚处，不料占元来袭，一举擒获。未几，白水洞李观龙聚众千余，攻陷州城，新田知县向占元寻求救兵，众议求自保。士杰曰："援新田乃所以自保也。"乃亲率团练出境作战，一战胜之。[①]

曾国藩闻士杰知兵，给他写了亲笔信。

信件发出后，曾国藩在思考招募兵源的两大难题。一是至今皇帝让在籍官员就地募兵参加保卫桑梓的战斗，但究竟让招多少，却没有下文。现在全国有十余省办起了团练，但据奏折所称，皆不过二三百人，湖南已有千多人，如还要扩大，朝廷会不会同意。江忠源让他多练兵，练好以补充楚勇，他可以借此机会扩大，可是真的扩大了，将来真的交给江忠源等人指挥吗？

第二个难题是，兵源扩大了，饷银哪里来？如今千把人，已感经费紧张；如果扩充到数千、上万人，每个月、每天都要大笔兵饷，到哪弄去？总而言之：难！但他转念一想，万事开头难，不难就不是大事业，车到山前必有路，摸着石头过河吧。

---

① 事见朱孔彰：《中兴将帅别传》，第 284—285 页。

没过多久，郭嵩焘、刘蓉、李元度、陈士杰都很快到来，曾国藩非常高兴，忧愁一扫而光。

郭嵩焘说，他回湘阴宣传我湖南人自练乡勇，保卫我湖南，决不让长毛再踏进湖南半步。湘阴百姓听后心里有底，家家户户都支持，有钱出钱，要人给人。不久，二十万两白银便可汇到。

李元度是个小个子，天性活泼。他说，一听曾国藩自练军队，马上丢掉了教杆，亲自募兵，不几天就选了五百名平江勇。如今自己决心弃文就武，带兵随曾国藩打仗。曾国藩自然欣赏他的行为和勇气。

兵饷有了着落，就可以大量募兵了。他派李续宾、曾国葆、金松龄回湘乡募勇；派邹寿璋、储枚躬、江忠济（江忠源弟）去靖州、辰州、新宁、宝庆募兵。一个月后，湘乡的二千五百人到达衡州；邹寿璋等人也带回一千余人。加上原来的千余人和李元度来的五百平江勇，总计五千余人。曾国藩把这五千人分为十营，委罗泽南、塔齐布、王鑫等为营官，开始训练。

兵马齐集后，曾国藩请来知府陆传应前来商量一切。陆传应见曾国藩一下子募集五千人马，心情异常激动，衡州的安全有了保证，便主动给曾国藩十万两白银。说这是准备修城墙的钱，如今既有五千兵马守衡州，便是衡州的万里长城。这十万两银子先借给曾国藩练兵使用，将来皇帝发下饷银归还也不迟。

有了十万现银，刚来衡州的新勇便拿到了雪白的银子，个个奋勇无比。

所谓"柳林春试马，虎帐夜谈兵。"曾国藩心说，我一个文员，如今既招来军队一旅，又有一批谋士谈兵，起初的郭子仪、李泌未必有这个条件吧。

白日里，曾国藩在文武的簇拥下观看练兵，夜晚饭罢，便同一班幕友谈军事。曾国藩见到自己的文武大员有：罗泽南、塔齐布、刘蓉、郭嵩焘、王鑫、陈士杰、李元度、鲍超、李续宾、杨载福、周凤山、曾国葆、江忠济、邹寿璋、储枚躬、金松龄、李续宜等，远胜隋唐的十八条好汉。

他们决定按戚继光的束武练兵之法，结合目前的实情，制订详细的练兵计划和军事条例，决心练成一支精锐，保家卫国，消灭长毛。

曾国藩在长沙未能实现的练兵计划，在衡州开始实施：每日五更三点放炮，闻炮起床，吃饭准备一切；黎明晨练，营官、哨官等必须亲自到场演练；午刻饭前点名一次；日斜演晚操，二更前点名一次。每逢三、六、九日午前，曾国藩率文员齐集文武长官观看演习，并亲自训话。

于是，衡州城外那块荒废多年的演武场上，突然炮声隆隆，烟尘滚滚，人喊马嘶，杀声阵阵，引得大人小孩前来围观，惊奇地看着这支从天而降的人马队伍。

六

有军必有纪，有客先有主

　　曾国藩对绿营的认识极为深刻，其将骄兵惰，已到了无可救药的地步，用他的话说是："居今之世，用今之兵，虽诸葛复起来必能灭此贼（指太平军）!"清兵最要命的地方，是纪律涣散，难以救药。

　　因此，他练的勇丁，第一条要讲纪律，此曰"有兵必有纪。"

　　不久，因纪律问题，闹出了大乱子。

　　咸丰三年（1853 年）夏，即衡州练兵两月有余，忽然一封告急文书由长沙巡抚衙门送达衡州练兵所。文书说，长毛夏官副丞相赖汉英、殿右指挥林启容率大军十万，包围了江西省城南昌，九江、瑞州、乐平、景德镇、浮梁等重镇相继失守。已升为巡抚的江忠源在江西苦斗，向湖南求救兵，骆秉章请曾国藩派勇丁驰救。曾国藩把江忠源的求援信公诸众人，当时大家多不应援。王鑫说，江忠源是向骆秉章求援，应该让鲍起豹率兵去，长沙不让我们立足，我们也不能任他摆布。

　　塔齐布认为救兵如救火，按说我们应即刻应援派兵前往。但湘勇是才放下锄头的农民，才练这些时日，听说长毛赖汉英是洪秀全的妻弟，最为凶悍，勇丁们不是他的对手。

　　曾国藩不以为然，他向众人说，江忠源是我们的兄弟，他有难我们不能坐视不管。以前我们只与小股土匪作战，未与长毛交过手，这次正是勇丁实战的机会，即使没有胜利的把握，也应该去试试。

　　经研究，决定派罗泽南的泽字营和金松龄的龄字营开赴江西作战。

　　没过几天，前线传来捷报：泽字龄字二营，人马不过千，居然杀败数千长毛，收回安复，解了吉安之围。初战告捷，曾国藩大为高兴，认为"书生可用！"使他对练兵之事充满信心。

他们欣喜之情尚未落实，立即又传来坏消息：罗泽南营冲锋在前，结果中了埋伏，死伤数千人，哨官易良斡、谢邦翰、罗信东、罗镇南阵亡。

原来，当两营收复安福后开赴南昌城郊，扎下营盘。罗泽南求胜心切，同金松龄商量，当夜去劫驻扎城外林启荣的营寨，收速战速结之功。但金松龄却不同意，他说自己随江忠源与长毛打过两年仗，长毛不是轻易可战胜的。我们来到城下，估计长毛早已知道，如果他们作好了迎战的准备，我们必然要吃亏。

但罗泽南却不听他的劝告，决定夜袭，并让金松龄随后出击。金松龄无奈，只得勉强答应。

果然未出金松龄所料，太平军林启荣早有准备。当罗泽南一营摸到敌营前面时，只闻一声炮响，林启荣伏兵四起，杀得罗泽南勇丁阵势大乱，当即被打死二十多人。

跟在后面的龄字营见势不妙，后队变前队，撤离了战场。正当林启荣指挥人马要全歼泽字营时，困守南昌的江忠源部冲出永和门，罗泽南才带着败兵冲出包围。

罗泽南回来后，把这次出省作战，由胜利到失败的全部过程，对曾国藩作了详细汇报。

曾国藩听后心里细细地盘算着。他认为胜败乃兵家常事，初练之勇，能上阵打仗，并取得了一定胜利。这是大好事。罗泽南虽劫营失败，但勇气可嘉，书生带兵缺少的是勇气。因此，罗泽南的勇气应该大为鼓励。

但是，当罗泽南遭到敌兵反击时，为什么江忠源敢于打开久围之城门，出城相救；而金松龄却败不相救，先行退走？绿营在广西战场上与长毛作战，本来失败的不会那样惨，原因便是各路军自保，对友军败不相救。倘若对金松龄不加严惩，勇丁练好了也会步绿营的后尘。

因此，勇丁初战，他要严明申饬军纪，哪怕是过了头也要大作特作。当年诸葛亮挥泪斩马谡，他也要狠心斩金松龄，以申军纪。

演武场上，今天格外庄严，大家知道这是曾大人对出省首次作战进行总结的大会。

如今勇丁的阵容远不是在长沙时的简陋了。五千多新练之兵整齐地排列在指挥台前，十个营官分别站在各营的前面。台上正中悬挂着帅旗，旗中绣着斗大一个"曾"字。帅旗两边各插不同颜色的长条旗，旗上分别绣着"塔""罗""王""李"等各营营官的姓氏。

曾国藩威严地站到指挥台上，清清喉咙大声说："这次泽字、龄字二营出省作战，一举收复安福失地，值得大大庆贺。军队作战，胜者必赏。营官罗泽南、金松龄各赏银五十两，两营哨官各赏银二十两、每个士兵各赏银五两。今后，我们要到两湖、三江去打长毛，把仗打赢后要发更多的赏银！"

下面一阵骚动，勇丁们都纷纷摆头看看泽字和龄字两营，面带羡慕之色。

曾国藩停了一会，换一个声调说："这次战斗，哨官哨长易良幹、谢邦翰、罗信东、罗镇南和另外22名弟兄不幸以身殉国，我们为英魂三鞠躬！"

鞠躬后曾国藩又提高声调说："对这些捐躯的英烈，将在他们家乡建祠纪念，烈士的家属后代也给永久地照护！"

这时，一个亲兵上台，悄悄告诉曾国藩一句话，又匆匆下台离去。

待亲兵离去后，曾国藩又换一个极为严厉的腔调和面孔，大声说："纪律是一支军队的生命，纪律严明打败仗也不一定受罚；破坏了纪律，打了胜仗也该受罚！绿营军为什么打不胜长毛？就是他们胜则争功，败则不救。眼看着友军挨打，为保全自己，不肯支援。这破坏的是严重的军纪，同时也失去了良心！"曾国藩再度提高嗓音喊："这次南昌城作战，我们的团勇就出了破坏军纪、没有良心的人。泽字营陷入长毛的埋伏，约好了的龄字营，却自行撤走，丢下兄弟营不救。"说着大喝一声："把金松龄押上来！"

金松龄被押到台前，跪下说："卑职没有及时救援，罪该万死！"

曾国藩看着金松龄，见他叩头认罪，但并无恐惧之色，于是再度大喝："给我押下去，斩了！"

此时，台下五千勇丁和各级将官一时全被吓蒙。过了一会儿，只见罗泽南慌忙出队跪到台上，磕头说："曾大人，金松龄罪虽该死，但卑职当初跟他商量劫营时，他没有赞同卑职的主意，故此情节可原；且是初犯，如今用人之急，恳求大人饶他一死。"

罗泽南与曾国藩从来都是互相直呼其字，这是第一次叫他"大人"，自称"卑职"；况且又是跪在面前求饶。曾国藩一阵犹豫，立即又定过神来。再次大声说："军中岂有戏言！他既不同意就不该答应；既已答应劫营，岂有败而不相救之理？"

罗泽南见曾国藩的杀意已决，只得讪讪走下台去，看看跪着的金松龄，心里一阵内疚，不禁流下泪来。

曾国藩再度喝令："斩了金松龄，提头来见！"

此时，只见曾国葆跌跌撞撞冲上台来，"扑通"一声跪在大哥面前，喊道："大哥！您看在母亲大人的面上，饶金松龄一死！"

曾国藩一见着实吃了一惊，他不知杀金松龄同自己死去的母亲有何关系。

曾国葆涕泪横流，哭诉了金松龄之父曾多次救她母亲命的事实。原来曾母有心口痛之病，犯了病便要死要活。自八年前第一次得病，已是死了过去，金老先生以祖传之方把曾母从阎王殿拉了回来，以后多次犯病，都是金老救治。曾家怕写信给曾国藩会让他着急，便没有告诉他，但每年逢大节，便至金家送礼表示感谢。

曾国葆说完，再次跪求大哥饶恕金松龄，以慰母亲在天之灵。

曾国藩听了弟弟的哭诉，半晌说不出话。早知金家对母亲有此大恩，就不该如此对待金松龄。而金松龄至死不提其父救母之事，使他猛然对他产生了敬意。

至此，曾国藩心里明白，他的大将和幕僚再无一个支持他。罗泽南是他帐下第一位大将兼幕友，曾国葆是他的亲弟弟，如果这二人劝不动他，别人也是多余。二人之外，余者皆鸦雀无声，静观其变。

现在的形势就像拔河比赛，是他一人和全体拔河，如果他稍一松动便会立即被拉过去。

但他没有松动。

他出于两种考虑：如果他当着官兵的面，在众目睽睽之下，只因金松龄对自己有私恩，便饶他不死，便令出尔反尔，官勇们会如何看他？自己是一军之帅，帅是主，官勇是客，常言客随主便。大帅在一军中要有绝对权威，令出必行，军令如山，如果发出的命令说变就变，将来如何树立威信？"一将成名万鬼哭"，那哭的万鬼肯定会有冤死鬼，何况金松龄的确犯了败不相救的军中大忌，他死了不算是冤鬼。为荡平长毛，为将来统帅三军令行禁止，非得借金松龄的头颅号令三军了。待到九泉之下，我曾国藩再向金松龄请罪吧！

想到此他阴冷地看着仍跪在面前的弟弟，严厉训斥："曾国葆，你看看此是何处！这不是白杨坪，只有上下之分，没有兄弟之情！军法严酷，哪容私情！你想让本部堂以私恩坏朝廷法典吗！如此，你该当何罪！"

曾国葆自不敢再言语，只好慢慢退下台去。

曾国藩又说："罗泽南身为营官，未能审察敌情，轻举妄动，造成重大损失，本应严办。但念其以五百新练之勇，敢去捣长毛万人之营，其勇气可嘉。现革去营官之职，戴罪留营，以观后效。"

金松龄被行刑的团丁推着走向杀人场。

演武场上一片死寂。全体官勇，今日才领略到帮办团练大臣的威严和军法军纪的不可侵犯。

七

轻用其芒，临机取决

在长沙时曾国藩杀过数百"匪类"，似乎心里没多少想法，"乱世当用重典"，该杀的不杀，必然反受其累。但是，来衡州却杀了自己的营官，而且是自己别有用意。虽然威信树起来了，军纪更加肃整，金松龄的老母和家小也都给了应有的照顾，但自己心里反有个阴影，挥之难去。

罗泽南是个心细的人，见曾国藩如此，他本想安慰一番，但自己毕竟是个"当事人"，又被撤了营官，不好多嘴。但他却有办法，他找到曾国葆，称自来衡四个多月了，尚未放假，绿营兵也是有假日的。曾国葆也不是笨人，明知要求放假不是罗泽南的意思，而是要让大哥放松放松了。于是，他找到曾国藩，说："大哥，我们来衡州已四个多月了，这么多天不去看望欧阳先生，有点说不过去了！"曾国藩猛然想起说："自来衡州，天天忙碌，也的确该去看望岳父大人了。"随后下令放假一日。

曾国藩带上罗泽南和曾国葆骑马前往岳父欧阳凝祉的居处。离开驻地，骑马慢行，只见湘南的初冬仍温暖如春，秀美的湘江在初冬阳光的照耀下，益发纤尘不染，一碧如洗。江面上往来的货船、客船和渔船，缓缓行驶。从北面飞来的大雁，在江面上空结队飞过，传出声声清唳的叫声，使人想起"雁阵惊寒，声断衡阳之浦"和"衡阳雁去无留意"的名句。传说北雁南飞，绕衡州回雁峰飞行三周，便再折而返回，因此衡州城南的山峰称"回雁峰"。其实雁群入冬由北南来，会找到它们认为满意的地方，才会落下过冬，它们也并不知道下面的青山叫回雁峰，也不会再绕过山峰再往回飞。传说总是美丽的，各地都有地方自编的美丽传说，事实却是另一回事。

岳父住在距回雁峰不远的王家坪。这一带丘陵起伏，虽是初冬仍竹木森森，溪流潺潺，风景秀美。

来至欧阳家，欧阳老人笑吟吟地迎出来，"涤生，你看谁来了？"

话音刚落，后面走出一个矮矮胖胖的老头子，笑容满面地说："伯涵，还认得我吗？"

"呵哟哟，恩师驾到，国藩这里有礼了！"原来这胖老头正是他19岁时衡阳唐氏家塾的授业老师汪觉庵先生，曾国藩跟他就读一年。汪先生仍用当年的表字称呼自己的得意门生。

"一别二十多年，您老还是这样硬朗，可喜！可喜！"

汪觉庵拉着曾国藩的手，异常亲热地上下打量，"威风多啦，到底当了大官，与过去的穷书生完全变样了！"

岳父把曾国藩等让进书房，曾国藩又说："国藩一直想抽空去长乐看望您老，总抽不出工夫，来衡州四个多月了，没有一天清闲，今天我是下了很大的决心，丢开一切事务，前来看望岳父大人，不想又得相见恩师！"

老人听了爽朗大笑："我闻听衡州来了个大帅练兵，哪知是贤契你啊！我教了一辈子书，出息了你这个人才，心里多高兴呀！这次是亲家六十大寿，三番五次相请，才进城来。听说是贤契在练兵，又从亲家来你泰山家，正巧又是你前来。"

曾国藩未开口，欧阳凝祉忙说："汪师的亲家，可是个大名鼎鼎的人物，他是船山先生的六世孙王世全先生。"

一直未能插话的罗泽南听了吃一惊："就是新化邓湘皋一起合刻船山遗稿的王世全？"

"是啊！"

曾国藩笑道："恩师与大儒结上亲戚，应当祝贺啊！"

罗泽南问："道光十九年，船山公的遗稿刻印全了没有？"

汪觉庵回答："差得远哪！只因王家清贫，道光十九年仰仗新化邓湘皋先生硕大之学，湘潭欧阳小岑先生资助五千金，才印出船山先生经学十多种，版片存小岑先生处，又毁于兵火之中！"

欧阳老人说："明清之际，士林将黄南雷、顾亭林、王船山并称三大儒。其实，南雷党同伐异，亭林为学未成体系，唯船山公学问气象万千，博大精深，非黄、顾所及。"

汪觉庵说："船山公书中处处珍宝，议论发前人未发。就拿对岳飞的评定说吧，人皆言岳武穆愚忠，为他惜之。船山公却说，岳飞正是不忠臣，与高宗针锋相对才遭杀害。"

欧阳老人说："岳飞要抗金到底，高宗赵构却要向金求和称儿皇帝，因此赵构才害死了他。"

汪觉庵说："更骇人的是，船山先生公然认为岳飞灭金后，再回头攻宋也是无可非议的！"

曾国葆说："船山公言之英明，赵构昏庸，岳飞取而代之有何不可！"

罗泽南接着说："此议痛快！"

曾国藩觉得这样的议论犯忌，万一传出去，多少有点不便，于是把话题移开，向罗泽南说："待日后战事平息，我辈集资刊刻船山公的全集，这是一件大功于世的功业！"

罗泽南说："那时涤生牵头，泽南将全力协助！"

此时，欧阳老先生与汪觉庵老先生二人对视，欧阳说："还是觉庵先生来说吧！"

大家正感到二人的神秘，汪觉庵说："说到刊刻船山先生的遗集，我亲家世全先生正有此意，此来我便是此意，并有一物相赠。"说着便自包裹中取出一把古纹斑的宝剑，剑鞘为紫铜皮所制，周围钉着银钉，五寸长的青铜剑柄，被手磨得锃亮闪光。

汪觉庵手擎宝剑接着说："世全先生托我前来有一事相求，便是求伯涵主持，为船山先生刊刻遗集。这是一项大工程，又得大笔经费，要等战事结束，由贤契主持。再是，要将此祖传宝剑相赠，并说王家后几代以文章名世，要此剑已无用，自古宝剑赠壮士，故将此剑赠与贤兵，以指挥千军万马！"

"这可使不得！此剑既是王家祖传之宝，国藩怎能夺人之爱？"曾国藩坚辞不收。

欧阳老先生同汪觉庵老人互递一下眼神后，欧阳疑祉笑着说："果不出所料，涤生真是有顾虑！觉庵先生，还是你来破解吧！"

汪觉庵便把王世全欲赠宝剑的过程细说了一遍。

王世全既有印书之托，便想以宝剑相赠，但担心曾国藩不收，因王夫之是前明臣子，又参加过晚明的抗清斗争，明亡后隐居不出，一直不与清廷通往来。曾国藩是受清朝皇帝之诏，练兵对抗长毛，因此会有忌讳。

然而，王船山虽是明之遗臣，对清廷也有拥戴的一面。康熙十六年，吴三桂称王，慕船山大名，重金请他撰《劝进表》，先生严辞拒绝，并说："不作此天不覆、地不载之事！"此事为康熙知晓，于康熙十八年钦命湖南巡抚郑端遵赠送银米。四十二年，又为船山刊刻过部分遗书。四十六年，又钦批将船山公入乡贤祠。乾隆三十九年，将船山的四种《稗疏》列入四库全书，并命国史馆为之立传。

曾国藩听了说："王家以文章名世，如何会有此传家之宝？"

汪觉庵说："王氏祖上确是凭武功为家族争得一席地位。"

罗泽南说："我辈孤陋，对王氏祖上立军功一事，确不曾听说。"

汪觉庵说："王氏一脉，始祖在太原，后迁至江苏邗江。船山公一支祖，当年跟随洪武帝起兵，后来进攻金陵立下大功，封山东青州卫正千户。洪武二十二年封为武德将军、骁骑尉。二世祖为衡州卫指挥佥事，授为怀远大将军、轻车都尉，定居衡州。至七代祖，武业中衰，此后则儒者辈出。"

众人听了个个无不唏嘘。

汪觉庵老人手把宝剑说："此剑乃洪武帝亲赐之剑，始祖仗此剑随洪武帝攻克金陵。后武业衰微，却一直视为传家珍宝。"

罗泽南自汪觉庵老人手中接过剑观赏，说："涤生，此剑曾随主人立下赫赫战功，又在当年克占金陵，今长毛占据金陵，此剑出世乃天意也！天意不可违。此吉祥之物，涤生你就不能相拒了！"

"罗山说的对啊！将来光复金陵，一定非伯涵莫属了！"汪觉庵随之附和。

曾国藩只知王夫之是反清的大儒，却不知也是本朝的贞士。让他激动不已的是，这把剑有过攻克金陵的光辉经历，难道攻克金陵真要由自己掌剑完成吗？如真是天意，确不可违呀。想至此，他站立起来说："蒙世全先生错爱，又是恩师之命，国藩拜受了！"

罗泽南也站起高声说："罗山祝贺涤生喜得宝剑！今有一首古剑铭送上。"然后他一字一顿念道："轻用其芒，动即有伤，是为凶器；深藏若拙，临时取决，是为利器。"

在场者多以为罗泽南也是湖南年轻一代的儒学佼佼者，无书不读。唯有曾国藩深知其用意，更知罗泽南此人之作如此"左剑铭"，绝非泛泛浅薄之辈。于是，抱拳说："涤生深谢罗山兄，弟当宰记在心。"

随后，汪、欧阳二位老人又说及近些年湖南籍儒学大家为船山公所提联语，有几幅甚为精粹者。

> 天下士非一乡之士，
> 人伦师亦百世之师。

汪觉庵说，这是道光十八年两江总督安化陶澍所题。

> 自抱孤忠悲越石，
> 群推正学接横渠。

欧阳凝祉说，这是道光二十二年长沙唐鉴唐镜海先生所题。

曾国藩听了这两幅联语，心内不住愧疚，自己孤陋寡闻，竟不知早在十几年前，恩师唐鉴已为王船山先生题字了。

汪觉庵见曾国藩若有所思，心知其意，满面春风地说："前辈贤良已有翰墨，贤契诗对皆佳，也为船山先生题一诗联，为师不日送达王家。"

曾国藩谦让一番，便提笔写下一联：

> 笺疏训诂，六经于易尤尊，阐羲文周孔之遗，汉宋诸儒齐退听。
> 节义词章，终身以道为准，继濂洛关闽而后，元明两代一先生。

曾国藩又在联下落款：咸丰三年十一月钦命团练大臣前礼部右堂曾国藩敬题。

众人见曾国藩对船山学问评价之高，又见字刚劲拔，文谨流畅，齐声称赞。

汪觉庵又请罗泽南题，罗坚辞不题，只推说"素来迟顿，仓促无好句"。

曾国藩说："罗山乃我湘中之大学者，谁人不知。你再推辞，我便是不自量了！"

罗泽南拗不过，也只得写了一联：

> 忠希越石，学绍横渠，在当年立说著书，早定千秋事业。
> 身隐山林，名传史乘，到今日征文考献，久推百世儒宗。

也在联下落款：咸丰三年十一月保升直隶州知州湘乡县训导罗泽南谨识。

大家也一致称赞。

为祝王世全六十大寿，曾国藩让曾国葆快马回审案局取来百两纹银相贺。汪觉庵推让一番，只得代亲家收下。

八

小姑何曾嫁彭郎

用饭时，曾国藩说，长毛这次攻破武汉、安庆、九江，长趋金陵，近来又在江西肆虐，全恃其水师。日后，与长毛交战，不能没有水师船炮，因此想在衡州建一支水师，请各位前辈赐教。

大家一致赞同他的意见，认为衡州临蒸湘二水，熟悉水性、会驾船的人极多，不愁练不出一支水上劲旅。汪觉庵还说，要办水师，倒想起一人，此人自幼跟父亲在安徽长大，家藏一部《公瑾水战法》，多年研究。

曾国藩迫不及待地问："此人是谁？"

汪觉庵说："此人名叫彭玉麟，字雪琴，就是本县渣江人。称得上衡州玉麒麟呀！"

渣江位于衡州西北，是蒸水上的著名码头。原来蒸水发源邵阳、祁阳两县的山脉，上游河道太窄，无法行船。到了渣江，货船便可以畅行。渣江距衡州百余里水路，附近的货物在这儿聚集，通过蒸水到达衡州城。北经湘江运到长沙；南由陆路运到两广。因渣江有此原因，使它逐渐成为蒸水上的重要镇区，比一般的县城都大。设在衡州城内的衡阳县衙，在渣江设置县丞官署。

彭玉麟就住在县城衙门旁边一栋简陋的房子里。他的先世籍江西太和，明朝洪熙年间迁居衡阳之渣江。其父鸣九，青年时投军，积功升为安徽合肥梁园巡检。母为浙江山阴县老塾师王姓之女，因择婿甚严，三十岁才嫁给鸣九。

嘉庆二十一年，彭玉麟出生在梁园巡检司署。彭玉麟的舅父在安徽芜湖县衙做文吏，彭玉麟十岁时，舅父为他找了个品学兼优的先生，彭玉麟便辞别父母亲，来到芜湖读书。舅父虽成亲多年，却未生得一男半女，外婆常感膝下冷落，对彭玉麟的到来，欢喜非常。彭玉麟生得眉清目秀，伶俐聪慧，且秉性笃厚，对长辈恭顺，外婆和舅父母对他十分疼爱。

一次，彭玉麟放学回家，在山路边见到一个十几岁的小姑娘，饿倒在路旁。彭玉麟扶她回外婆家，给她饭吃，吃罢饭女孩说出了原委。原来她是浙江嵊县人，两年前父亲病死，母亲伤心而病，半年前也不幸去世。剩下她一个女孩无依无靠，也无生活门路。一次，安徽来了个越剧班，说要来浙江越剧的故乡嵊县招演员。经人介绍，便随剧班来到了安徽。走到半路上，听到这个剧班班主同人的谈话，知道班主同时也是个人贩子，见她貌美，正与买主讨价还价，打算把她卖掉。

半夜里，她乘人不备便逃了出来。她生怕被撵上，不分山路大路，拼命逃走。她又急又饿，便晕倒在路旁。

外婆边听边陪着女孩哭。女孩讲完，老人仍在流泪。随后老人帮女孩洗脸、梳头，果然一个清秀美丽的好女孩。

女孩子一口绍兴府的乡音，让老太太亲切无比，她认为是上天给她送来的一个好女儿。女孩说她姓梅，叫梅小姑，今年 14 岁了。老太太同儿子和媳妇商量后，便收下了小姑做养女。

小姑不仅美丽温柔，而且十分勤快。尤其对老太太和哥嫂，比一家人还要亲。对救他命的彭玉麟，更是关心体贴，无微不至，今生今世，她打算把自己的全部心血都奉献给彭玉麟。等彭玉麟成家了，她就到彭玉麟家里，为他操持家务，总之要终生报答彭玉麟的再生之恩。

每天一早，他侍候彭玉麟洗涮、吃饭，又把彭玉麟上学用的笔墨纸砚都整理得整整齐齐，然后一直送彭玉麟到先生家。到放学的时候，她早早去接他。晚上，彭玉麟爱画画，她便帮他铺纸，研墨。彭玉麟睡前，她给铺好床被，然后坐在他身边，为他缝补，并听他讲故事。

就这样一天天、一年年过去，彭玉麟和小姑一天天长大，纯真的情谊在这对小男女之间坚实地、一点一滴地滋长起来。他们都知道双方并无血缘关系，可是名分上的小姨和外甥怎能成亲呢？爱情的力量太不可思议了，彭玉麟17岁那年，衡阳传来凶信，祖母病故，他是长孙，必须回去尽孝。就在那苦苦分离之际，爱情之花抽蕖而出，小姑羞面如花，赠给彭玉麟一个鸳鸯荷包。彭玉麟紧紧握着小姑的手，吐出了藏在心中许久的爱慕之情，坚定地说：“等着，我回来娶你！”

可是回至衡阳后，灾祸接踵而来，正值壮年的父亲又染病身亡。父亲临终前没有给他留下什么，只给他一本旧书，告诉他这是一位朋友送的，要彭玉麟珍重收好。他接过书一看，封面上写着《公瑾水战法》。彭玉麟安葬了父亲，杜门不出，细读此书，这是三国时周瑜在鄱阳湖训练水师时所写，有水师编制、阵法、训练等内容。他认真研读，相信有一天能用得上。

自来渣江为祖母居丧，又为父亲守制，转眼五年过去。彭玉麟待守制期满，想回芜湖，但家境贫寒又拿不起川资。在家亦无以自济，乃投协标充书吏，衡州知府见彭玉麟，奇之，乃助元赴衡阳童试，得第一，而置之第三。县令召入见，曰：以文论，汝当第一，今太守意置第三。太守曰：“彭某异日名位未可量，然在吾署中读书，若县试第一，必谓明府推屋乌之爱耳，是其终身之玷矣。”彭玉麟闻而深感之。后新宁李沅发反，发协标兵捕讨。彭玉麟从大军战金峰岭，立奇功，拔临武营外委，赏蓝翎，彭玉麟辞之。[1]

在渣江迁延七年。一日，忽接外祖母病故消息，他才辞别母亲，再回芜湖，本想圆七年前与小姑相约之梦，然而回到芜湖方知小姑也已埋骨斗笠岭很久了。那年月，穷苦人家有了重病，无钱求医，死亡是平常之事。

彭玉麟在外祖母和小姑坟前呼天抢地，悲痛欲绝。他以泪和墨，写了悼念小姑的诗，其一是：少小相亲意气投，芳踪喜共渭阳留。剧怜窗下厮磨惯，

---

① 朱孔彰：《中兴将帅别传》，第86页。

难忘灯前笑语柔。生许相依原有愿，死期入梦竟无由。斗笠岭上冬青树，一道土墙万古愁。"

此后，他誓不娶妻，母亲每逼问，唯一语："男儿功名未成，何谈婚事。"好在弟弟已成家，并生有儿女，母亲遂不再催问。到曾国藩编练湘军水师那年，彭玉麟已37岁了，仍是单身汉。他有空即读《公瑾水战法》，又爱画梅，几案箱笼，所处皆是。彭玉麟守梅小姑坟而不娶之事传出，这里久已流传小姑和彭郎的爱情故事：长江边住着美丽的小姑和勤苦的渔民彭郎，两人相恋。一次彭郎病重，小姑驾船打鱼换药为彭郎治病，不幸风浪吞没了小姑。彭郎沿江寻找小姑，发现江心冒出一个小岛，岛上站立着小姑。彭郎不顾一切，跳江奔向小姑，一个巨浪涌来，彭郎和巨浪化为一体，日日夜夜陪着小姑。或曰：彭郎化为江边巨石，永久与江中的小姑山相望，那块巨石便是彭郎屿。小姑山、彭郎屿也成了人们游览的一景，而且顺口诗流传："天苍苍，水茫茫，大姑、小姑水中央。奉劝游客莫轻狂，小姑已经嫁彭郎。"

借着传说和诗歌，彭玉麟的故事流传开来，使他成为一个钟情的奇男子。

曾国藩听到了彭玉麟的故事，尤其此人熟习《公瑾水战法》，其枪法拳术也有功底，临战有功而不受赏，便一心找他来编练水师。曾国藩亲临彭之住处相请时，见到这个年近四十的汉子，依然长身玉立，英迈娴雅，十分敬佩。乃温语相劝，多方鼓励，彭玉麟才应命来到衡州大营。

曾国藩请来了彭玉麟，介绍他见到杨载福，两人自此成为创办水师的大将。又从长沙请来了做过知府的黄冕，黄任职长江岸，曾视察过江苏水营，对办水师有些经验。又调来在广西学过水营的候补同知褚汝航，褚汝航又同训导夏銮一同来到衡州。

有彭、杨、黄、褚、夏数人，组织水师的人员大体齐备。他们预计在衡州青草桥建立一个造船厂，广招造船工匠，努力造船。同时插起招军旗，在衡州、衡山、祁阳一带招集船工、水手。自从太平军进湖南，湘江、洞庭湖一带的船民、渔夫和搬运工人的生计多受影响，生计无着。闻听曾国藩在衡州招水勇，便接踵而去。短短十余日，前来投军的达二三千。曾国藩命彭玉麟、杨载福从中挑选一千五百人，建成三个大营。命彭玉麟、杨载福、褚汝航分别统之。

九

大帅被逼良为盗之时

曾国藩从长沙至衡州编练水陆师期间，太平天国的革命形势蓬勃发展。1853年3月在南京奠都，5月出师北伐和西征。西征军沿长江西进，攻占安庆、九江、汉口、汉阳，江忠源向皇帝上奏，请咸丰下旨让曾国藩率师作战。几次催促，因陆师初练，水师未成，船炮不齐，编练未就而拒不出战。在几度催逼下，曾国藩提出一个三江、两湖数省军队统一部署、联合作战的计划，遭到咸丰的斥责。咸丰只希望他率湘勇配合绿营，而认为曾国藩却要统领三江、两湖数省军队，因此斥责说："今观汝奏，直以数省军务一身克当，试问汝之才力能乎？否呼？平日漫自矜诩，以为无出己之右者！"[1]

曾国藩接旨，既愤激又惶恐。愤激者，以为两年前自己的犯颜直谏，咸丰仍耿耿于怀，不理解他编练军队受的磨难和"血诚"。惶恐者，太平军势大，绿营军每战必败，他若率未成之勇作战，胜否确无把握，若一旦失败，就真的是贻笑天下了。

所以，咸丰越是催得紧，他越是不出战。

然而，不久，自己的挚友江忠源和座师吴文镕先后被太平军打死，内外压力和愧疚之心使他再也稳不住神了。

江忠源与他深交十余年，第一次向皇帝推荐人才就把他放在重要地位介绍。江忠源自募楚勇与太平军作战，从广西到湖南、江西、湖北、安徽，一直不遗余力地在前线血战。两年多就升为安徽巡抚，职位高过了曾国藩。江

---

① 《曾文正公奏稿》，第2卷，第20页。

忠源虽升为地方大员，但从未离开过战场。半年前，太平军进攻南昌，他率军据守，并接连上书保奏曾国藩，使湘勇得以合法扩军。南昌吃紧，他要求曾国藩派兵援助，曾国藩试着派出两营，结果在城外中伏，不是江忠源出城相救，两营湘勇难免全军覆灭。这年冬，太平军进攻舒城、庐州（今合肥），清廷见能战之军也只有江忠源的楚勇。便升任他为安徽巡抚，让他急忙从南昌撤军，奔守庐州。四月初，太平军大军包围了庐州城，决心攻下，消灭他们的死敌江忠源和所带之楚勇。在这紧急当口，江忠源几次向曾国藩求救，曾仍坚持勇丁"不能出省作战"，拒绝援助。咸丰三年十二月二十六日（1854年1月14日），守卫一个多月的庐州被攻破，江忠源含恨投水自杀。

吴文镕是曾国藩会试时的阅卷大臣，是他考取进士的恩师。先为贵州巡抚，太平天国向两湖进攻时，调为湖广总督。西征军进攻武昌，吴文镕也多次向曾国藩求救兵，曾也拒绝赴援。咸丰四年一月十五日（1854年2月12日），吴文镕在黄州堵击太平军，发生激烈大战，清军大败，吴也投水自杀。

吴文镕死前又给皇帝留下遗疏，认为三江两湖，只还有曾国藩一军可战；同时留给曾国藩一封遗书，让他好自为之。

江忠源、吴文镕的兵败自杀，对曾国藩的刺激太大了。江忠源战死，正应了当年他"以节烈死"的预言。在清军将领中，唯江忠源一直赤心拥护曾国藩，一直向皇帝作保证，让咸丰放心使用曾国藩。江忠源战死，他心中的一根支柱被摧折。

此时，围攻武昌的太平军分出一支军队，由翼王石达开的胞兄石贞祥和秋官正丞相曾天养、春官副丞相林绍璋，金一正将军罗大纲率领，挺进湖南，企图打通天京至两广的道路。大军行进的号召，就是消灭曾国藩新编的湘勇。

　　原先如出兵是作为援军，救南昌或庐州或武汉，曾国藩可以拒绝增援，只要找到理由，皇帝拿他没有办法。"败不相救"，曾国藩用这个理由杀了金松龄，说的义正辞严。而江忠源、吴文镕要求他救援，他却"败不相救"，没有人惩罚他，他只有心受惩罚。

　　现在，太平军打上门来，就找他算账，点名要捉住"曾妖头"，要消灭他的湘勇。他无法回避，湘勇能不能接招都得接，因为他想逃想退也无处可退。皇帝两只眼睛盯着他，长沙城的一群官员在瞪着他，失败的清军将官也在看着他到底能战还是不能战。

　　总之，打也得打，不打也得打了。

　　好在新编的三营水师练兵特别起劲。尤其是杨载福，一身的水上功夫没处可用，如今有新造的船供他使用，又有一班江蛟般的水手由他指挥。他如龙得水，每天领着快船在湘江上训练，旗帜招展，喊杀声连天，好不热闹。

　　彭玉麟是个寡言慎行的君子，但受曾国藩的知遇，又多年演练《公瑾水战法》。如今给了他一支战船，他按周公瑾的战法排练，也是得心应手。

　　褚汝航管带过清军水营，对水师也不生疏，也不想落在彭、杨之后，每天指挥水师操练。

　　湘江一向平静，犹如一个待守闺中的淑女，如今一天到晚杀气腾腾，变成了翻云吐雾的蛟龙。

　　曾国藩每天同黄冕等一帮幕友观看水师操练。

　　"曾大人！"黄冕说："三营水师进展神速，但只有三营难以抵挡长毛的战船，他们有几万水军啊！"

　　曾国藩听了默然不语。他知道黄冕说的很对，但要扩师，就得扩大造船厂，哪有这么多经费？郭嵩焘在湘阴募集的二十万饷银汇到了，但水陆两军的日常用度，就靠这笔钱了。何况，一旦用兵作战，就马上需要大笔军费，因此他不敢大笔放手动用这笔款子。

　　然而不动也得动，太平军就要打来了。他们几万水军来进攻，就像一个千钧大棒，总不能用根草棍抵挡吧。

没办法，他只好动用这二十万军饷，照陆勇的建制，也建十营。招兵旗打出，没过几天，应征者如蜂如蚁，招都招不过来。很快挑选七营，加原来的三营，共计十营水师。

战船不够，曾国藩委黄冕在湘潭又建一船厂，昼夜不停改造民船，制造新船。又派人去广州向洋人购买大炮，安装在战船上。抓紧训练，急如星火。

这时，咸丰帝就像个摧命的无常，不几天就发来一旨，催他从衡州发兵，堵住长毛的进攻。

什么黑无常白无常，曾国藩反而连个回折也不写。他有他的难处，也有他的打算。难处是没有钱，二十万两是他自己募来的，兵饷、造船全用的这笔钱，皇帝只会命令他出战，但时至如今，连一文军饷也没发给他。二是在广州订购的洋炮运来了八十尊，更多的还没运达。

还有一个原因：长沙的鲍起豹等想要他的命，后来又要看他的笑话，如今太平军打来了，必然先打长沙，他要看看绿营的失败，然后再去收拾残局。这个原因，自然不能说出口。

现在，最愁人的还是银子。

仗是非打不可了，而且太平军不用多久就会打上门来。陆知府是衡州的守土官，丢了衡州，皇帝会先找他算账，杀头都是可能的。他明知曾国藩没有军饷，但自己拿不出来，修城墙的十万两不指望还能收回了，但眼下又必须给湘勇水陆军弄到军饷，没军饷是打不了仗的，他全仗着曾国藩了。

几天前，衡州知府衙门和“审案局”联合发出捐饷书，他还派人把文书送到衡州城的几家大绅士、大商号那里，劝他们拿点钱来给湘勇发饷。没有军队保卫衡州，官绅富户的银子也保不住，长毛来了也会一扫而光，他们最恨的就是官绅富户和大商人了。但是几天过去了却无一点消息，看来钱这东西在自己家里保险，能放一天是一天，等长毛来了再说来了的话。

曾国藩心焦啊！

"大人，捐饷一事有了进展！"稳如泰山的彭玉麟却是急急地进门，开门见山便说捐饷的事。

"啊？快说原委！"曾国藩就像久旱听到了一声响雷，眼里射出希望的光芒。

彭玉麟说，杨健之孙杨江派人邀他去杨家，他是户部候补员外，两个月前丧母回的衡州，其祖父杨健以湖北巡抚致仕。杨家是衡州城里的首富，长沙城里也难找到。

曾国藩插话："雷琴兄与杨江熟吗？"

彭玉麟继续说，我们是东洲书院的同窗，彼此还说得来。他随人去了江东岸的杨府，杨江说，他收到了大人的捐饷书，对大人在衡州编练勤王之师十分钦佩，愿意尽力襄助。这几天，他还找了衡州城的几家绅商计议了捐饷之事。

"杨员外急公好义，真是国家忠臣！"曾国藩由雷声又进一步听到雨声，心里兴奋起来。

"杨家是衡州城有影响的士绅。杨家带了头，其他绅商富户也就不能不捐，我们的困难可得缓解。不过，杨江说捐银可以，但有个小小要求。"

"他有什么要求？"

"杨江说，请大人代他向皇帝上奏，准为其祖父在原籍建乡贤祠。"

曾国藩对杨健的事很清楚。他是嘉庆进士，授为户部主事，外任府道，道光初升任湖北巡抚，道光二十五年病故。当时衡州籍京官奏请入祀乡贤，因其官声不佳，有贪污受贿事实，道光帝严斥不允。当时曾国藩任职詹事府，曾就此事找到为杨健上奏的同籍京官，埋怨他做事欠考虑。如今，却要他出面，为贪官杨健再度申请入祀。

曾国藩沉吟片时说："杨健入祀之事，有奏驳在案。"

彭玉麟呐呐而言："此事我也听说过。但此事已过多年了，作古的人也不好再加指责。"

曾国藩没有回答，看着彭玉麟。彭玉麟心知曾国藩不愿为贪官写折申请，脸上火辣辣难受。但又结结巴巴地说下去："我们目前对军饷太过急需，只要他能拿出钱来就好！"

曾国藩心里就像打破了五味瓶，可悲、可怜、可叹又有些可耻。没想到会弄到这步田地！彭玉麟这般品质高隽、儒雅的男子汉，不是被逼到这个份上，他哪能为贪员申请贤良典仪！

曾国藩无奈地问："他能捐多少？"

"他说捐两万两。"

"杨家高门大户，家私少说也有现银几十万。捐两万，也太小气！"

"杨江说，待大人奏请朝廷，皇帝见准后，再捐五万两。"

曾国藩无言，但心里在骂人。

"杨家捐的是太少，但是他带了头，其他绅商就不得不捐。只是，他们也都希望皇帝给奖励。"

"那是自然的。我会向皇上奏明，为他们请赏。"

"大人是同意为杨江上奏了？"

"咱们还有别的办法可想吗？只是要担些风险。"

"大人今日一心为国家，作些权变，皇帝不会不体谅。"

曾国藩又是无奈地点点头，不再作声，心说：这真是逼良为盗为娼。

十

拒绝一个心怀异志的幕宾

　　杨江带了头，其他绅商也不得不捐，一下子便募到十余万两银子，总算又解了燃眉之急。没过多久，衡州、湘潭两处船厂造出了快船四十号，长龙五十号，舢板一百五十号。又特造一艘大号船，名叫拖罟（ɡǔ，音古，原为，此处指特大号船），五六只船才能拖着行驶，作为曾国藩的座船。同时改造民船十号作为战船，还雇民船二百多号，以载辎重。

　　水陆两支人马已有二十一营一万余人，加上长夫在内，总计两万。一旦开出衡州，就只有一个目标：与长毛作战。自己的主要精力，也是放在如何才能打赢仗上。那时候就不能像现在练勇轻松，这两万人行军作战，就得设置个机构管理各类事务，那时的事务，皆关系着作战的命运，绝非儿戏。他给这个机构暂称"粮台"，实质上粮台这个名称和机构，各省各军都有，不过是个后勤供应机构，不包括幕府机构，也就是日本人说的"参谋本部"。曾国藩的"粮台"却包括很多方面，其下设文案、内银钱、外银钱、军械、火器、侦探、发审、采编等八个所。文案所日常处理上下文书，相当于朝廷的内阁中书处或军机处，实际上是整个部队的参谋部或幕府。内银钱所负责水陆内部的钱财，包括发放薪水等；外银钱负责收发外来的银钱，相当整个部队的出纳计财部；军械、火器一望便知；侦探所相当于部队的侦察兵连营；发审所负责案件审查处理；采编所负责采集官兵忠勇材料上报朝廷，以便奖励忠良，激励士气。

　　粮台以黄冕和郭嵩焘之弟郭昆焘为总管。同时设一捐局，负责鼓励、接纳捐助，委托曾国藩内兄欧阳秉铨负责。

一月十三日（2月27日），石贞祥率两万人马攻克岳州（今岳阳），又连下湘阴、清港、宁乡等镇，近抵长沙仅三十公里，一天便可攻抵长沙了。如果再不出战，太平军就真的打上门来了，曾国藩于咸丰四年正月二十八日（1854年2月25日）于衡州誓师。誓师之前，他写了一篇《讨粤匪檄》，被时人诩为"胜过百万兵"。

这篇檄文除了像一般讨伐文告那样，列举对方种种罪恶之外，又有它的独到之处。如：借太平军有"老兄弟"和"新兄弟"之别，排起太平军内部南北军队的分裂，说太平军是两广人的起义，三江两湖参加起义者虽被称为"新兄弟"，实际上是被另眼看待，是"胁两湖三江之人曾犬豕牛马之不若"。这种挑拨，确实起到了很大作用。

《讨粤匪檄》尤其把洪秀全创立"拜上帝会"说成是"外夷"的代表，而曾国藩正是代表中华民族，代表"华夏"讨伐投靠"外夷"的洪杨谋乱。自1840年以后，资本帝国主义通过武装和宗教入侵中国，引起南方数省人民的极大反感和仇恨。洪秀全、杨秀清等人在这一根本问题上，犯了极大的错误，给曾国藩以可乘之机。他在檄文中，以卫"华夏"，卫孔孟之道相号召，争取广大知识分子。太平天国起义所造的舆论是极力反对孔孟之道，到处捣毁孔庙、孔像，焚毁儒家经典，这就极大地挫辱了广大知识分子。檄文夸大其词，号召知识分子起来"以卫吾道"，抓得很准，这一问题是太平军失败、曾国藩取胜的根本原因。檄文写道：

> 士不能诵孔子之经，而别有所谓耶稣之说、《新约》之书，举中国数千年礼义人伦、诗书典则，一旦扫地荡尽。此岂独我大清之变，乃开辟以来各教之奇变，我孔子孟子之所痛哭于九泉，凡读书识字者，又乌可袖手安坐，不思一为也。

这些话虽为檄文相号召，实出自曾国藩之内心，他自幼读圣贤之书，数十年学宗孔孟、朱子，是当时知名的大儒。洪秀全辱孔孟、尊耶稣的行为，确实是触痛了他思想的根本，他以真实情感口诛笔伐，广大知识分子见到后，怎不同情而奋起抵抗太平军！试看湘军的幕宾、湘军的将官，有哪个不是当时和后来知名称道的儒者？相反，太平军中又有几人读过孔孟之书？甚至能识字者也少之又少。所以，曾国藩与洪秀全既是武力对抗，更是文化之争；洪秀全未及碰到湘军大帅曾国藩，已经克失一招，是致命的一招。

曾国藩对自己的檄文还是很满意的，虽文不及骆宾王，但说到了实处和痛处，也就不失为檄文了。

写好檄文，命文案们大量誊抄，四处张贴，使闹市僻壤，人人皆知。

很快，有人因读了檄文，前来见曾大人了。

来人进门便自报姓名："晚生王闿运，前来拜见！"

曾国藩猛抬头，见到来人二十岁左右，中等身材，两只眼睛分外明亮，灼灼闪光。通身充满青春活力，神采飞扬。

曾国藩见到心中高兴，欠欠身子说："久仰，久仰，请坐！""久仰"是客套话，但曾国藩在此却不仅是客套。那是东洲书院传出的故事：一个花子，持一联语"欠食饮泉，白水焉能度日"，到东洲书院求对下联。书院师生一时对不上来。忽有一年轻学子对曰："麻石磨粉，粉米庶可充饥"，这才免去东洲书院之羞。此虽是传言，但足见王闿运的聪慧已成佳话。

王闿运又是不问自说："晚生湘潭人，去年来东洲书院求学。适才见到大人的《讨粤匪檄》，知部堂大人即日将出师荡巨寇，故不惮人微位卑，特来见大人。"

王闿运思维敏捷，口齿清爽，果然不俗。曾国藩正欲谦虚几句，王闿运又接着说："部堂大人来衡州训练士卒，一扫官场积司，振作蒸湘士农工商之精神，尤为我东洲三百学子倾心景仰。"

曾国藩这才抢着说："足下过奖，灭凶逆而卫桑梓，乃吾辈之本分。"

王闿运又说："晚生拜读《讨粤匪檄》，笔力雄健，鼓舞人心。但愿东南半壁，借此雄文而定！"

曾国藩理着胡须说："倘能真如足下所言，则实为国家之福，万民之幸！"自得之情，溢于言表。

"然而，此文好则好矣，然却有一大失误。不知此文出自谁之手，大人又是否细读！"

听罢此语，曾国藩吃了一惊。坐在一旁的罗泽南等人，更感到意外。

曾国藩为官多年，又曾闭门省思十余年，来至长沙衡州多经风雨冰霜，因此不露声色，再度端详这位年轻人。此人聪颖，露之于外，英气迫人。他既然敢到湘勇大营中当面指出已发檄文有大的失误，必然有一番说道。

曾国藩没有说明檄文的撰者，却和颜悦色地回答："《讨粤匪檄》仓促写成，必定多有不妥之处，还望足下明白指正。"

这样的回答，实际上已暗指文章是曾国藩亲手所写了。

王闿运也丝毫不加客套，先表明大军出战，颁发檄文之重要，为统帅重视，不能有所失误。历述历史上的著名檄言，滔滔不绝背出各名檄的重要段落和警言。从汤王伐桀作《汤誓》，武王讨纣作《泰誓》，又在牧野作《牧誓》，到徐敬业起兵伐武则天，骆宾王为其作《讨武氏檄》。以为不仅文学水平之高，立意明白，为千古传诵。又说《讨粤匪檄》自张贴后，已传遍衡州城内外千家万户。但是，此文对洪杨起事的主要意图确未能指出，不知写此文者，是否读过长毛的《奉天讨胡檄》。

曾国藩点头，表示已看过那篇檄文。

王闿运朗朗而言："《奉天讨胡檄》胆大妄为，罪不可赦，但就文论文，在蛊惑人心上，却有其独到之处！"

他如此一说，大家都侧头细听他的论道。

王闿运流利地背下了一段：

用夏变夷，斩邪留正，誓扫胡尘，拓开疆土。此诚千古难逢之际，
正宜建万世不朽之勋。是以不时智谋之士，英杰之俦，无不瞻云就日，
望风影从。诚深明去逆效顺之理，以共建夫敬天勤王之绩也。

然后解释说，洪杨举兵煽动人心，用的正是"用夏变夷""誓扫胡尘"，
这同当年岳飞的"壮志饥餐胡肉"、陆游的"遗民泪尽胡尘里，南望王师又
一年"是一个调子，此其恶毒厉害，不待而言！

然而，《讨粤匪檄》对洪杨的这种煽动之语，却未见驳之一辞。因此，
给人的印象，大人的军队不是勤王之师，只是一支卫孔孟儒教之师。

曾国藩和众人听后都不免皱眉。而王闿运只管高谈阔论："其实，洪杨檄
文之论亦不值一驳，说什么满人是胡尘，是夷狄，乃至谬！若说夷狄，洪杨
自己便是，我们在座的也都是。荆楚一带，古之为蛮夷之地，我们都是夷狄
之后人。而满州早在唐代，就已列入华夏版图，后朝多受皇帝的封爵。洪杨
说满人不是华夏民族，这也太可笑了！"

真是一语惊四座！大家对王闿运的议论个个瞠目。细想这个道理完全正
确，但是又有谁敢明言！自明亡后，反清者无不以夷狄目清廷，以横扫胡尘、
复兴华夏相号召。清初大儒吕留良大讲"华夷之别"，招集弟子反对清廷，
案发后，多少儒学之流含恨而遭屠戮。只有雍正那样的皇帝才敢明言"华夏
与夷狄无分别"，有德者才有天下。虞舜是东夷人，文王是西夷人；孔子是
鲁国人，却应楚王之聘；秦穆公称霸西戎，孔子删定《春秋》时，把秦穆公
之誓列在《周书》之后。因此，大清一统江山合理合法，"是有道而被生民
选择的结果。"[①]

乾嘉之后，国势孱微，清帝中已没有康熙、雍正那样的名君，对人民的

---

① 雍正帝：《大义觉迷录》。

反抗怕之又怕。所以，"华夷"问题，成为禁语，再无人敢议论。

曾国藩撰写《檄》文，认真研究了太平天国发的《奉天讨胡檄》，自然也研究了《檄》中的"用夏变夷"之说，但实在不好驳斥，也不敢公开写出这个极为敏感的问题。因此才绕过实质，避开清廷，像小孩子吵架那样，彼说此是"夷"，此说彼也是"夷"，而终究不敢剥开这个"夷"到底是什么？只在卫道、卫孔孟上大做文章，使《檄》文像在护着丑，少气而无力。

如今，让王闿运一个二十岁小青年谈笑之间说得明明白白！

曾国藩从内心佩服这位青年才隽，说道："足下高见！足下年纪轻轻，便有如此见识，将来前程不可限量！"

王闿运受到曾国藩的鼓励，又走到曾国藩近前，小声说："晚生愚见，《讨粤匪檄》不宜再张贴，免得有人议论长短。满人入关二百年来，总对汉人严加防范。大人今有水陆二万，兵强马壮，此为大清建国以来未有之事。朝廷对此将会大为恐惧。"说着进而耳语："大人乃当今扭转乾坤之人，秦无道，遂有各路诸侯逐鹿。来日鹿死谁手，尚未可料！"

王闿运的话犹如千钧之雷，让曾国藩心惊肉跳。在这大军即将出征时，王闿运先为警示，他内心表示感激，但"鹿死谁手"的话他也敢说，也实在胆大妄言。他自然不能回答，只说："今日天色已晚，足下不必回东洲，在我这留宿一夜如何？"

王闿运何等之人，曾国藩这是明白下逐客之令了。他本想以帝王之学作为投曾国藩的晋身之阶，见他对自己如此相拒，也不便再谈下去。

十一
莫道书生空议论

咸丰四年正月二十八日一大早，衡州城外的演武场上一片沸腾。五千陆勇全部换上了出征的新装，什长以上的官员皆威武地骑在马上，整齐地排好出征队列，等待出发的炮响。五千水勇全部登上战船，一个多月前的水手、渔民，如今站在新装好的洋炮旁边，仿佛已成了勇士。湘江与蒸水的交界码头外，停着两百多号民船，六千多夫役装好粮草，也威武地等待出发的命令。

曾国藩登台高声朗读了《讨粤匪檄》，三声鼓响罢，陆知府率衡州官员为之把酒送行。罗泽南、塔齐布等陆师营官率陆师沿江出发。彭玉麟、杨载福、褚汝航、邹寿璋、夏銮、胡嘉垣、胡作霖、成名标、龙献深、诸殿元十位水师营官也分别指挥自己的水营沿江北进。

曾国藩在郭嵩焘、刘蓉、陈士杰、黄冕等一船幕僚的陪同下走上座船拖罟，缓缓离开衡州城。

按照咸丰的旨意，曾国藩所领的水陆军队应该叫"东征军"，即消灭占领南京的太平天国军，扫清长江两岸的造反者。但是，曾国藩还不知道，这个目标终究确实由他达到，那可却是十年以后的事。如今，他得与长江中下游的太平军来回厮打。当时他带领的部队，还不是正规军，仍然称"勇丁"，仍然是团练，可是历史上却是称之为湘军了，是一支唯一敢与太平军拼杀的军队。自咸丰四年年初开出衡州与太平军作战，算是湘军成军，一般说法是1.7万人，实质上战斗部队只有20营，1万多人，加上长夫运输队伍，总计2万人。

自离长沙至衡州，短短半年便率水陆大军返回省城。湖南省城官员以骆秉章为首，至城外迎接"东征"的湘军。在长沙停歇两天，恰接皇帝允准他半年多前的奏请，以塔齐布为长沙绿营副将，取代了清德的地位，这也算是对鲍起豹等人的打击和对曾国藩的支持。曾国藩想：皇帝对我还是相信的。

其实，这是长沙骆秉章再次上奏的结果，是皇帝相信骆秉章，而并非相信他。太平军大军进入湖南，鲍起豹等将领不敢迎战，骆秉章只能依靠曾国藩，所以才为他再度上奏。

就在前几天，曾国藩还曾接到过另一圣谕："前任礼部右侍郎曾国藩轻信一面之词，为革职降级业已亡故之前湖北巡抚杨健请入乡贤祠，实属大于律令，部议革职严办。朕思曾国藩将统率湘勇北上剿贼，改为降二级留用。"

既然命他率勇剿贼，又在出征之时下这般严旨惩处，究竟为的什么？王闿运口无遮拦，所说的原因是对的吗？皇帝对汉人自募军队难道真的这么不放心？

曾国藩出师心里便有了这个严重的信号！半年前为塔齐布的申请也是此时批准，皇帝对他的这种态度，不知让他如何才好。

王闿运说他的湘勇不是勤王之师，难道是那个《讨粤匪檄》真让人挑出了毛病，让皇帝对他不信任？

自古忠臣难做。咸丰帝之为君，他并不生疏，几年前为了一个谏言，差一点要了他的命，让他"犹当下同郭与李，手提两京还天子"的豪情壮志大打折扣。

如今，亲率两万之师为皇帝拼命，到了"手提两京还天子"的时候了。但天子却因他迫之无奈弄点军费，就下严旨降他二级，还说要"革职严办"。寡恩如此！

但是，半年多的心血，居然水陆成军。不管皇帝如何对他，他都要与长毛一决生死，箭在弦上，不能不发。

然而，这个仗又如何打法？自己毫无实战经验，新练之军多数未上过战场，自己的一班幕宾全是书生，怕也还没有诸葛亮那样的人物。

如今，长毛占领岳州。这个岳州是湖南最重要的军事重镇，位于长江、湘江和洞庭湖的结合部。长毛入湖南先占领了这个水陆要冲，那湘军出征，也必然先夺回这个咽喉重镇。

曾国藩在座船里召开第一次军事会议，他把攻打岳州的计划先说了，一班幕僚都认真思考。这是打仗，是要血命的战争，可不是依题作诗写文，所以大家都很严肃地"参谋"。都如统帅一般，要出师打个胜仗，给皇帝看看，给长沙的一帮庸官看看，也让湖南百姓知道，编练半年的湘勇不光会吃大米干饭。

战斗发生之前，犹如雷霆大雨到来之前，总是静寂的。但是，初次上战场，这种死一般的静寂让人格外紧张。

离岳州城越来越近了。曾国藩和一班文员大都是本乡本土之人，这条水路不知走过多少遭了，大约距岳州尚有三十里时，探马回报：岳州城两万多长毛已全数卷旗退出城去。

对长毛弃城不守，曾国藩让幕僚们各抒己见。大家七嘴八舌，多数认为长毛闻我大军到来，乃弃城逃走。少数说，长笔两三万人，据岳州而不守，其中也许有诈。曾国藩想，身为一军之帅，进退之令一出，关乎胜败。但此来就是找长毛打仗的，怕他们如何？既然长毛让出岳州，我军自当进据。为防有诈，命陆师一部入城，大部在城外安营。水师分驻洞庭湖和江边，指挥座船驻南津，就近指挥。

命令发出，一切按令而行。湘勇不战而得岳州，城内城外擂起得胜鼓，皆以为长毛闻师丧胆，逃之夭夭。座船中的一班幕僚，大都喜上眉梢。

入城的先锋王鑫、李续宾部（实际上王鑫在衡州因与曾国藩意见不合，回长沙投奔绿营军了，此次是骆秉章派出的），又各率陆勇出城作战，沿岳州至武昌的大道前进，当他们行至羊楼峒（一说羊楼司，司作地名者不合情）时，突遭太平军伏击，一阵混战，大败而走，百余名绿营和湘勇被歼（一说仅王錱一部遭埋伏），败军再度进入岳州城。

已入城的湘军将领方知是太平军有意放弃岳州空城，营官邹寿璋语曰："城空无食，不可守也。"王錱等未听其劝。果然，太平军四面喊杀，包围了岳州城。清军和湘勇大败，夺路逃走，千余人被歼。[①]

曾国藩在南津闻前军失利，遂急命炮船援岳州。直攻至岳州城下，向太平军猛烈开炮，太平军稍退，王錱突围而走。太平军攻入岳州，再占靖港、湘阴、宁乡、湘潭，重新对长沙形成钳制形势。

曾国藩初战失利，退回长沙。把水师安置在水陆洲周围，陆师驻扎于城郊，曾国藩驻在座船上，不进长沙城。他认为这次只是小挫，失利在于轻敌。他的一班幕僚也尽说长毛太狡诈，平日皆言兵不厌诈，但儒家经典都让他们做诚信君子，因此初与敌人争斗，不知用兵如何使诈。教训总是买来的，湘勇这次总共死散五百余人，相当一个营。初入战场的农夫，死散在所难免，大浪淘沙吆，精兵是战场上打拼出来的，损失这些没啥了不起。

进攻岳州的失败，曾国藩没大放在心上，他认为大军尚未展开，只是一次顿挫。初征旗开得胜故然好，但却会滋长官兵的骄气，挫败一下，正好让军队吸取教训。

岳州之战后，太平军与湘军将领们都抓紧计划下一节的军事行动。

太平天国将领罗大纲、石祥祯、周国虞、林绍璋等在夺回的岳州城召开军事会议。罗大纲以其对湖南形势的熟悉和他的足智多谋，提出了他的下一步作战想法。他认为，攻击长沙不是好办法，湖南的绿营多集中于此，湘军水陆也聚于长沙城外，对长沙只能采取钳制之态势。

---

① 见朱孔彰：《中兴将帅别传》，第93页。

　　紧靠长沙的湘潭，物产丰富，城内的粮食充足，但只有五百绿营兵驻扎，甚易得手。且湘潭是长沙南面的门户，夺下湘潭，可以断绝长沙的补给，故势在必得。

　　石祥祯同意罗大纲的意见，认为曾国藩与长沙文武有矛盾，这次挫败无颜进城，但如果我军进攻长沙，说不定他会龟缩城内。长沙易守难攻，如久攻不下，就如前年那样，旷日不下，师老必败。

　　老将曾天养也支持占领湘潭的方案，但他更想打败新入战场的湘军，捉住妖头曾国藩。

　　计议已定，林绍璋自愿率一万大军夺取湘潭。石祥祯说，待我军进攻湘潭，曾国藩必然援救，我们南北夹击，消灭这个曾剃头！石祥祯是太平军中一位年轻将领，所率军队也多是广西的"老兄弟"，是太平军的雄狮。

　　因湘军初败，集结于长沙，骆秉章总怕长沙失守，湖南的主要兵力在长沙。林绍璋的一万精兵，从岳州南下，一路尽走大道，并无清军阻挡。经汨罗、桥头，过湘江，第四天便行至宁乡。轻取宁乡之后，留下三千守城，余下七千人马快速前进，第六天便攻抵湘潭城下。绿营守备只有五百老爷兵，做梦也没想到长毛会越过长沙攻湘潭。一见太平军的旗帜，便弃城而逃。

　　湘潭失守消息传至长沙，惊慌失措的骆秉章急忙来到水绿洲的座船上，请曾国藩派勇夺回。

　　曾国藩的消息比骆秉章快多了。也早想到骆秉章会请他出兵救湘潭。这些天，他也召集水陆营官和幕僚开会，研究方略。当丢失湘潭消息传来，他仍然强调以大军北进为方策，强调湘勇乃奉旨"东征"，目前最迫切者是夺回武昌，而后顺长江东下，直捣金陵。

　　营官和幕僚不少同意他的想法，认为长毛攻占湘潭，北方兵力空虚，正好趁机越过洞庭湖，赶到武昌。若救下武昌，必然震动天下。正在会议期间，王闿运再次找到曾国藩。

　　衡州出师时，王闿运搭船来到长沙，到岳麓书院会会朋友。后来听说曾国藩又回到长沙，再后来听说长毛占领了湘潭，因此不请自到曾国藩的座船上。

他一闻曾国藩要冲过洞庭湖，北救武昌，便不顾一切地反对。说救武昌确是湘军出师宗旨，但目前尚不宜马上实行。湘勇初战而新败，军威尚待复振，北进将重被岳州的长毛拦截，人不能在一个地方跌倒两次。湘勇与岳州的长毛作战必然心有余悸，如果再败，是否再度回到长沙来？而南下救湘潭，为长沙文武所拥护，湘潭的长毛是一支孤军，攻之确有把握。即使有失，可退至衡州根据地。向南向北，情势分明啊！

王闿运的一席话，让在座文武如释重担，都拍手赞同。曾国藩再度佩服这位年轻书生的睿智，立即拍板，立派塔齐布、罗泽南率五营陆勇，彭玉麟、杨载福率五营水勇，赶往湘潭，收复失地。

曾国藩本应听取王闿运的全部策略，率军随之南取湘潭。可是，当水师、陆师出发后，他却因听信了不准确的军事情报，打消了随军攻湘潭的行动，北攻靖港，吃了一个大败仗。

十二

"善胜不败，善败不亡"

曾国藩分派水陆奔湘潭，他打算第二天凌晨继后出发。但正巧夜半时，忽有靖港民团前来报告，说那里的长毛仅有五百余人，毫无作战准备，若派兵往攻，必胜无疑。还说，靖港的民团已作好内应的一切准备。曾国藩闻实这份情报的准确性，得知民团派来之人与湘军内部确有关系。因此便认为这份情报不会有假。

其实，曾国藩太希望打个胜仗了，哪怕是个小胜仗，也能扭转一下受挫之辱。何况，靖港也是湘江上的水陆要冲，打下靖港，割断太平军进攻长沙的北路，孤立湘潭，南北夹击岳州，也不失为一次好仗。以湘军大营的水陆军，吃掉靖港五百长毛，应该是轻而易举之事。

思虑至此，曾国藩决定先速取靖港，再回师攻湘潭，然后再取岳州。也许，进攻靖港是湖南作战的契机。

第二天，即咸丰四年四月初二（1854 年 4 月 27 日）凌晨，曾国藩指挥湘军水陆，沿湘江北进。南风习习，江水荡漾。战船很快开抵离靖港二十里的白沙洲。不久，陆师也赶到。

曾国藩要抓住战机，一鼓而下。

下令水陆快速前进，水师在靖港登岸，陆师过浮桥在靖港与水师合军。刚至中午，水陆两军都到了靖港，会师一处。

陆师过了浮桥，曾国藩下了进攻号令。但是，一进靖港，只听一声冲天炮响，埋伏在铜官山上的二万太平军一齐杀出。曾国藩满目都是敌军的旗帜和高举刀枪的长毛，方知又上大当了。湘勇只知这儿仅有五百长毛，毫无打硬仗的准备，如今眼前突然展现这般惊天动地的场面，只觉两腿发软，哪还能举刀杀敌。李续宾、王鑫等营官强压阵脚，督军迎战，但湘勇大队后退，谁也不往前冲。一片喊杀声震山荡水，"活捉清妖曾国藩"的吼声让曾国藩又气又急。然而，他知不能一败再败，必须誓死抵抗。面对溃逃的湘勇，他怒火中烧，立命护军把将军旗插在江边，自己执剑立于旗下，高声断喝："过旗者斩！"

溃兵涌来，曾国藩大吼一声，挥剑砍翻一个。但更多的溃兵只是呆立瞬刻，绕过军旗，继续奔逃。后面的溃兵如排山倒海，曾国藩的一把长剑再也不知刺向何人了！

这时，太平军大队冲入湘军队伍中，如切瓜削菜，湘军已是待宰的羔羊，全无反抗能力。王鑫、李续宾率亲兵队赶过来，占领了浮桥。湘勇不顾一切跑过浮桥，奔向江中的战船，有的则直奔通往长沙的大路，疯狂逃命。

曾国藩见状扔下手中的宝剑，命令自己的卫队去拆浮桥。李续宾跑到曾国藩面前请求："大人！浮桥拆不得，让兄弟们找一条活路吧！否则将全军覆没。您老也赶快上船，此仇来日再报吧！"

曾国藩看到没命逃跑的湘勇，如排山倒海压过来的太平军，无可奈何地直摇头，但就是不愿上船。李续宾和曾国藩的亲兵，把他硬拉上座船，命令立即开船。

其他战船也随之开动，太平军仍坚追不舍，水师营官命令向追兵开炮，终于压住了后面追来的太平军。没有上船的湘勇，四处寻路，翻山越岭，狼狈不堪地向长沙方向奔逃而去。

曾国藩呆坐舱内，五内俱焚。

衡州出师后，与太平军交战，两战两败，落了个狼奔豕突的可耻结局。自己苦心经营，训练半年多的湘勇，竟是如此无用。如此下去，自己的豪言壮语将全部落空。再回长沙，官绅们的冷眼将不堪入目。他左思右想，不如趁早一死，免得自讨其辱。这时，李元度、陈士杰等看到曾国藩神情有异，命令章寿麟备一舢板，随在座船左右。

谁料座船中的随员稍不注意，曾国藩猛然起身，推开舱门，纵身跳入江心。"曾大人跳水了！"章寿麟一面大叫，一面从舢板上跳入江中，很快把他推出水面，扶入舱中。大家七手八脚为他换衣、推腹，好在他并未呛水，尚无大碍，大家一路劝说，退回长沙。

如果说岳州之战湘军未与太平军见真章，而靖港之战由曾国藩亲自指挥，中计大败，要算湘军的一次大败了。但是，这次失败，究竟被奸多少，走失多少，由于曾国藩及其将官们对此讳莫如深，至今也没搞清楚。就说曾国藩自杀这件事，他活着时也没人敢向外透露。直到曾国藩死后多年、湘军也成为历史时，亲自从江中救他的章寿麟作了个《铜官感旧图》，请《湘军志》的作者、劝说曾国藩不要向北作战的王闿运作诗配之，又请李元度、左宗棠分别写序，此后世人才知靖港大败、曾国藩自杀事情的真相。章寿麟的"感"，就是"感"在曾国藩铜官渡投水寻死的那般情景。

透露、记述靖港失败、湘军败北时的逃跑、曾国藩失策攻靖港的详情，还数王闿运的《湘军志》。

曾国藩晚年，打算编写一部湘军的史书，只是议而未行，他就逝世了。光绪初年，其子曾纪泽要让父亲的志愿实现，便找到了王闿运。王是著名学者，当时"名满天下"，湘军的许多情况，他又是当事人。尽管湘军史头绪万端，极为难写，他还是用五年时间写成了，命名为《湘军志》，初版是1881年。然而，书出后却遭到曾纪泽、郭嵩焘和曾国荃等当年的湘军将官们激烈诋斥，将它毁版，甚至曾欲寻死"此老而甘心"。后来，又编写《湘军志平议》，请曾国荃之幕僚王定安写《湘军记》，对《湘军志》进行抗辩。

《湘军志》所以遭湘军将领们的如此仇视，就因为王闿运其人秉性就不怕忌讳，甚至越忌讳者才越有兴趣。后来，王闿运应四川总督丁宝桢之请，主讲成都尊经书院，不断给弟子们透露朝中各种"内幕"，也多次讲述湘军内幕。他曾告诉学生，他作过曾国藩的幕僚，而曾国藩认为他才气有余，但"人事"不足。曾打比方，行事如同画像，必以鼻端为主；王闿运却说，他画像是从头顶画到脚跟，是什么样就画什么样，全部画成，鼻口自然就出来了。所以，曾国藩一直看不上他的为人，认为他太狂傲不羁，不是他可心的幕宾。《湘军志》便是在成都刻版印出的。

后来史家记述湘军，知道湘军的内幕，多是依据《湘军志》的记述。靖港之战，王闿运的记述十分生动，也是首次揭示湘军战败、曾国藩自杀之情的。[①]

曾国藩二度败回长沙，遭受的打击可想而知。

湖南提督鲍起豹放声大骂曾国藩，关闭城门，不放他进城（实际曾国藩也无颜进城），说长毛所以进攻湖南，就是曾国藩引狼入室。布政使徐有壬煽动文武，齐集巡抚衙门，要求起草奏章，弹劾湘勇之败、曾国藩无能带兵，要求皇帝下旨惩办曾国藩、解散湘军。

巡抚骆秉章安抚众人，他认为湘军初战失利，但要与长毛作战，保卫长沙，还只能靠着曾国藩和湘军，鲍起豹只会攻击曾国藩，并不敢与长毛作战。所以，他不同意弹劾。

曾国藩二败返回长沙，情绪极为低落，他不吃不喝，不洗不理，蓬头跣足，万念俱灰，死念未消。再听到长沙官绅的反映，便叫来弟弟曾国葆，让他去做一口棺材，曾国葆不干，苦苦相劝。曾国藩大声命令："这是军令，不听者斩！"曾国葆只好派人买来一口黑漆棺材，停放在江边。

曾国藩还给咸丰写了遗折，说明自带湘勇与长毛作战，全军溃败，难酬当初为国报效之愿，决心以死报主恩，谢丧师败北之罪。推荐罗泽南、彭玉麟、杨载福等，让他们继续率所练湘勇，征讨粤匪。同时写下一个遗嘱，让

① 王闿运：《湘军志·曾军篇第二》，岳麓书社，第 24 页，1983 年版。

曾国葆送其枢回老家，不可在外开吊，费用自理，不可花公家一文钱，湘勇所余之资，概交粮台。正在闹腾之时，左宗棠来到江边。

左宗棠是骆秉章的幕宾、言听计从的师爷。他虽为巡抚师爷，可心从于曾国藩，一直支持曾办湘勇，可以说是曾国藩的幕外之宾。

左宗棠来至曾国藩的座船边，见到了一口大棺材，以为曾国藩出了事，赶紧踏进船舱，看到曾国藩在忙乎纸墨。问道："那口棺材是给谁的？"

曾国藩低声回答："本人自用！"

左宗棠一听便发火："好个不忠不孝的曾国藩，你若真的自寻短见，我左宗棠就鞭尸扬灰，让伯父大人不准你入曾氏祖茔！"

曾国藩没有回答，两眼斜视左宗棠。

左宗棠见曾国藩不服，声色俱厉地说："如今国家有难，长毛攻我湖南，朝廷委你帮办团练，平乱兴邦。而你刚刚出师，仅受小挫便效愚夫村妇，自寻短见，你视国家安危于不顾，只念个人颜面，实乃大不忠！"

曾国藩听了，一下子躺倒床上，闭起双眼，默不作声。

左宗棠见他不理不睬，继续说："伯父大人在你出山之前，庭训移孝作忠，实指望你能作出一番大事业来，使曾门生辉。你今日受挫自杀，置父训于脑后，曾门出了你这个不肖子孙，使曾门受辱啊！"

左宗棠又说："我三湘子弟，湖南师友，投奔于你，都想有个升官发财、封妻荫子的结果。如今你却要撒手不管，你让他们依靠谁去？你这一死，该会给多少朋友带来不幸！"

曾国藩听到这里，从床上爬起，一把握住左宗棠之手说："听圣人辩士之言，涩然汗出，霍然病已。国藩一时糊涂，不是吾兄一番责骂，险些做了贻笑万世的蠢事。眼下兵败，士气不振，还望吾兄点拨茅塞。"

左宗棠说："孙子云：'善胜不败，善败不亡。'胜利了，不骄不躁，就不会因胜利而骄而失败；经得起失败，失败则不可怕，怕的是败后一蹶不振，缺少坚忍的气度。昔时汉高祖与项羽争天下，屡战屡败，屡败屡起，最后一战而胜，有了四百年的炎汉天下。诸葛亮初出茅庐，亦曾屡屡失败，几乎无立足之地。后来经多次失败，多次争抢，才有了蜀国一地，与魏吴三足鼎立。今日靖港之败，就是他日大胜的前奏；此时溃败的湘勇，也便是将来灭长毛的劲旅。"

左宗棠所讲，都是曾国藩熟知的历史和浅显的道理，但此时由他慷慨激昂地讲出，却使曾国藩如听惊雷，霍然醒悟，并且平添了百倍勇气。

此时，左宗棠从口袋里摸出一纸，递给曾国藩，说此是湘乡县令捎来长沙的伯父大人给你的信，拿去看吧。

曾国藩接过来赶忙打开，上面果然是父亲的亲笔："儿此出以杀贼报国，非直为桑梓也。兵事时有利钝，出湖南境而死，是皆死所，若死于湖南，吾不尔哭！"

正在此时，曾国葆推舱而入："大哥！湘潭水陆大胜，湘潭大胜！"

十三

湘潭大胜，向自己头上砍了一刀

曾国藩徘徊于生死路口，不敢相信这突如其来的喜讯，连声问道："真的？"

"真的！长毛全军覆没，贼首林绍璋只身逃走。这是塔齐布的亲笔信。"

曾国藩双手颤抖，好不容易打开塔齐布的信，读着读着，激动之情再难控制，两行泪水夺眶而出。

读罢将信递给了左宗棠。左宗棠边看边笑，最后大声说："仁兄，大喜啊！我这就去报知骆中丞！"说罢大踏步离开水陆洲。

湘潭之战是一场大战，也是一场硬仗。也是湘军成军以后取得的第一次胜利，或者说也是太平天国起义三年来清政府这边的军队取得的第一次大胜利。

原来，林绍璋率军攻占湘潭，是想南北夹击长沙。可是，当林绍璋数百里奔袭湘潭之后，这支部队便成了孤军。林绍璋的勇气有余，但战斗经验不足。他自己不知如何是好，他手下的军官也意见不一，争吵不休，甚至相互殴斗。

在太平军内部混乱之际，塔齐布作为湘军前锋攻至城外。林绍璋见湘军攻到城外，他只派少数军队出城作战，自己和主力部队仍在城内，将领之间还在争吵。其主要原因，是林绍璋统领的这支太平军有"老兄弟"与"新兄弟"之分，而他的资历稍浅，难能镇服，在出现军事危迫时，矛盾激化，乃至分裂、互斗。

没多久，彭玉麟、杨载福统带的水师也赶到城外。对湘潭之战，史料记载比较混乱，有的说太平军自岳州只派林绍璋率陆军一万奔袭湘潭，而且攻占宁乡时留下三千，那么在湘潭的部队仅有七千。

可是，记述湘潭之战过程和结局的史料，更多的是说，这次大战打了六天，分水战和陆战。湘军水师以英法利炮攻击太平军的水师，太平军都是木船，船上安装的都是前膛装沙石、后膛装火药的土炮。因此，不堪一击，纷纷起火，焚烧甚惨。

太平军水军大败，无力支援陆路太平军。而湘军陆师在水师的有力支援下，奋力攻城。水师的利炮也不住攻打城中和城头上的太平军，太平军吃了大败仗。

可悲的是，尽管敌我激战，太平军的"老兄弟"和"新兄弟"仍然互相攻击，"湘城分党哄斗，自相戮者，约计数百之多"①。

湘潭大战自四月初一日（4月27日）至四月初五日（5月1日），经六天激战，湘军十战十捷。太平军阵亡万余人，溃逃也有万人，船只被焚被夺两千余只，是太平军自广西出战以来，最大的一次失败。这次大战成为双方军事上的一个重要转折点，太平天国的西征军此后退出湖南，增援武汉的计划失败。

从此，湘军无论在清廷、在三江两湖，都不再是以前的那种状态，都是一支举足轻重的能战之军。曾国藩以后尽管在官场、战场仍有很多曲折，但他的那种尴尬局面却是一去不返了。

湘潭之战胜利的捷报送达朝廷，引起咸丰皇帝对曾国藩和他所练湘勇的真正重视。原因极为简单，绿营军把国库的银子花光了，最高指挥官也都派到战场上去了，可是仗打得却极为糟糕，几乎是每战必败，像湘潭之战的胜利，从来就未见一个。这真让咸丰对曾国藩这个文员和他编练没有多少日子

———————————
① 《曾文正公奏稿》，第4卷，第55页。

的勇丁刮目相看了。

"曾门四弟子"之一、曾国藩幕僚黎庶昌（其他三弟子是吴汝纶、薛福成、张裕钊）所著《拙尊园丛稿》记述说："湘军初练，某大学士言于朝，以为曾氏回籍自练军队，一呼数万，志不在小，非朝廷之福。而湘潭战后，皇帝特召编修袁方英（湘潭人）问所破贼状，皇帝听了大悦，当日援袁为淞江知府，曾国藩之志方得以明。"随后，咸丰发出一系列上谕，嘉奖湘潭大捷，对岳州、靖港的失利不加指责。撤销了对曾国藩降二级的处分，准他单衔奏事，湖南的所有官吏，除巡抚之外，可由曾国藩调遣。严词训斥鲍起豹失城丧土之咎，将他革职查办，塔齐布被任命为湖南水陆提督，管带湖南境内的全体绿营军，等等。

曾国藩明白，是一次湘潭大捷，改变了皇帝的态度，换来了皇帝对他的态度转变。而对他来说，皇帝的这些上谕，比十次湘潭大捷都重要。

不久，骆秉章亲率湖南藩、臬两司等一班官员，拥着一抬绿呢空轿，亲自来接一直驻在城外船上的曾国藩，对他百般赞誉，硬是把他请入轿内，住进省抚衙门。曾国藩再三推辞，还是带着郭嵩焘、刘蓉、陈士杰等一班幕客，住进原来的湖南审案局里。

骂他最凶、要向皇帝弹劾他的徐有壬，当晚单独拜会曾国藩，恳切检讨过去的错误，主动提出湘勇在衡州向陆知府借的那十万两银子，由省库拨还，还说湘勇以后的粮饷，"鄙人尽力筹措"。

形势一派大好，但曾国藩心里却不轻松。

他再四思虑，湘潭大战时自己亲率的军队却是一触即溃，尤其是靖港之战临危之际，败兵如潮，不听将令，拼命逃走，逼得他投水自杀。

那种令人沮丧的情景，至今历历在目。不是湘潭得胜，如今他不知是个什么下场！他今天才真正知道，兵书所言，兵不在多而在精。精兵遇到强敌，如山岳如磐石；将令一出，如狂风如烈火，唯进而已。古代名将所练之军，岳家军是尽人皆知的，称"撼山易，撼岳家军难"。北宋的军队较为冗弱，但杨家军却精练无比，杨继业在朔州中了埋伏，杨家军战到最后也无一人溃逃，皆随主帅一起战死。

自己手中若有如此精兵，在靖港对付长毛的混乱之兵，肯定不会失败。

他决心练出这样的一支精兵。

如今，塔齐布取代了鲍起豹，绿营统归其管带。但是，镇筸兵曾经哗变，差一点要了他和塔齐布的命。绿营兵已无可救药了，镇筸兵尚可战，但其军纪漫散，是真正的一群凶恶的匪徒，不加严厉整顿，怕也上不得战场。

想到这里，他召集水陆军官和幕僚，要对湘勇进行一次彻底的整顿。对绿营、尤其是镇筸兵，要有个应对的办法，不然反受其乱。

先讨论绿营的问题。

塔齐布满腔怒火，以为对绿营的腐败应严加整顿，对镇筸兵更是如此，对邓绍良等应立即实行军纪处分。

曾国藩扫了一眼在坐的军官幕僚，眼睛里露出怀疑的神色。

郭嵩焘、刘蓉对塔齐布的意见不赞同。他们认为，绿营之腐败，在他们身上做不出文章来；对镇筸兵更不宜大加整顿和惩处其军官，那将激起他们的仇恨。

罗泽南、陈士杰等同意郭、刘的意见。同时认为，这次整军，应该把力量放在湘勇这里。对绿营和镇筸兵应采取安抚之策，只要他们不在内部闹事，将来不要求他们与长毛作战，能做到不扰民，维持地方治安也就可以了。

但是，如何才能安抚他们？大家沉默良久，不得其计，最后又都看着曾国藩，对付绿营兵不是容易的事，还得统帅拿主意。

曾国藩突然眉目舒展，说出了谁也想不到的一个办法：赏。

这个办法像塔齐布、彭玉麟这样的忠勇之人，无论如何也想不出。曾国藩说出来了，他们也不理解。湘潭大捷，绿营军未出一人，未出一力，怎么个赏法？湖南绿营的总统鲍起豹都因此而丢官受罚，怎么还能奖赏绿营呢？

但罗泽南、郭嵩焘、刘蓉、陈士杰等人都轻轻拍手嘘气，对曾国藩的主意大加赞赏。他们七嘴八舌，为曾国藩的"赏"字下注脚，目的是让塔齐布明白，"赏"字的高明之处。

目今，后帝对湘潭大捷，旨意提出了"遍赏三军"，但这只是口头支票，国库拿不出钱来犒赏，而空头的军官品级却是廉价的赏物。自太平军起义以来，皇帝已不知开出多少官衔"犒赏"给作战人员了，连巡抚这样的高位也说赏就赏。何况湘潭这样的大捷，不问咸丰要银子，只要空头官衔，皇帝何乐而不为？湘勇打赢了大仗，曾国藩反提出奖赏绿营军，咸丰会更为高兴的。

奖赏绿营要塔齐布和骆秉章去做。

骆秉章与塔齐布的联衔上奏很快便被皇帝批下来。仅长沙绿营中，得到六品军功者，竟多达三千余人。

于是，绿营皆大欢喜。曾国藩又再三温语劝告塔齐布，一定要与绿营军官搞好关系，安定团结，别让他们再扯后腿。塔齐布特意宴请了邓绍良等军官，让他们极受感动。

绿营将士知曾国藩和新住提督塔齐布宽宏大量，军心马上稳定下来。

绿营军稳定后，曾国藩对湘勇进行了大刀阔斧的整顿。正人先正己，他第一个拿来开刀的便是亲弟弟曾国葆的"贞"字营。这个营在靖港战役中最先溃逃，故此除去最后跟着曾国藩撤退的一些官兵外，一律撤去不用。曾国葆也被撤去营官，开缺回籍。曾国葆哭着要求留在哥哥身边，哪怕当个勤务兵也行。曾国藩说，军令已出，不能收回。让他赶快回家，告诉曾国荃和曾国华，抓紧各招五百名壮丁，用心操练。他又同曾国葆举了历史上岳家军的例子，曾国葆心领神会，立即动身回湘乡。

由于"贞"字营先行整顿，曾国葆被撤职回籍，其他各营的整顿便顺利进行。这次整顿，裁掉三千多团丁，在靖港逃走的团丁，有的又回到长沙，曾国藩一个不收。而塔齐布、彭玉麟、罗泽南、杨载福四部，则大量增募，仅塔齐布一军就达到七千人。整顿后的湘军共有陆师二十多营、水师二十多营。水陆师各设统领二人，陆师由塔齐布、罗泽南统领，水师由彭玉麟、杨载福统领。战斗中表现勇敢的鲍超和申名标，被拔为营官。

这次整顿，在湘军史上称为"长沙整军"，是极重要的一件大事。湘军以后的战斗力提高，同这次整军有很大关系。

每天清晨，长沙城外的演武场上，陆师在塔、罗的统一指挥下认真训练；水陆洲畔的江面上，彭、杨指挥战船演练攻守。曾国藩每天穿戴整齐，亲临观看、训话。还亲自写了《得胜歌》，让郭嵩焘谱了曲，让官兵每天演唱，鼓舞士气。

一切就绪后，曾国藩突然想起了王闿运，询问后方知他已不辞而别，回湘潭老家去了。他佩服这个年轻人的才华和思虑之睿敏，本想找人去请，但转念一想，还是摇摇头作罢。

十四

想萧韩，萧韩到

曾国藩尝读《史记·高祖本纪》，为汉高祖得萧何、韩信、张良而得天下所感动。刘邦起事时不过泗水一亭长，文才武略未及中人，因有萧、韩、张三人辅佐而有天下。

如今，湘军武将有塔、罗、彭、杨等人，虽不及韩信也差不了许多，但他深感帐前缺少萧何、张良般的谋士。郭嵩焘、刘蓉、陈士杰等皆一心辅佐，但其才力显然不足，靖港之败和湘潭之胜，实赖王闿运的建议，北进靖港是一着臭棋，郭、刘、陈等皆未建一言。

王闿运是个人才，但此子锋芒毕露、心怀异志，不知哪天会闯出大祸，不是萧何、张良那样的谋国之士。

因此，他求贤若渴，想得到萧何、韩信、张良那样的谋士和大将辅佐，尽早消灭洪杨之乱，使四海升平，百姓安乐。

有一天，曾国藩又一次在他的书房"求缺斋"里，又一次读《高祖本纪》，亲兵来报："曾大人，门外一人求见，自称是大人的故人胡林翼。"曾国藩听了大喜过望，真是我的萧韩来了啊！

曾国藩没猜错，胡林翼可真是他的萧韩。萧何是多谋的治国文臣，韩信是十面埋伏、打败项羽的大将。而胡林翼既有文才，又有武略，确是当年萧韩的文武集于一身者，可不是他的萧韩吗！

胡林翼是湖南益阳人，字贶生，号润芝，道光朝进士，曾授翰林院编修，与曾国藩在翰林院共事一年。曾国藩比他大一岁，都是湖南人，相处甚为密切。道光二十一年，胡林翼之父胡达源在詹事府任上病逝，胡林翼奉父枢回原籍，曾胡二人分手。三年守制期满，胡林翼捐纳贵州安顺府知府，后改镇远府、黎平府知府。在知府任上组织乡勇镇压苗民动乱有功，升贵东道员。

咸丰继统后，诏令各封疆大员推举人才，此时贵州巡抚是吴文镕，向皇帝推举了胡林翼。咸丰三年，吴文镕由云贵总督调任湖广总督时太平军西征军攻打武汉，吴文镕又上奏调胡林翼援武汉。胡林翼率六百名黔勇援湖北，行至湖南金口时，吴文镕已败亡。湖南、湖北许多地区皆被太平军占领，胡林翼仅带六百乡勇，也无法与太平军正面作战。只好把部队留在金口，他只身来长沙，与曾国藩、左宗棠商量下一步的行止。

曾国藩见到一身戎装、雄姿英发的胡林翼，亲热地握着他的手激动地说："润芝兄！京城一别十余年，让为弟好想！"

胡林翼更是高兴："自道光二十一年，林翼离京回籍，与仁兄分别十四年。如今兄台统雄兵二万，战将百员，拯国难，救桑梓，真让为弟仰慕之至。"

二人携手来至书房，亲兵献茶毕，曾国藩便把自己如何回籍奔母丧，如何奉旨办团练，与张石卿中丞、江岷樵、左宗棠等招募乡勇，组建军营等过程细细讲述。又说已无统兵之才，初与长毛交手，便两次败北，幸赖塔、罗、彭、杨诸君之力，免使全军覆没。现在，又蒙皇上鸿恩宽恕，再度组军，以兄之大才，正盼振臂相助，兄今日来此，乃天助我湘勇不败。

胡林翼受曾国藩真情感动，便把自己多年与起义暴乱者交手的实情相告，以为长毛巨寇，势力之大、强悍善战，实古今罕有。还说与长毛交战，兵败实在常事，绿营数万乃至十几万，亦难以得胜，何况湘勇初战，已取得湘潭大胜，实我方少有之胜利。今见湘勇军营整肃，甲胄鲜明，灭长毛者，全赖吾兄和所带之军了。

二人说话间，左宗棠闻讯赶来。

胡林翼与左宗棠有特殊关系。二人关系之特殊缘自左宗棠与两江总督陶澍的联姻。那是道光十七年（1837 年）的事，那年左宗棠得中举人，去京参加会试失败返乡，得湖南巡抚吴荣光赏识，邀请他主讲醴陵渌江书院，此时左宗棠家贫娶不起老婆，入赘大财主周衡家，"身无半亩"，寄人篱下。两江总督陶澍由道光钦派去江西阅兵，途往醴陵，顺便去故居安化小淹省亲扫墓，巧遇在这里执教的左宗棠。

醴陵县令让左宗棠为总督下榻的馆舍写副对联，以示迎接。当时陶澍的名声很大，是左宗棠久仰的人物，恩师贺熙龄的胞兄贺长龄又是陶公的部下。陶公是嘉道两朝名臣，任江督十多年，林则徐、贺长龄、魏源、包世臣都受他栽培。因此左宗棠欣然同意，他把陶澍受道光十几次接见，为其书斋亲笔"印心石屋"的典故写入对联：

春殿语从容，廿载家山印心石在；
大江流日夜，八千子弟翘首公归。①

陶澍见了对联果然大加欣赏，要求约见左宗棠。

第二年，左宗棠再度赴京会试落榜，回乡时绕道南京去见陶澍，这是去年二人相见，临别时陶公的再三嘱咐。

南京的会面，陶澍主动提出与左宗棠联姻，提出让左宗棠四岁的女儿孝瑜，与他五岁的儿子陶桄订婚。左宗棠不肯接受，因为门第和辈分等方面相差太远"齐大非偶"。又经贺熙龄兄弟从中说合，贺熙龄也是陶澍的儿女亲家。虽然与陶家联姻，与老师的辈分又乱，但既然恩师出来保媒，他也就只好答应。

又过一年，陶澍在南京病逝，家眷迁回湖南安化小淹。左师贺熙龄转告左宗棠，陶澍临终把儿子陶桄托付给他，让他去陶家照料。左宗棠去陶家，

---

① 《左宗棠年谱》，第 15 页。

一住就是八年。道光二十七年（1847 年），陶桄 16 岁、左宗棠女儿孝瑜 15 岁，左在师友的一再敦促下，他和陶夫人一同为陶桄和孝瑜办了婚事。

左宗棠与陶澍联姻，从此加入湖南籍官僚集团之中，他之所以能在湖南骆秉章幕中那么让骆言听计从，几乎取代了骆中丞的地位，是尽人皆知的"左都御史"，不仅是他的才情和气度，更主要的还是他深厚而复杂的社会关系起的作用。

胡林翼与陶澍的关系更非一般，他的正夫人便是陶澍的第七女静娟。按辈分，左宗棠又比胡林翼高一辈。

胡林翼与左宗棠、贺长龄之间的关系也很密切而复杂。胡父胡达源与左父左观澜同窗多年，私交甚洽。林则徐任云贵总督时，胡林翼作安顺知府，是林则徐的部属，胡向林推荐左宗棠，林曾让胡邀左宗棠去他的总督府任幕僚，当时左宗棠受陶澍嘱托，照顾陶家，无法分身。当林则徐于道光二十九年冬，因病从云贵总督任上开缺回福建时，途经贵州、湖南，经洞庭湖入湘江，专门派人约左宗棠见面，给左宗棠的身价又抬高很多。

而贺长龄、贺熙龄兄弟和陶澍都是湖南善化人，陶澍做两江总督时，贺长龄是江苏布政使，是陶澍的部属。后升任贵州巡抚、云贵总督，亦曾上奏荐胡林翼来贵州任职，并写信约左宗棠去做他的幕僚，原因是道光十年时，贺长龄丁母忧回长沙居丧，左宗棠前往拜问，贺公"以国士见待"，三年居丧期间，成了师生兼密友。当时其弟贺熙龄也是翰林出身，母亲去世时为湖北学政，后留居长沙，被长沙城南书院聘为主讲。由贺长龄介绍，左宗棠拜贺熙龄为老师。贺熙龄在长沙任教九年，才出任山东、四川道监察御史。待左宗棠长子孝威出生，贺熙龄又为自己的女儿与孝威订了娃娃亲，二人由师生变成了儿女亲家。

总之，陶、胡、左、贺之间的关系一时难以表述清楚。封建社会，官府集团化，官僚姻亲化，是普遍的社会现象。要细说起来，湖南官僚集团，以后再出现湘淮集团，其师友姻亲关系，就更加弄不明白了。

左、胡虽是那种关系，但二人的父亲总以同窗兄弟论，左、胡二人也是同岁（皆出生于1812年），二人也总以兄弟相称。他们是上述那种关系，因此见面连寒暄也不用，左宗棠直接问胡将来作何打算。胡林翼也直接相告心中并无成见，就听二位的安排。

曾国藩见胡林翼既然率领六百乡勇到来，胡林翼又是人中之龙，自然不会放他别处去，如果说让他辅佐自己，治军带兵的才干也自觉不如他。于是便说："湘勇即将北上援鄂，正缺大帅，兄才胜弟十倍，若不嫌弃，这支人马就由吾兄统率，我和季高为仁兄筹饷筹械，就做辅佐你的萧何吧！"

胡林翼自然不会答应，连连摆手说："涤生兄的玩笑开得太大啦，吾兄艰苦创业，才得湘勇成军，又有今日的大好局面，你是众望所归的统帅，林翼何能兄之项背。"

左宗棠向来锋芒毕露，说话也不会给人留情面，如今又是湖南巡抚言听计从的师爷，因此他便以巡抚的口气说："涤生也别如此矫情，润芝更不必到别处去，你就协助涤生，一道北进，六百黔勇就由湖南藩库发饷。"

胡林翼正愁这六百勇丁粮饷无着，听左宗棠一说便痛快回答："林翼遵命，此后就在涤生兄帐下作一偏裨！"

曾国藩求之不得，马上起草奏折，向皇帝推荐胡林翼，并要求咸丰允准，留胡林翼在湘勇之中，一起北进和东征。奏稿中极力赞扬胡"胆识绝人"，"才大心细，为军中万不可少之员"，"才胜臣十倍"[1]。

或许曾、胡、左三人当时还不能知晓，此次三人会见，尤其胡林翼留在湘军，是历史上多么重要的一件大事。如果说咸丰是刘邦，在消灭太平军，拯救行将灭亡的清政府，使清政府出现所谓"同治中兴"的局面，曾国藩、

---

[1]　朱孔彰：《中兴将帅别传》，第16页。

胡林翼、左宗棠三人，的确就是萧何、张良和韩信。如果可以假设的话，咸丰如能充分信任这三个人，使他们各尽其才，清政府或许真正有一个更好的局面。可惜咸丰帝无眼光，抱定排斥汉人的宗旨不放，只听信满蒙亲贵，才让他北逃承德，年轻轻死在热河。

而曾、胡、左此次相会，至少也是胡林翼做了曾国藩的萧韩。胡林翼此后随湘军出征，曾国藩真正如虎添翼，在收复湖北、安徽的许多重要战役中，胡林翼始终配合湘军作战，起到至关重要的作用，没有胡林翼的血诚配合，曾国藩是难以克服重重困难，取得胜利的。可以说没有胡林翼的配合，曾国藩的历史、湘军的历史就得重写。

左宗棠以后的历史，从这次相见后又出现极大曲折、极大风险，没有曾、胡的相救，怕是老命也保不住。他在镇压太平军的作战中，功成名就，成为一方大员。自然，他对曾国藩在江北与太平军作战，也给了极大的帮助。

在太平天国和湘军史上，以"曾胡"并称，有左宗棠与李鸿章的加入，又以曾、胡、左、李并称。是他们的联合行动，书写了近代大半个历史；是当时血与火的历史，造就这些显赫的历史人物。

十五

夺取武昌，还有一个战场

曾国藩得胡林翼协助，视为膀臂手足。长沙整军后信心百倍，准备向新败的太平军西征军发动进攻。太平军曾天养部闻湘潭大败，恐湘军乘机进攻太平军占领的沿江诸城，乃由宜昌东进，经澧州、安福，收集湘潭溃军。林绍璋败于湘潭，亦逃回靖港，在岳州收罗残军，向东进的曾天养靠拢。不久，两军会合，又一起回转岳州，高垒深壕，准备打击北上的湘军。

曾国藩整军后的主要目标是北上救援武昌。他部署了三路大军：塔齐布、罗泽南主力沿汨罗、岳州、临湘、蒲圻、咸宁向武昌进发；彭玉麟、杨载福统领的水师顺湘江北进，经洞庭湖，从临湘、嘉鱼、金口东进武昌。

另一路由胡林翼率领，从通城、崇阳、咸宁一线攻向武昌。原来，胡林翼来长沙前，率黔勇滞留金口一带，探知太平军在通城、崇阳两城囤积了大量粮草，以备北攻武昌、南攻长沙之用。他以为可以效曹操乌巢断粮道败袁术之计，先夺取长毛的粮草，使其供应断绝，从而败之。

曾国藩等皆以为妙计，足见胡林翼有萧韩之文韬武略，才由他亲率三千兵马，先取两城粮草后，再趋咸宁，会攻武昌。

此时，曾国藩闻太平军在岳州加强防守，阻挠湘军北上，先命塔齐布七千人马迅速赶至岳州城下，而让罗泽南、周凤山等军徐途而进，作为后援。

岳州是湘军初战失败之处，塔齐布号令各营奋力攻击，以雪前次失败之耻。各军奋勇攻击，大战竟日，太平军不支，连夜弃城退守城陵矶。

　　城陵矶是长江入洞庭湖的一个极为重要的军事要塞，易守难攻。在塔齐布到来之前，这里已在血战之中。原来，水师沿江北进，较陆师速度快，当塔齐布攻岳州时，水师已进抵城陵矶，与这里的太平军大战，战数日不能下。咸丰四年七月十六日（1854 年 8 月 9 日），湘军水师褚汝航、夏銮、清军登州镇总兵陈辉龙、游击沙镇邦等诸军，飞舟突入太平军的防守圈内。太平军奋勇冲杀，湘军水师指挥失灵，被动挨打。结果，湘军大败，褚汝航、夏銮、陈辉龙、沙镇邦皆被打死，所带水师损之大半，战船数十只或沉或被俘。后队杨载福赶到，水师已溃不能战，退回岳州。

　　七月十八（8 月 11 日），塔齐布进攻城陵矶，曾天养率军抵抗，两军展开前所未有的恶战。塔、曾二人是两军中的拔尖大将，他们指挥的军队都不怕死，两军殊死肉搏，各不相让。恶战中，曾天养与塔齐布突然相遇，各拍战马交锋，马去枪回，犹如古战场上的两员猛将，杀得两边兵将直了眼。

　　曾天养是太平军中威名赫赫的大将，他是广西壮族人，参军时已五十多岁。但他枪马娴熟，骁勇异常，每战皆冲锋在前，被誉为"飞将军"。所部士卒多是他从广西带出的壮族青年，枪马武功皆好，被称为"虎头军"。西征以来，他率领的虎头军任先锋，先后攻克南昌、丰城、瑞州、饶州、乐平、景德，安徽省的舒城、东流、建德、集贤、桐城，在庐州击毙清军悍将江忠源。而后转战湖北，克黄州，打死湖北巡抚吴文镕，又连克汉口、汉阳，取孝感、云梦、德安、随州、安陆、宜昌等城镇。他有勇有谋，虽年已六十，但每战犹如天将，无人能敌，是太平军中极少见的骁将。

　　在城陵矶遇上塔齐布，也算遇上了一个不错的对手，就个人武功枪马论，塔齐布不是曾天养的对手。但塔齐布是当时湘军中少有的猛将，精于马战，枪术亦好，保持着入关时的那种剽悍气质，他年不过四十，勇猛异常。

　　二人激斗多时不分胜败。曾天养怒瞪豹眼，越斗越勇，突然一枪刺中塔齐布的战马，一个颠扑，塔齐布几乎摔下马来。塔之亲兵在同一瞬间，从曾天养背后刺来一枪，曾天养猛一回马，坐骑中枪，马蹶人倒，被塔齐布挺矛刺中，壮烈殉职。

曾天养的殉职，是太平军的重大损失，西征兵闻之皆痛哭失声，为他"茹斋六日"，洪秀全追封他为烈王。

城陵矶主将牺牲，顿失斗志，只好败退武昌。

城陵矶战后，曾国藩指挥水陆并进。胡林翼攻克通城、崇阳，夺得大批粮草，车装船载，补足了北上的给养。水师连陷嘉鱼、金口，直达武城南数千里下泊。陆军大队从岳州出发，经蒲圻、咸宁、山坡、纸坊，直达洪山一带。

曾国藩到达金口时，召集众将，议攻城之策。罗泽南献策，陆军分兵两路，一路攻洪山，一路攻花园。花园有太平军两万，若我军攻击洪山，花园长毛必然移军援救，我可在其移动时突发攻击，即可获胜。他主动要求进攻花园，其他部扼堵洪山，协助他进攻花园。曾国藩对他的攻取谋略甚为赞赏。

咸丰四年八月二十一日（1854年10月12日），湘军以罗泽南之计，先攻洪山，洪山军孤，花园的太平军果然移军援洪山。待其军移动之时，早已进至花园的罗泽南部突然发起了凌厉的攻势。太平军受袭，首尾难顾，只好退回木城，架炮还击。罗军伏地前进，攻至太平军木城前，大炮不起作用，溃乱而逃。罗军趁机掩杀，连续夺取三座大营，两万太平军或逃或降，几乎未战而溃。花园太平军溃败时，塔齐布挥军进攻洪山，洪山太平军得知花园大营已败，也纷纷跳湖逃走，降者千余，洪山亦克。

湘军兵临武昌城下。

太平军武昌守将为黄再兴、石凤魁、韦以德等人，或则国宗、或则文员，皆不习战事。国宗韦以德闻曾天养牺牲时，便首先逃离。但太平军在武昌的守军尚有万余人，还有战船千余，水师也有万人以上。但黄、石等人也无心守城，当花园、洪山失守后，他们也弃城逃走，把两万名守军丢下，把长江上游最重要的武汉让给了湘军。

武汉的守将们皆是偷偷逃离的，当曾国藩大军向该城攻击时，守军得不到战斗的号令，不知如何是好，使湘军顺利攻了进来。

太平军尸横满街，血水成河。被禁闭在汉水的船队，同时遭到湘军水师的炮击，太平军士兵或被燃烧的木船烧死，或跳进江里淹死，千余战船一朝化为乌有。

曾国藩在武将文员的簇拥之下进入文昌门，见到这湖广第一名城已被自己收复，心里感慨万端。

这，便是当年官修国史和后来的著述者们，留下的关于武汉收复的历史记述。大体上也是正确的。但一些私家著述，湘军夺取武昌另有一个战场，是刘蓉献计巧取的。此一说亦未可全为子虚，或与刀枪攻击相辅而行者。

原来，当曾国藩由长沙指挥水陆北进时，湖北巡抚青麐带着残兵败将找到了湘军大营，痛述了武汉失守的经过。

当太平军进攻武昌时，总督吴文镕率兵在黄州御敌，巡抚崇纶、荆州将军台涌龟缩武昌城拒不发兵发饷援助，直到吴文镕兵败而死。待太平军围城，崇纶等先行逃走，青麐在总兵李文广的保护下，逃出武昌寻到湘军大营。

此时，刘蓉向曾国藩献上了巧取武昌之计。此计是以三百精干湘勇，作百姓打扮，装成半路上捉住逃亡的青麐，把他送到武昌长毛头领那里，以此博得信任，埋伏在城里作内应，里应外合，收复武昌。

青麐心里想道：好不容易九死一生逃出武昌，如今又要假装被俘进城，后果自是危险万分。但迫于情势，又不得不同意。

然后是依刘蓉之计而行。这次执行任务的是鲍超，他命人把青麐捆好，直送到武昌城门前，城上的守卫军官有的认识青麐，经盘查放进了鲍超和他率领的一群人。进城后，按原计划装成百姓的湘勇分成小股混入城中，那时因为战争，城中甚为混乱，湘勇们极易隐蔽，使计策成功。

鲍超等人依计把这个湖北巡抚献给了石凤魁，果然得到了信任。当湘军水陆攻抵武昌城下时，鲍超等人打开文昌门，使湘军顺利进入，一举夺取了武昌城。

武昌城破，咸丰下旨，将青麐处斩。曾国藩也被气了个半死。

咸丰闻武昌被曾国藩所带湘勇收复，当时高兴得比曾国藩还要厉害。他不敢相信曾国藩一个文员，率带不到一年的农民军，竟把武汉打了下来，同时收复了湖广大部分失地，况且没花国库一文钱。看过各方面的奏报，他没加思考，立即下旨，任命曾国藩为湖北巡抚，取代临战逃走的青麐，同时命令把青麐革职就地处斩。他兴高采烈地向大臣们说："不意曾国藩一书生，乃能建此奇功！"还说："获此大胜，殊非意料所及。朕惟兢业自持，叩天速赦民劫也。"[①]

随后，又下旨封赏湘军将领。胡林翼升为湖北按察使，罗泽南为浙江宁（波）绍（兴）台（州）道，彭玉麟为广东惠（州）潮（州）嘉（应）道，杨载福官升副将，鲍超升为参将，李元度、李续宾、郭嵩焘、刘蓉、陈士杰等文武都官升多级。

正当大家兴高采烈，喜庆荣升之时，又一道上谕弄得大家晕头转向："曾国藩著赏给兵部侍郎衔，办理军务。毋庸置理湖北巡抚。陶恩培著补授湖北巡抚，未到任之前，湖北巡抚著杨霈兼署。曾国藩、塔齐布立即整师东下，不得延误。"还在曾国藩上报战情的奏折上批道："朕料汝必辞，又念及整师东下，署抚空有其名，故已降旨令汝毋庸置理湖北巡抚，赏给兵部侍郎衔。"并且怪罪曾国藩奏折不署加封官衔，故说是"违旨之罪甚大，著严行申饬！"

上谕改变了初衷，收回湖北巡抚的封官。曾国藩本来就是侍郎，上谕还说"赏给"，他的官职丁点没升，还落得个"严行申饬"。更让他恼怒的是，

---

① 《曾文正公奏稿》，第 3 卷，第 62 页。

署湖广总督杨霈未立寸功，却因武昌收复而实授总督，一直与曾国藩作对，反对编练湘军的原湖南按察使、新授江苏布政使陶恩培竟实授了湖北巡抚之职。

这真是应了当今一句俗话：干的不如看的，看的不如捣乱的。

咸丰帝可真够浑的，换个康熙皇帝，无论如何也不会这么处理。皇帝对曾国藩寡恩失德如此，无怪左宗棠、胡林翼、王闿运都曾劝曾国藩取而代之。这是后话。

咸丰弄得曾国藩有气没法出，受封的文武见曾国藩丁点职位不升，还落个"严行申饬"，自然也高兴不起来了。有心计的罗泽南等，把气放在心里不说话；对曾国藩忠心不二的彭玉麟心里有了盘算；而鲍超、王鑫等人则拍桌子骂娘了。

咸丰帝还要靠这些人继续为他卖命，你看让他把事弄的。幸亏曾国藩志在"手提两京还天子"，不然的话，一拍两散，那个咸丰皇帝还找谁为他卖命去。

咸丰都是听他朝中满洲大臣和忌讳汉人掌兵的小人摆弄，给他出主意：因曾国藩要率师东下，给个湖北巡抚也是"空有其名"。但是，远的不说，当时的湘军将官们，哪个不是"空有其名"？罗泽南、彭玉麟的道员衔加封在浙江和广东，难道是让他们离开湘军去那儿做道员不成？

曾国藩以后率军苦斗，声名日隆，咸丰对他仍不断打击，使之左右为难，进退维谷，甚是尴尬。

十六

千寻铁锁沉江底

曾国藩攻下武昌后向咸丰奏报了下一步的作战计划，采取步步为营的推进方略，先驻营湖北，再以两湖为基地，进取江西、安徽，步步逼向太平天国的大本营南京。眼前需要休整部队、补充兵员、调集粮饷，做好进军准备。他分析，太平军的主要兵力部署在长江两岸，武汉收复后其实力并未丧失，此时若全军东下，失去后方供应，必然陷入困境，造成难以估计的恶果[①]。但是，咸丰帝干脆拒绝曾国藩，下旨命令立即东下，结果是什么他不去考虑。

曾国藩不敢违旨，只得全军东下，果然陷入极大困境，几乎全军覆没。在东进的第一仗，田家镇一战再次胜利。

当武昌失守消息传至天京（即南京），使太平天国领导人洪秀全、杨秀清等甚为震惊，遂下令锁拿黄再兴、石凤魁。令燕王秦日纲前往田家镇防守，迎击湘军的东进。

秦日纲率三万人马西上，行至湖北蕲州，召集各路人马和自武昌败退的军队。不久，石祥祯、韦俊、林绍璋、石镇仑、周国虞等次第到达。武昌败退的军队，也陆续前来集结。秦日纲在蕲州召开军事会议，商量阻击曾国藩的东进。大家认为，湘军虽夺得武昌，但其水陆军仅二万余人，因接连战斗，未得休整。太平军集于蕲州已过五万，从蕲州至武穴，关隘甚多，充分利用，

---

① 《曾文正公奏稿》，第 3 卷，第 79 页。

正是歼灭湘军的大好机会。

韦俊、周国虞提议：蕲州、武穴之间有一险镇名曰田家镇，位于长江北岸，隔江相对的是半壁山。此外江流湍急，地势险要，在此布置人马，是歼灭湘军的好去处。最后，秦日纲决定让检点陈玉成率一万军队守蕲州，其他诸军计四万人马全部驻扎田家镇，准备在此全歼湘军。

正如韦俊、周国虞所说，田家镇的确是武昌以东的军事要镇。该镇是一个有五千人口的大镇，商贾繁盛。对岸的半壁山，孤峰雄立大江南岸。山下一条大道，通往瑞昌；山南有一条发源于幕阜山，流往通山、兴国的富水，在此注入长江。入江处叫富池镇，下走三十里是武穴。咸丰三年一月（1853年2月），太平军在此大败两江总督陆建瀛，如今主客易位，太平军要在此阻击湘军。

秦日纲率四万人马赶至田家镇，侦察之后分兵两处：秦日纲、石祥祯率二万人马驻守田家镇；韦俊、石镇仑、周国虞率两万人马驻守半壁山。

太平军的这几位将领皆非泛泛之辈。

秦日纲仅三十岁出头，但已授王爵。他是与洪秀全等一同密谋的早期起义领导人，当年在永州定制时即任天官正丞相，是五王之外的最高级官员。奠都南京不久，因战功升为燕王，参加过安庆、庐州等重要战役。武昌失守后，是他痛责石凤魁、黄再兴等失职，并奉杨秀清命统领田家镇诸军，阻击湘军东进。这次防守虽失败，但第二年即率兵重破武汉三镇；后来又是大破清军江北、江南两大营的主将。再后来与北王韦昌辉合谋杀杨秀清，发动"天京内讧"，失败而被诛，死时年仅三十五岁。他的指挥和战斗能力，与石达开齐名，是太平军的王牌指挥将官。

韦俊，又名志俊，是韦昌辉胞弟，当年只有28岁。太平军起义之初，随兄起义。奠都天京后，他因其兄被封北王而为国宗，当时的国宗很多，乃洪秀全泛封。但韦俊却不留南京享国宗之福，而自愿率兵赴前线。当年即作为主将之一，攻克九江、武穴等重镇，官加提督衔。第二年，又与石祥祯等率军攻克武汉三镇。他不仅战斗十分英勇，而且学问、见识都很高。此来田家镇，他是防守半壁山两万兵马的主将。他命令石镇仑率军八千到半壁山脚安营，林绍璋率军五千驻守富池镇，周国虞率六千水军扼守江面，自己率千余勇士扎营半山腰，指挥半壁山全局。他向部队下了死命令：掐死湘军的水陆去路，有敢后退者斩。

韦俊、周国虞等还怕挡不住湘军水师，提出可在江面上设置拦江铁锁，阻挡湘军的战船通过。他们都知道当年东吴阻挡晋军、后晋阻挡后汉，都用过拦江铁锁。然而，铁锁如何建制？为什么当年吴、晋的铁锁又未能锁住大江？唐代大诗人刘禹锡《西塞山怀古》，悼念当年吴国在田家镇上游黄石设拦江铁锁，还是被晋国大将王浚打破，落得"千寻铁锁沉江底，一片降幡出石头"，王浚的战船到达石头城，吴王孙皓出降，吴国在金陵的政权覆灭。最后大家认为，战守之具全在运用，设置拦江铁锁，用以阻挡湘军水师，绝不会出现"金陵王气黯然收"的那种下场。

太平军里有铁匠、木匠，周国虞就是湘北江边的匠夫投奔太平军的。他亲自找工匠们商量，大家七嘴八舌作出了决定：做出六根大铁锁，南拴半壁山，北系田家镇，横截大江江面。锁下每隔十丈安置一只大船，首尾以千斤大锚固定，把铁锁固定在船上。每隔三只大船再设一个大木排，承受铁锁的压力。按此计议，周国虞布置铁匠打锁，木工造排，十天以后半壁山六道拦江大锁造成，像六条铁龙，盘住了滔滔大江。

咸丰四年九月十三日（1854 年 11 月 3 日），湘军水陆从武汉出发，分兵三路东进。湖北军在原提督桂明的率领下，沿长江北岸前进，为第一路；湘军水师顺流而下为第二路；湘军陆师沿长江南岸前进是第三路。湘军陆师离开武汉后又分两支：塔齐布一军经武昌县进攻大冶，罗泽南一军经金牛堡攻兴国，两路取胜后，合军进攻田家镇。

这是攻打田家镇总的用兵计划。实际从武昌至田家镇必经蕲州，那里尚有陈玉成一万兵马驻扎。经过侦察，陈玉成的一万军队没有坚固的营盘，部署浮动，似乎随时准备出援江南的大冶和兴国。

当时刘蓉提出，可采用调虎离山之计，派兵攻其必救，待陈玉成分兵时，水师乘机冲过蕲州防线。郭嵩焘认为陈玉成是长毛中很有名气的年轻将领，攻打武昌时领兵五百缒城而上，大队随之，遂克该城，年仅十六便升为检点，如果他不上当该如何是好。

曾国藩说，兵中用计并非百发百中，主要还靠官兵的扎实苦斗。此方用计，彼方也会用计，只靠计谋是打不赢仗的。有时，明知敌方在用计，但也得去做。如今我方派兵攻打大冶和兴国，陈玉成如不去救，我则趁其不救便收回二城，亦必然动摇陈玉成的防守军心。但是，我进攻其二城，陈玉成明知是计，也会派兵救援，因为主将不会见死不救。古代战场上攻击弱兵，打其援兵是常有的，也不算什么奇计。

后来发生的战事果如曾国藩、刘蓉所料。当塔齐布兵进兴国时，太平军兴国知府胡万督手下仅有千余军队，立即派人向陈玉成求救。陈玉成闻讯，亲率四千军队赴援，当他走到黄州颍口镇时，又遇到大冶方面派出的信使，说湘军已包围大冶，陈玉成只好分出二千援大冶。当陈玉成向兴国进兵时，又闻兴国已被攻陷。他只好回头再奔大冶，走到半途，大冶的溃兵迎着他说，大冶已丢失，守城将领已阵亡，陈玉成只好又向蕲州奔去。

等到他疲惫不堪地奔回蕲州时，湘军水师已在曾国藩的率领下顺利通过他的防线，在田家镇北马口镇的对岸停泊，部署攻击田家镇了。

田家镇战役是湘军与太平军打的一次极为激烈残酷的战役，双方投入兵力七八万人，战斗十余天，最后太平军失败，但湘军死伤也极重。

这次战役分水陆两个方面，陆战在半壁山、富池镇和长江边激烈进行。

前文已述，曾国藩利用陈玉成分兵援兴国和大冶之机，企图攻克太平军大营蕲州。但几经攻击皆未得手，便改变策略，采取越寨攻敌之策，舍蕲州而不夺，顺流直驰田家镇。

水师杨载福先锋营先冲到田家镇，猛然看到江面上黑黝黝六根铁锁拦截，两侧布置着太平军水师。他知铁锁难过，急令后撤，太平军水师大炮齐轰，几条战船被打伤，许多士兵落入江中。

曾国藩再次召集文武研究对策，大家认为拦江铁锁一时难以通过，不如先让陆师进攻半壁山和富池镇，从岸上除掉铁锁。陆军进攻半壁山，由水师开炮助战。曾国藩认为可行，命令陆师罗泽南、李续宾进攻半壁山，塔齐布主攻富池镇。

先说半壁山之战。

半壁山山腰建有营垒五座，山下建有竹簰木城，城周围挖有壕沟，沟里引湖水灌满，以作障碍，壕沟内外又构出陷阱，内中插满竹签，以竹木覆盖，上覆浮土，待敌落入。

1854年11月20日一大早，罗泽南、李续宾攻击半壁山。鲍超率"霆"字营为先锋，如疾风暴雨般冲向山下敌营。营内先是不见动静，霆营战士多如鲍超般性格，奋勇冲进，先头部队踏上陷阱浮盖，纷纷落入阱中。随听一声号炮，太平军万弩齐发，湘勇纷纷中箭，鲍超也陷入阵中。幸得周凤山带领后继湘勇赶来，救了鲍超。

不久，罗泽南大队人马来至距半壁山二里地处，吸收鲍超的教训，不敢贸然进攻，号令部队就地扎营。罗泽南则率领几个营官察看地形，作出击准备。正在湘军立足未稳之时，猛听山脚下一声炮响，无数太平军越过沟上吊桥，向正在扎营或呆看的湘勇冲来，个个高喊"杀清妖！"，阵势煞是吓人。

罗泽南、李续宾等也久经战场了，并不怕太平军的吓人之势，乃指挥部队迎敌。同时，组织敢死队，向太平军山脚营盘反冲锋。敢死队已冲近吊桥，突然又一声号令，山腰飞下无数石头，把敢死队打得个个头破血流。又从寨中射出无数火箭、喷筒，湘军后退。罗泽南只好下令鸣金收兵。

这一仗在阵势尚未展开时，湘军便死伤数百，候选知县李杏春、蓝翎千总何如海、六品军功彭和祥等军官战死。

罗泽南、李续宾败回，把敌军形势和战况讲给众人周知。过了一刻，刘蓉献计曰：敌军靠的是地利，山下有湖堤、深壕，半山腰居高临下，可以自上而下俯视俯击；营前又挖有陷阱。此地利为我所短，敌之所长。破其地利者，吾可用天时，如我深夜攻击，敌之踞高临下之势化为乌有；而如能以袋装土，填之深沟陷阱，敌之人为优势亦不起作用。罗、李等人听了皆拍手叫绝："刘公真不愧小诸葛之称呀！"

于是，各营立即赶制口袋。大家纷纷拆被撕衣，每人很快就制了一个布袋，装满了沙土。

当夜二更，李续宾作为前锋，率三千湘勇，每人肩扛布袋，手握刀枪，悄悄来到敌军寨前。

太平军获胜后以为有深沟高垒可恃，敌军大败一定会整顿一番再行进攻，因此未防夜袭。但是，当数千人填土时，便惊醒了太平军。于是，山上山下的太平军点亮火把，拿起刀枪，冲出营寨，向填土的湘军发起进攻。

湘军战士也不惧怕，一部分人与太平军肉搏，掩护另一部分人继续填土。罗泽南的后队也赶往参战。湘军战士个个骁勇异常，这里的太平军战士尚未与湘军真正交锋过，见到湘勇如此拼命，先已胆怯几分。因太平军的新兵太多，多未经训练，敢于肉搏者并不多，所以经几个时辰的拼杀，山下的营寨丢掉，退到半山腰的营垒之中。

此时天已放亮。罗泽南下令打扫战场，并命人砍断拴在山脚下的铁锁桩。将太平军丢下的武器、粮食和衣物等运回营寨。

富池镇的战斗与半壁山同时进行，战斗的两个主角是塔齐布与林绍璋，此二人一年之中已是两次面对面交锋了。四月进行的湘潭战役，林绍璋十战十败，最后几乎全军覆没。逃出的林绍璋被天王革了丞相之职，现在是戴罪作战。因此，林绍璋见塔齐布来攻，心中怒火冲天，一心要报战败之仇，因此战斗格外凶猛，未及扎营的湘勇开始吃了败仗。林绍璋大喜过望，等着彻底清算湘潭的仇恨。

湘军败回营后，塔齐布甚为恼怒。李元度献计：林绍璋打仗英勇，我军以猛对猛，即使胜了也要有很大的代价。此人有勇无谋，性格浮躁，应该智取。我军开始吃了败仗，必然使其更加浮躁，可利用其求胜心切，将其引入伏击圈里歼之。我见镇外是一片丘林地带，正可在此埋下伏兵。周凤山等营官深表赞同，塔齐布虽仍有枪对枪擒拿之心，但他毕竟有沉毅的一面，也就同意设伏截杀。

第二天一早，塔齐布带两营人马，又来挑战。林绍璋见了，恨不得一口吃掉，打开寨门，率三千人马迎头接住厮杀。林绍璋果然了得，与塔齐布大战许久，越战越勇。正战得激烈，林绍璋大枪兜头砸下，塔齐布偏转身躲过这一枪，拨马便走。林绍璋杀得眼红，大喝一声，拍马紧追不舍。太平军见主将追赶塔齐布，也呼啦一声，追随之后，湘军战士也紧追塔齐布而去。

林绍璋率军急驰，转眼追至三四里外的丘林地带。忽然，两边的山丘树林里伏兵四起，无数湘军从两边杀出，将林绍璋和追上来的太平军团团包围。一阵混战，太平军死伤大半。林绍璋不敢再战，拨马冲出包围，败回富池镇。

太平军两处失败，清军桂明、多隆阿的兵马也赶来增援，曾国藩增加了胜利信心。他让清军围困田家镇，让罗泽南、塔齐布继续攻打长江南岸的太平军营寨，他则与水师将领和幕僚们专心研究破江面铁锁之事了。

诸水师营官和幕僚在曾国藩的大帐里开会。这些天他们都在想着如何断锁。刘蓉、郭嵩焘皆历史绝学之人，当年东吴、后晋在长江置铁锁、王浚和王彦章如何断铁锁，他们从历史上都曾读过。王浚用的是火炬、王彦章用的是火炉，大约都是用火把铁锁熔烧，用大斧把铁锁砍断。但是，读读历史故事容易，做起事来可就难了。如今，太平军用六根铁锁拦江，就是从容操作，要把这六根锁熔烧、弄断也非易事，何况太平军还要极力保护，要冒着炮火作业，谈何容易。

断锁没有别的办法，只能在船上装好铁炉，让煤火点旺，开到铁锁之下熔烧，然后用巨斧砍砸，还是采取王彦章的成功办法。

断锁的任务彭玉麟、杨载福等自愿承当。曾国藩命令各水师协助进行，用强大的炮火压住敌军，给断锁部队创造机会。

任务既定，彭玉麟、杨载福、李孟群等商量具体断锁办法。水师断锁分为四队：第一队二十只战船是断锁船队，每条船上皆装一个大炉灶，炉灶上安装钢制炉盘，盘下大炉内烧好熊熊煤火。炉边并排站着十名壮实勇丁，都是铁匠出身，手中拿着巨斧、铁钳，炉边立着大铁墩。船头船尾站满了箭手和勇士，保护断锁战士。

第二队由一百条战船，船上装着浸油火把和装着黄豆的口袋，口袋多装半袋，不加封口。一百条战船上载着二千名勇士。第三队和第二队完全一样。第四队是水师老营，负责接应。

由于半壁山、富池镇的失利，湘军又增加大量援军，太平军军心动摇，大批新入伍者纷纷逃走，形势对太平军极为不利。

十月十三（12月2日），湘军四队水师出现在江面上，前队迅速冲近铁锁。周国虞见敌船靠近，便命令锁后船上的水手发射火箭，湘军水手早有准备，一齐高举手中藤牌，围成坚固的护墙，桨手死命划船，步步靠近铁锁。第二队的二千条快船也很快赶到，二千水手一齐向太平军战船上扔火把，还把装着黄豆的口袋投向敌船，黄豆撒满船板，使太平军水手难以站立，再无法放箭。湘勇扔来的浸油火把点燃了太平军的战船和木排，熊熊烈火烧得江面通红。

第三队战船也随后赶到，也把火把投向敌船。太平军再也无法支持，纷纷后退，当两军距离较远，彭玉麟又下令开炮，打得敌船火势更猛，数千名太平军战士纷纷落水，或死或伤，情形极为残酷。

此时，断锁的船只划向锁下，把铁锁拉向铁炉煅烧，烧红后又拎上铁墩，手拿大刀的猛汉奋力劈砍。只听一片吆喝声，原来铁锁真的被砍断，"哗啦"一声，沉入江底。不多久，六根铁锁全被砍断，宣告长江上的第三次拦江大锁之战遭到失败。

湘军水师开过敌人的铁锁防线，冲向剩下的太平军战船，远者用炮轰，近者跳上船矛刺刀砍。太平军中的"老兄弟"们也奋力抵抗，长江上发生一场恶战，江水被鲜血染红，江面漂满仍在冒烟的木板和排排尸体，顺江流动。

田家镇一战，太平军损失战船四千五百多只。西征军的战船万条，经湘潭、岳州、武汉、田家镇几战，九江上游的战船荡然无存，水师宣告瓦解。

湘军水师全胜，陆师集中进攻半壁山、田家镇和富池镇，有水师大炮助战。塔齐布经两天激战，攻克富池镇，又移兵合击半壁山、田家镇。经十三日和十四日两日战斗，太平军放弃半壁山和田家镇，分两路败走黄梅和江西瑞昌。

蕲州陈玉成守军见田家镇失守，也败退广济。湘军尾追至黄梅与广济之间的双城驿，经小战太平军败走九江。

湘军取得田家镇大捷，但伤亡也很重。战后，部队在此休整，曾国藩为阵亡官兵请恤，他深知优恤死者，可以激励生者，在田家镇建"昭忠祠堂"，供奉哨官以上的军官，牺牲勇丁也刻碑纪念，八座石碑密密麻麻写满了死者的名字。祠堂落成后，曾国藩率全体官兵向死者行祭。曾国藩为之亲题挽联：

> 巨石咽江声，长鸣今古英雄恨；
>
> 崇祠彰战绩，永奠湖湘子弟魂。

左右燃起纸箔，曾国藩诵读祭文。他先是呜咽，再是泣涕，最后竟放声大哭。他充满感情地哭诉："自军兴以来，从未有此次丧师之惨者！"湘军水陆全体官兵皆为之感泣泪下。

曾国藩晚年也曾写诗回忆这次大战：①

> 半壁山前铁锁横，当年诸将各声名。
>
> 即今锥凿西梁下，益信先皇万里明。

---

① 《曾国藩诗集》，第 4 卷。

十七

幕友的点子，敌人的刀子

田家镇大败消息传到天京，杨秀清急令在皖南作战的石达开、在江西饶州的罗大纲星夜轻骑赴援西征军。

石达开是威名赫赫的太平军名将，出身广西贵县客家大地主，因受当地土著官绅排挤参加拜上帝会起义。永安建制时封为翼王。他闻田家镇兵败，立即率五千劲旅，日夜兼程，赶赴增援，成为太平军西征军的主帅。石达开一去，扭转了双方战局。

罗大纲是手工工人出身，早在金田起义六七年前就是广西天地会首领，长期进行反清武装斗争。参加起义大军后，从广西到南京一直是先锋部队的指挥官。他的部队敢打硬仗，军纪严明，在太平军中威信极高。这次赴援，率万余精兵赶往九江。

当他们在九江会师时，黄梅已落入湘军之手，大批太平军正溃败后撤，湘军仍在溃军后面穷追。罗大纲率军拦住溃军，在孔垅驿一带与追兵激战，阻住了湘军的攻势。溃军进入九江、湖口两城。

湘军陆师随后追来，于咸丰四年十一月十五日（1855年1月3日）攻占小池口，十一月二十一日（1月9日）渡长江。二十五日（13日）扎营九江大东门外的四里坡。湘军水师也顺流攻抵九江城之侧的江面上，与陆师合围九江城。湖广清军由副将王国才率四千人马驻扎黄梅，按察使胡林翼率二千人马由咸宁东出瑞州，进攻九江之背。诸军合在一起约三万余人，统归曾国藩指挥。

守卫九江的是太平军著名骁将林启荣。他三十来岁，是金田起义的"老兄弟"，一直在东王杨秀清亲率的先锋营。作战英勇顽强，勇冠三军，西征开始，他便是杨秀清亲点的主将之一。

石达开一进九江城，即召集诸将研究如何对付湘军的进攻。林启荣占领九江已两年，他对九江的守卫有信心。提出太平军合军五万人马，对付远道而来的三万清妖，可采取以守为攻，以逸待劳之策。湘军劳师以远，再到兵疲师老，便可出城歼之，不可与之立即决战，他们初胜而来，正是锐赢之时。

石达开同意林启荣以守为攻的策略，但又强调守中有攻，不断创造进攻机会，打击来犯的骄将矜兵。他命令：林启荣仍以守卫九江为主，罗大纲守卫湖口西岸的梅花洲，自己守湖口城，三军互为犄角，密切配合。

正如石达开所估计，湘军连战连捷，平添了轻敌思想。曾国藩率诸军攻至九江城下，在座船上召开军事会议，他指出，九江北枕大江，南控鄱阳湖，周围山水纵横，形势险要，各要地已被敌军把守。林启荣已在九江驻营两年，绝非泛泛之城可比。现在又有石达开坐镇，据说此人文武兼备，是"粤匪"中的顶尖人物，非寻常草寇可比。

但是，塔、罗、彭、杨等人皆认为绿营与长毛作战，不是败于敌人多么厉害，而是败在自己腐败无能，自与湘军作战以来，未见长毛有多么厉害。所以，摩拳擦掌，打算一鼓作气，攻下九江。曾国藩为诸将的勇气所鼓舞，兵书上也说"一鼓作气，再而衰，三而竭"，便同意了大家的攻击意见。决定塔齐布、罗泽南、李续宾、鲍超、彭玉麟、杨载福、李孟群各领水陆大军，分兵攻打九江四门，一举攻克。

然而，当四路人马行近九江城时，却不见城上有太平军一兵一卒。湘军官兵不知是何原因，正在城下犹豫，"则旗举炮发，环城数千堞，旗帜皆立如林"[1]。太平军凭借林启荣两年来修建的堡垒和配置的火力，怀着复仇

---

[1]　罗泽南：《罗忠节遗集》，咸丰九年版，上卷第25页。

的怒火，向湘军猛力轰击，杀得湘军人仰马翻，卷旗逃命。塔、罗等将领企图阻止湘军败退，但见城上火力之猛，城下马倒人亡，只得率溃兵返回营地。

曾国藩、罗泽南、彭玉麟等经此一战方知石达开、林启荣的厉害，硬拼硬打怕是走太平军进攻长沙时的老路，必须另谋善策。

曾国藩召集众将和谋士商量对策。

战场上败下来的诸将多被愤恨蒙住头脑，一时拿不出好主意。"小诸葛"刘蓉再度献"九虫探穴"之策，他说现今石、林全仗九江城的固垒，让我军在城下消耗，我则取分兵击其弱点，迫其出城援救，从而合兵击之。而若不出援救，我则取其弱城，断其援救，斩其爪足，再来攻城，形势当会大变。

大家想了想，认为刘蓉的计策甚妙，便研究具体进兵方略。最后决定由塔齐布继续攻城，目的是牵制九江兵力，由罗泽南率军绕过九江，攻取湖口，彭玉麟、胡林翼合力进攻梅家洲。如此分兵攻击，使太平军穷于多处应付，若有一处得胜，就可以打开缺口。

湖口在九江下游五十余里处，是长江南岸的一个码头，外连长江，内通鄱阳湖，是五百里大湖的进出口，故称湖口。湖口也是个县城，称湖口县，从战略角度看这里是水上战场，因此县城的防卫并不坚固。

湖口对面在江心出现一处陆地，是可江心岛，江河上的岛，一般称"洲"，称梅家洲。洲长四十里，宽四五里。梅家洲的主航道在南面，北面狭窄，大船走不过。石达开来九江的过程，已发现了梅家洲和湖口的险要，便命罗大纲率一万人马驻守梅家洲，在洲上筑垒架炮，封锁江面。石达开在湖口城和城西的盔山布置了重兵，作为犄角，防守湖口。

所以，湖口与梅家洲实际上是一个阵地，是九江下游极为重要的军事要塞，是控制长江和鄱阳湖的一把真正的铁锁，比田家镇的千寻铁锁厉害多了。

湖口和梅家洲是石达开布置的一座锋利的铡刀，现在铡刀已高高掀开，等着曾国藩自动把脖子伸进来。

首先把脖子伸进铡刀口上的是罗泽南和彭玉麟。

罗泽南本不是性急之人，但他第一次在南昌败给林启荣，这次又让林启荣痛打一顿，因此就不那么沉稳了。他和胡林翼率八千人马进攻湖口，一气冲到湖口城下，不见城上有动静，便以为突袭成功，贸然逼近，下令进攻。湘军大队到了护城壕畔时，城头上突然冒出万千枪口，枪炮子弹顿时如暴雨倾下，打得湘勇如秋风扫落叶，一片片死亡倒地，余者伏地躲避，难以还击。战斗不到半个时辰，便回头乱跑。罗泽南心急如焚，催马督军前冲，突然城门大开，两支人马冲出，迎击湘军。湘军本已溃败，又遇强敌，未战再溃，败退江边。溃军败走时，城西盔山上又涌出一支人马，截住湘军大杀一阵，湘军彻底失败。

进攻梅家洲的彭玉麟水师，也陷入罗大纲布置的火力网中。洲头有战船架炮拦截，洲上有数百门大炮封锁，湘军水师一下子被打得队形散乱，船翻人亡。彭玉麟前进不能，后退又遭洲尾大炮拦击，首尾难顾。最后丢下大批船只武器，付出极大代价，才突出封锁，逃离战场。

石达开连番挫败湘军，进而谋划良策，他要把湘军统帅曾国藩及其水师，先推进铡刀之下。

诸将向石达开询问如何铡死曾妖头及其水师？石达开掰着手指说："曾妖头的水师有长龙、快蟹、舢板三种船只，长龙、快蟹船大行动迟缓，不利于水上冲锋；舢板行驶快捷，利于冲击。二者配合，取长补短，相得益彰。今天我用计把二者分开，使其分则两败，才是良策。"

他向诸将吩咐：此后九江、湖口、梅家洲诸军只许坚守，不许出迎，听我用计安排，湘军进攻，置之不理，攻近时枪炮还击。

湘军连次受挫，退至大营休整。几天后亦不见敌军动静，武将焦急，幕僚无策。只得各路再行挑战。诸军因有前番教训，只得远远开炮射击，不敢再涉险境。可是，各据点敌军再不理睬，有时连冷枪也不打一发。各路人马折腾数次，疲惫地返回营地。入夜正要休息，湘军水师的宿营江面，突然枪炮齐鸣，并有无数小船冲近湘军船队，把火球大把投向水师大船。待水师战船开出战斗，太平军小船早已无影无踪。如此几夜，弄得湘军无比疲劳，将士心焦气躁。

石达开见时机成熟，便开始用计。

咸丰四年十二月十二日（1855 年 1 月 29 日），一串四十余只的太平军船队突然出现在九江通往湖口的江面上，这个情况被湘军斥候看在眼里，报告给曾国藩。曾国藩立即与诸将商量对策，按常规湘军水师胜太平军多倍，他们不敢出动四十只船在长江上行动，既有行动，必有原因，曾国藩小心对付，因此召集诸将议定。

因为船正在江面行驶，打还是不打不能容许长时间议论。武将们这些天失利早已按捺不住，咬牙切齿，都想出击，只有彭玉麟表示疑议，认为太平军的水师力量弱，不敢贸然在江上行驶，怕是有诈，幕僚们开始也这么认为。但经不住武将的撺掇，尤其是李孟群，他的父亲李卿谷是湖北按察使，在太平军攻陷武昌时殉难，对太平军怀有杀父之仇。李是道光朝进士，选为知县发广西灵川。金田起义爆发，他以南宁府同知参加镇压，率诸军一路追击太平军北上。至曾国藩水师成军，召他来水师，统带两营，参加了岳州、武昌、田家镇之战。他作战勇猛，田家镇战后，升为按察使，并加珠尔杭阿巴图鲁（即“非凡的勇士”）。至九江战前，湘军得巴图鲁名号者唯李孟群，可见他作战之勇猛。刚猛者不善谋，因此他极力要求出战，消灭这四十只太平军船只。

曾国藩考虑再三，总认为水师敌弱我强，四十只船队可派水师进剿，当时派萧捷三（一说李孟群，较为准确的记载是萧捷三）统帅舢板一百二十只攻击敌军船队。

萧捷三是武举出身，湖南武陵人，拔授湘阴千总，为清绿营军官。咸丰二年升任守备，因湘阴落入太平军之手而被罢职。曾国藩治水师时，奏复原职，令带水师，参加了攻克武昌、田家镇之战，作战十分顽强。

萧捷三率队出击，命令各船全速前进。但太平军船队皆为轻便舢板，速度十分快捷，见到湘军大队来赶，也加快逃走。双方你逃我追，比赛速度，很快便到了湖口。眼看距离拉近，到了大炮射程，萧捷三正要命令开炮，只见太平军船队向右一转，一齐向鄱阳湖驶去。萧捷三仗着自己船多，不假思索，也指挥水师驶进鄱阳湖。

当湘军船队进入湖中时，太平军立即封住湖口水卡，修上工事，安装大炮，将其死死锁在湖内。从此，湘军水师被肢解为外江和内湖两部分。留在长江里的全是长龙、快蟹大船，而舢板快船大部分开进了鄱阳湖中。大船失去舢板的保护，被动挨打；舢板得不到大船的供应，维持生计都困难。同被堵在湖中者有孙昌凯、黄翼升等。他们的舢板并无遮风挡雨的船盖，仓中窄小，住不下这么多水手，又缺少衣食供应，餐风露宿，甚是可怜。萧捷三直至湖口二度被太平军攻陷，再也未能出鄱阳湖，战死湖中[①]。

曾国藩等直到傍晚不见萧捷三的消息，正在焦急，突然有大队太平军战船向湘军水师开来。湘军的大船没有舢板，犹如鹰隼失去了翅膀，在敌人小船的攻击下，只能笨拙地移动。太平军轻快的小船在湘军大船之间，穿梭般划来划去，投出串串火把，不一会儿便烧毁湘军大号船九只、中号船三十只。曾国藩、彭玉麟等靠着大炮的火力，使太平军快船难以靠近投火器，才免遭灭顶之灾。

太平军船队胜利撤走后，曾国藩急忙调回在武穴养病的杨载福，再次议论进攻九江的军事大计。他们仍想集中水陆各部，攻克九江城。

但是，还未等他们有所行动，太平军就先行攻击他们了。咸丰四年十二

---

① 朱孔彰：《中兴将帅别传》，第319—320页。

月二十五日（1855 年 2 月 1 日）夜间，石达开命令数十只小船满载各种火器，悄悄接近湘军船队，一齐向船上投掷。当夜月黑风高，咫尺难辨敌我，太平军小船夹在湘军各大船之间，大船的炮完全失去效用。大火燃起，湘军战船急忙向上游逃走，后面最大的曾国藩座船行动最为不便，便被太平军小船包围。太平军水师都认识这个特大号座船，便一齐呐喊："活捉曾妖头！"纷纷持刀跳上大船，与曾国藩的亲兵展开白刃格斗。太平军蜂拥而上，亲兵死伤越来越多。曾国藩眼见船上的厮杀，自己无能为力，心胆俱裂，四肢痉挛，心知此次必死无疑。突然，一个高大的太平军战士向他冲来，他便猛然站起，推开舱门，跳入黑沉沉的大江中。幸好贴身警卫发现，也跟着飞身跳下，把他托在水面游走。不久，游到一条船边，送到了船上。漆黑的江面，混乱的水上战场，太平军没有发现曾国藩的跳江和逃离，又让他逃过一劫。

曾国藩安全得救后，大家七手八脚为他换衣服、搓手脚，使他慢慢苏醒过来。曾国藩醒后，听到下游仍响着枪声、仍亮着团团大火，那是湘军的战船还在燃烧。他看到自己精心建起的水师遭到毁灭性打击，深感大势已去，全身之冷，胜过严冬的江水。

眼前浮现出咸丰皇帝冷酷的长脸。

这时，罗泽南、刘蓉等都围着他，看着他痴痴呆呆的神情，不知他有何想法，也不知如何劝起。

突然，曾国藩站起来，大声说："给我一匹马！"大家不明其意，因为自湘军水师建起，他再没骑过马，总是坐在最大的那个指挥船上，吃饭、休息、开会都在那个宽敞的舱里。这时刚从江水中被救起，要马干啥呢？

"大人，抬您回营吧！"亲兵以为他的座船被俘获，要乘马回营了。

"牵马过来！"曾国藩高声命令。

亲兵不敢违命，给曾国藩牵过一匹马。曾国藩让人把自己扶上去，他跨上马背，一挺腰，双腿用力一夹，战马纵身奔驰而去。罗泽南、彭玉麟同时跃起，抓住马缰，怒马长啸一声，扬起前蹄，停了下来。

"曾大人，千万想开！"彭玉麟几乎是哀求了。

原来曾国藩是学春秋晋国大将先轸，骑马跑入敌营，让太平军把他杀死。大家扶起他来，苦苦劝慰，方才打消曾国藩寻死的念头。

湘军水师遭到致命打击，留在鄱阳湖内的快船被锁住无法进入长江作战，陆师久攻九江不下，也遭到很大挫折，太平军取得了田家镇战后的重大胜利。由于湘军水师惨败，无法阻止太平军水师；陆军也重整旗鼓。水陆沿长江而上，势如破竹，连克被湘军和清军占领的黄梅、广济、蕲州、黄州，于咸丰五年正月初七（1855年2月23日）重新攻取汉阳。

清政府闻讯，急令曾国藩回师武汉。曾国藩派胡林翼、王国才两部及彭玉麟、李孟群水师援武汉。然而，胡、王、彭、李几军到达武汉城外几次进攻未能取胜。二月十七日（4月3日），武昌又被太平军攻克，湖北巡抚陶恩培被打死，湖广总督杨霈逃走。至此，湘军苦战克复的长江两岸重镇，全部为石达开统率的太平军夺回，曾国藩进退两难，被咸丰帝下旨痛骂一顿，仍命他克日攻下九江，东下取金陵。曾国藩只好照办。

十八

罗泽南坚持"打蛇头"

中国以秦朝为分界，上下五千年几乎都在打仗。所以，中国的历史几乎就是战争史，正因为战争不断才出现了许多的军事家。军事家们说军事往往不计较一时或几个战役的得失，而是坚持可能取胜的战略不放，坚持正确的战略，早晚会取胜。

在曾国藩九江、湖口失利，一筹莫展时，罗泽南提出放弃九江、争夺武汉的战略计划。他说，自古长江作战都是先取上游，再取中游，最后决战下游。这好比长江是一条长蛇，必须先打蛇头七寸，打烂了蛇头，蛇腰、蛇身就可以省力而得之。

曾国藩听后也认为大方面正确，但是如今咸丰帝勒命他打九江，不能违背旨意而放弃不攻。罗泽南说，把湘军一分为二，或者只让他一军去武汉，配合湖北巡抚胡林翼攻取并巩固武汉，曾国藩仍率大营留在九江，上下配合，扭转不利局面。

历史上对罗泽南欲离九江去湖北之事，多认为是九江形势处于无功局面，他的功名心重，欲离开曾国藩另谋出路。这种评价未免肤浅。因为当时形势，石达开的主力已在湖北，那里的形势凶险，罗泽南去了毫无成功把握，哪有个人功名的奢望。他要把军事战略放在长江上游，的确高人一筹。

没多久，他就死在进攻武汉的战场上，但他提出的战略被湘军实施，却扭转了整个局面。

当他提出带自己的一部湘军离开九江，曾国藩更不同意，因为当时水师已溃不成军，陆师主要靠塔齐布和罗泽南两部，如罗部一走，那还了得。但罗泽南当时软磨硬说，坚持要走，曾国藩也就不好再坚持了。只得把罗军拨出三营一千五百人，让他领走。余下的由周凤山指挥，使周凤山以后成了湘军的主力统帅之一。

这前后，具体是咸丰五年七月十八日（1855年8月30日），塔齐布因久攻九江不下，劳累、忧愤呕血而死。

这段历史，人称"塔死罗走"。

曾国藩心情可想而知，这是湘军的两个台柱，如今一下子倒塌！

曾国藩几天寝食俱废，在塔齐布灵前饮泣不止。他为塔齐布写了一副挽联：

> 大勇却慈祥，论古略同曹武惠；
> 至诚相许与，有章曾荐郭汾阳。

曾国藩建湘军自比郭子仪，现在他把塔齐布比作郭子仪，向咸丰奏明功勋。咸丰钦旨悼念，照将军例赐恤，予谥"忠武"。

塔齐布死后，他的部队也统归周凤山指挥。

罗泽南率军从江西义宁出发，连下通城、崇阳、蒲圻、咸宁，于1855年11月初攻抵武昌城下。当时，胡林翼被任命为湖北巡抚，他见湘军主力罗泽南到来，如得救星，他主动配合罗泽南，从不以属下相待。罗泽南的部将李续宾、李续宜兄弟，也是胡林翼的左臂右膀，军政事务，皆以诚心相商。

罗军到来，他们大量淘汰绿营军，大量募集湘勇，按湘军制度编练，成为长江上游极为强大的部队。

曾国藩仍坚持重新组建水师，在长江上的作战，水师太重要了。

　　当时，外江水师已派去武汉作战，内湖水师被堵在鄱阳湖中。他一面着手修理被太平军打破丢弃的战船，一面上奏咸丰，要求江面拯救内湖的战船，湖南为之添造战船，重新组建湘军水师。

　　经过努力，内湖水师得到了江西的供应，并添造了三十号大船；湖南也极力援助，在岳州制造新船，就地招募水勇，到咸丰五年夏天，湖南的新船造出百余号，运达金口；九江江面上的破船也告修复。内江水师也恢复战斗能力，开赴湖口，攻击湖卡的太平军。此时，太平军主力去了武汉，湖卡一战而败，内湖水师重新开入长江，活跃起来。

　　这时，内湖水师统领萧捷三战死，曾国藩招彭玉麟前来接任统领。此后，湘军有了内湖水师和外江水师之名目，统领分别是彭玉麟和杨载福二人。

　　此时，太平军也在九江设立船厂，至咸丰六年三月（1856年5月）造成战舰数百条，杨载福决心歼灭之。他选三百死士冲入太平军水师营，把他们新造的战船全部烧毁。于是，长江水域，包括鄱阳湖，又全部被湘军控制。

　　曾国藩这才知道，正是罗泽南去武汉发展力量，牵制了太平军，他才有此发展机会。况且，胡林翼、罗泽南在上游作战，他在九江一线发展实力，他们相互照应，互为犄角，才让太平军难以措手。此后，鄂、湘、赣、皖的连番作战，曾、胡两军相契相合，才是太平军的主要敌人和失败的主要因素。

　　这些都是后话，当时太平军正处于鼎盛之时，西征军也是兵强马壮，湘军虽又死灰复燃，但曾国藩仍是困难重重。王闿运后来所编《湘军志》记载这时的情景说："其在江西时实悲苦，令人泣下。"曾国藩给咸丰帝的奏折中说："闻春风之怒号，则寸心欲碎，见贼船之上驶，则绕屋彷徨"，"余昔久困彭蠡之内，盖几几不能自克。"①

①　《曾文正公文集》，第3卷，第37页。

石达开见湘军水师又建，仍围攻江西，乃采取攻其背后，放弃眼前的策略。他留韦俊在武昌据守，与胡林翼、罗泽南周旋；林启荣坚守九江，拖住周凤山的后腿；他自己则率兵联络江西的天地会，开始对江西发动凌厉的攻势。咸丰五年十一月（1855年12月），石达开离武汉进攻江西，连连攻克瑞州、临江、袁州，包围吉安。曾国藩放弃进攻九江，令周凤山回援江西。周部撤九江之围，于咸丰五年十二月攻占樟树镇、新淦，听曾国藩之令，或救吉安、或回救武昌。曾国藩正在犹豫时，石达开下令全力进攻吉安，于咸丰六年正月二十五日将吉安攻克。

曾国藩在江西北部的南康府闻吉安失陷，命令周凤山坚守樟树镇，以为此镇西近瑞、临，东接抚、建，是省城南昌的咽喉。石达开兵破吉安，必然此犯省城，在樟树镇堵击太平军，则可收以逸待劳之功。为守住樟树镇，曾国藩令彭玉麟率船队出青岚湖，由武阳过三江口，驶入赣江，南下樟树镇，与周凤山配合，防守此镇，堵击石达开。

不久，石达开率部由吉安北上进攻樟树镇，周凤山据城与太平军大战，不敌而弃城逃走，二月十八日（3月24日）樟树镇为石达开攻占。曾国藩闻讯，由南康动身去南昌城收拾溃兵。

石达开指挥太平军奋勇作战，迅速将江西的十三府攻占八府（豁五十四州县）。曾国藩困守南昌、南康，被石达开封锁，连文报、家信都发不出去。只好化装送信，也皆被查拿，一时被拿者达百余人，被围困得"士饥将困，窘若拘囚"。

正在曾国藩岌岌可危时，杨秀清急调石达开回金陵进攻江南大营，才使曾国藩军事压力得到缓解。他挣扎着恢复江西的军事实力，把樟树镇等战役的溃军编成两支队伍：一支约三千五百人，由黄虎运率领；一支仅千余人，由毕金科率领；又让江西粮道之子邓辅纶新募两千人马，与李元度合为一军，总共万余人，不仅战斗力差，尤缺乏将才。

于是，曾国藩急调罗泽南来江西，趁石达开离开，夺回失地。但是，罗泽南和他的想法一样，也想趁石达开离开武汉，将武昌攻克。罗泽南只好采取速战的办法，打下武昌，再援江西。

由于罗泽南猛打猛攻，以主将身份冲杀在前，结果被守城的太平军枪击其首，于三月初八（4月12日）死在军营。死前，给曾国藩留下一纸遗书，哀凄悲凉，追求办湘军南北转战苦楚。进言曾国藩重任彭玉麟、杨载福、王鑫，尤其要起用左宗棠。并进一步介绍胡林翼的大度，同他亲密合作，方可定两湖大局。建议死后，部下之湘军由李续宾统带。

曾国藩的求援信落到胡林翼手中，胡便分兵五千，让曾国华统带，急驰江西。此时，骆秉章也派刘长佑、萧启江率五千人马由萍乡、万载入江，增援曾国藩。曾国荃、王鑫也各率千余人马驰援。这样一来，江西的湘军和绿营一下子增到数万人，江西的军事形势也随之有利于曾国藩了。

十九
彭寿颐献策解了燃眉之急

江西的军势问题缓解，但军饷问题却越来越急慌。

前文提到，湘军创建以后，因非国家的经制军（即正规军），国家不给一分军饷，当时国库早已枯竭，想给军饷也的确无钱给。

曾国藩、郭嵩焘等费九牛二虎之力，东挪西借，总算维持到湘军水陆成军，后来一下武汉、二下田家镇，为皇帝打了胜仗。曾国藩本想好好休整一下，各处凑足军饷再说。但咸丰死不同意，勒令他立即"东征"。曾国藩恳求咸丰下旨，让各省给点"协饷"，作"东征"的粮草。咸丰下旨让陕西巡抚王庆云、江西巡抚陈启迈分别协助他十四万两和八万两。但是，曾国藩把眼望瞎也没等来半两银子。

尤其令曾国藩气愤的是，江西巡抚陈启迈是他的同乡兼同在翰林院做官做事多年，湘军又为他守乡守土，本应同舟共济。但他却处处找别扭，比长沙的那些官还坏。后来曾国藩列举他很多罪状，上疏咸丰罢了他的官，可继任的文俊更可恶，不仅不给军饷，还使他的一支湘军全军覆没，害死了他的一员猛将毕金科。

前文已述，樟树镇战后，湘军一支由塔齐布旧部毕金科率带。毕骁勇异常，但军饷奇缺，军队往往饿着肚子打仗。江西巡抚文俊便以军饷作诱饵，迫毕进攻景德镇。景德镇有太平军重兵驻守，堡垒坚固。结果，反复苦战，直至全军覆没，毕金科也丧命景德镇城下。曾国藩对此事耿耿于怀，直到四年以后，曾国藩攻下景德镇，在毕金科战死处立碑纪念，亲撰碑文，痛悼当年牺牲的大将，同时揭露江西官员的排挤、陷害，碑文十分凄婉、动人。其中有："内畏媚嫉，外逼强寇，进退靡依，忍尤丛诟"，说出了曾国藩在江西几年的困难处境。

毕金科为军饷战死，湘军的前途不可预测，当时曾国藩痛苦万分。他想：自己艰苦抗敌，打胜了是别人的功劳，打败伏"几乎通国不能相容。"自己又处处被排挤、打击，被逼自杀就好几次了。思前想后"遂浩然不欲复问世事。"由于郭嵩焘、刘蓉等人百般劝说，他才又勉强坚持着。

恰在此时，郭嵩焘打听到江北大营在扬州仙女庙抽厘助饷一事，要湘军也仿效办理。曾国藩不知具体办法，郭嵩焘说："江北大营的军饷也极缺，有左都御史雷以到扬州助军，想出了一个筹饷的办法：仿照汉朝算缗之法，对商贾征收厘税，值百抽一，称作'厘金'，居然顺利得到大量税金，解决了江北大营的军饷。"

刘蓉说："听闻苏北到设没关抽厘，关卡林立；处处抽厘，名为值百抽一，连续勒抽，往往抽之过半，寻得商人怨声载道。"

郭嵩焘说："那是苏北办理不善，混进了坏人。我们以此为鉴，认真办理，不会出问题。"

因用饷急迫，大家也没有强烈反对。曾国藩就派郭嵩焘去湖南找骆秉章商量，利用"东征局"的名誉，先在长沙、湘潭、岳州、益州、常德、衡州六处试行。若出现大问题，就马上停止。

郭嵩焘奉命去了长沙，但眼前的困难却存在着，曾国藩还在发愁。

彭寿颐突然推门进来，说："恩师不用发愁，学生有办法解决军饷！"

曾国藩抬头看去，原来是前两天投奔而来的江西万载县举人彭寿颐。

彭寿颐本是万载县团练副总，与县令李浩不合，听说湘军统帅来到江西，便投奔而来。原来当年曾国藩任江西的主考官，行至半途忽接母死噩耗，便改道湖南奔丧。走到九江时，江西学政沈北霖送来数百两银子，说是江西举子捐助的一点路费，虽然不做主考了，学生们心意仍在。

彭寿颐就是那年考中的举人，虽然曾国藩不是当年的主考官，彭寿颐仍称之为"恩师"，曾国藩也欣然接受。

曾国藩听说他有弄军饷的办法，便将信将疑地问："你有什么办法？"

彭寿颐见曾国藩怀疑便说："学生对饷银一事思之已久，有三条途径可走。"

曾国藩的疑惑变成好奇，自己想这么多天一条也没想出来，他居然想出三条。便说："长庚，你坐下来慢慢说。"

"第一办法，请在籍前刑部侍郎黄赞汤大人出面。黄大人虽守制在籍，但忧国忧民之情未曾稍减，且为人正派。黄大人一定肯带头捐助，并为恩师劝富人捐助。"

曾国藩与黄赞汤有过上下级关系，他做刑部左侍郎时，黄赞汤是刑部郎官，两人相处很好，但他在籍守制的事自己却不知道。听彭寿颐一说，他心中有了数，打算去饶州一趟，亲自拜访黄赞汤，也认为这种办法一定可行。

曾国藩的脸上明显出现霁色，雨过天晴。

接着，彭寿颐又要去江西各地，串联自己的同窗好友，不仅为湘军劝捐，而且要他们直接前来投奔，为曾国藩出力。

彭寿颐又说了第三个办法：在江西北部自设厘卡，抽厘助饷。他认为这个办法既可靠，又是个长久之计。

曾国藩听了这些办法，前两个自己没想到，第三个怕在江西办厘捐会遭到当地官员的反对，所以没敢提起。如今听彭寿颐一说，便回答道，先办捐饷，如不顺利再说。

第二天，曾国藩便带着彭寿颐等人，渡过鄱阳湖，在乐亭镇进入鄱江口，当晚就进入饶州城。

此行收获不小，黄赞汤热情很高，没过几天黄赞汤便劝捐十万两，彭寿颐也募得三万多两。曾国藩大喜过望，见彭寿颐是个干才，便痛快答应让他放手办厘卡。

也没过多久，彭寿颐便在南康、瑞昌、德安、建昌、武宁、靖安、奉新、安义、丰城等地设卡办厘。并收得厘金数万两送给曾国藩，曾国藩见到办厘卡的实效，认为这才是个长久解决军饷的好办法。

但是，这个能维持长久的办法，在江西却不长久。办厘金在苏北虽受商人反对，但长毛占了金陵，清政府的江北大营是直接对付长毛老巢的，而江北大营没有军饷，向商人要些钱，谁敢说个不字。商人为了赚钱才做生意，赚了钱就得交厘金，不然你就别做生意了。所以，江北大营的厘局就一直办了下去，许多地方也都跟着学，都办了下去。所以，厘金是太平天国起义期间产生的一个重要税收，这项税收也的确救了清政府。不然，各省的军饷可怎么解决？

但是，曾国藩在江西学着做却不成，原因是江西的地方官都不干。巡抚陈启迈不干，继任的文俊也不干。为了此事，恼得曾国藩上折罢了陈启迈的官；为了此事，曾国藩这边也差点闹出人命来。

长话短说，曾国藩在江西各地设厘卡，地方官全站在巡抚一边，处处对着干。地方官不光自抽厘金，还搞鸦片等走私活动。而彭寿颐在各处收厘金，就必然要查看货物，根据货物的多少收百分之一的税金。谁料想竟查出了大批的鸦片烟土，鸦片走私虽处处皆有，但毕竟又是严重的违法行为。彭寿颐不知是地方官的走私，便查封了走私鸦片的船只。于是，事情便闹到省里，巡抚一见曾国藩不仅在江西地盘上收厘金，还查封他们的货船，便下令逮捕了彭寿颐等厘局人员。曾国藩见事情闹大，本不想招惹江西地方官，但不管不行了，也只得出面打官司。官司打到皇帝那里，一边是得不到军饷要为他打仗的湘军统帅，一边是为他守土也得不到军饷的地方官。原因只有一个，都缺少军饷，而他的国库里的确是一文不名了。所以，咸丰也不知如何处理这件事。结果无非下旨骂骂地方官，安慰一下曾国藩而已。

曾国藩在江西的厘卡通通关门大吉。亏得黄赞汤等人为他劝捐，先后捐出百余万两，总算让湘军维持下来。

二十
曾老九的谋略

在曾国藩最困难的时候他的弟弟曾国荃率兵到了南康。

曾国荃比曾国藩小 13 岁，是曾国藩的四弟，曾氏按男女一并排行，曾国荃是行九，俗称其"老九"。曾国藩离家去长沙时，让他和曾国潢、曾国华暂不同行，在家募勇编练，关键时刻再离家参战，当时只带五弟曾国葆随军。

曾国荃去江西那年 32 岁，他长相酷肖大哥，如果不是眼睛细长一点（曾国藩是典型的三角眼）、肩膀窄一点，简直就是曾国藩的一个替身。

他和大哥大不一样的是，特别不爱读书。17 岁时父亲把他带进京师，想让他在京跟他大哥读书，能快些长进，但他受不了大哥的严格约束，住了三年又回到家乡荷叶塘。直到 27 岁才中秀才，来江西的前一年由于曾国藩的作战有功，湖南学政特意赏了他一个优贡生。

曾国荃长得细眉细眼，身体单瘦，外表很像个文弱书生，可他做起事来却果断、倔强而又凶狠。洪秀全的太平天国政权与其说是被曾国藩攻灭的，莫如说是被曾国荃攻灭的。曾国荃率军围攻安庆、围攻天京，直接攻下这两座太平军势力集中的都城，那种坚忍、盯住不放的精神，就是曾国荃性格的体现。如果换一个人指挥，换一支部队，怕是很难成功的。

曾国荃的倔和凶，在荷叶塘远近无不知晓，少年时已有好些故事流传。如说他七八岁时，他养的一只小狗被邻居的牯牛踩死，他抄起一把砍柴刀跑到邻居家门口，声言要砍死那头牯牛，为小狗报仇。邻居知道这孩子倔，但总不能真让他去砍牛，好说歹劝他就是不听，邻家就把他关在门外。他在门外坐着，就是不肯离去。邻人没办法，只好赔了他一条狗，他才勉强被家人拉走了事。

这两年，湘勇跟大哥在外面打仗，他终日咬牙切齿，一再写信要大哥征他去前线杀敌，曾国藩始终未加理睬。他和曾国华在家每人募一千勇丁，日夜操练，等着大哥让他奔赴前线。这次，大哥在江西遇到特大困难，才令他率勇前往。到出发之前，他又扩招一千人，将这二千人编为前、后、左、右四营，以"吉"字为名，统称吉字营。

他率二千勇丁进援江西，目标是吉安。在吉安府西北部入赣途经太平军占领的安福时，安福守将才攻下该城不久，只以为湘军在江西最北面的南康，未提防曾国荃从西面攻来。因此，毫无准备，便遭到"吉"字营二千勇丁的凶猛攻击，很快便四散逃走，曾国荃初出师便攻下一个不小的县城。

曾国荃出师告捷，把安福县城中能带的都让勇丁带走，这二千勇丁离开湖南便发了一笔小财。曾国荃兴高采烈，带上侍从，快马直奔南康。

九弟首战告捷，曾国藩特别兴奋，也有了很大的信心，当晚整了一个小宴，为之接风，也算庆祝胜利。

晚宴之后，曾国藩将老九和老六曾国华叫到自己的卧室，三兄弟秉烛夜谈，分外亲切。

先由曾国藩介绍了近来各方面的情况。当说到罗泽南战死、塔齐布暴亡时，心头发热，鼻子一酸，竟流下两行泪来。又讲到王鑫瞒着他，叫两个弟弟在湘乡募勇，然后公开带着队伍离开去了湖南长沙。

曾国荃听了大哥的叙述，露出很是不屑的样子，未等大哥再说下去便插话："我早就说过，湘勇出师之前，主力便是别人的，这就不对，一定要建立自己的嫡系。"

曾国华说："大哥总是要以诚相待，王璞山（王鑫）开始便没有诚意，只是发展个人的势力。"

曾国藩说："咱们募勇目的是剪灭长毛，管的人都是一样，我若带头建立自己的嫡系，反显得小气，对湘勇也不利。"

曾国荃说:"现在又怎么样?罗山(罗泽南)那样的志诚君子,不还是率着大哥的军队去了湖北?我看除了雪琴(彭玉麟)之外,没几个实诚的人。"

曾国藩听了不禁叹了口气。

曾国荃接着说:"天下事,先下手为强。现在罗山已死,璞山去了湖南,我看未必是坏事,正是我们建立嫡系的大好时机。"

曾国华也随声应对:"大哥,沅浦(国荃字)说的对,该是时候了!"

曾国藩为两个弟弟的主意所感动,深深地点了点头。

曾国荃说:"现在,罗山的人马已去了湖北,周凤山是绿营的人,不会始终跟我们一心,鲍春霆是大哥一手提拔的,谅他以后也不敢同大哥作对,塔提督留下来的人马,就干脆让他统带。"

曾国藩说:"春霆只能为将,不能为帅。周凤山的确不能再当统领了,塔智亭(塔齐布)的人可分为三支,分出两千人马由鲍超统带。春霆打仗勇敢,部下也会不怕死,病在军纪太差,应予管束。另一支划给温甫(曾国华)。"

曾国荃说:"三哥原有 1500 人,加上这 2000 人,再募 1500 人,有 5000 人马才好打仗。"

曾国藩说:"另外的 1500 人就给沅甫。沅甫加上这支人马,也有 3500 人了。"

曾国荃说:"攻下吉安,我立即回湘乡募勇,吉字营要有 1 万人才成!"

曾国藩说:"扩至 1 万可以,但是军饷我可解决不了!"

曾国荃斩钉截铁地回答:"大哥放心,一切都是我自己解决!"

曾国荃说:"大哥!人马、给养我都有办法,但是队伍拉起来后,我缺少军官,大哥能否解决,而且最好是咱家乡人。"

曾国藩笑了笑:"这我早有准备。罗、塔二人一去,我就在身边培养了军官,准备让他们带兵的。"

"哈！哈！没想到大哥还有个军官库哪，都是谁，大哥快点说！"曾国荃听了异常兴奋。

曾国藩掰着手指慢慢说："彭毓橘、萧庆衍、萧启江、江继祖，前后左右，正好四个营官。"

"谢大哥厚赐！"曾国荃立即起身，犹如大将得到了元帅的厚赏。

"大哥！你太偏心了，一下送四个！"曾国华假装生气。

曾国藩大笑："大哥哪里会对亲弟弟偏心，我身边的人，只要温甫看中的，你也挑去四个，四个不够，还有呢！"

说着，兄弟三人都大笑起来。曾国藩好久没有这么开心了。

"三哥的人马也要扩到 1 万人，这样才能干出大事业，5000 人不够！"曾国荃改变了原来的说法。

曾国华拍手叫好："还是九弟气派！我也是这么想，只是大哥原先不赞成。"

曾国藩未及回答，曾老九便抢着说："让二哥在家照料一切（指曾国潢，字澄候），贞幹（曾国葆）还得出来，我和三哥一人带 3 万，贞幹带 2 万，有 8 万军队在我们兄弟手里，其他什么也不必再指望。我老九担保，有这 8 万人马，一定能辅佐大哥平定长毛，建立千古不灭的功勋！"

曾国藩听了九弟曾国荃的慷慨陈词，心血也为之沸腾。"打虎亲兄弟，上阵父子兵。"自建湘军以来，像老九这般赤胆忠心的表白，至今尚无一人！彭玉麟虽可信赖，但他沉毅有余，也没有如老九这样坦直。亲兄弟就是亲兄弟，到底与外人不同。

曾国荃问："攻占安福后，长毛多已溃散，但俘虏的一批尚未处置，该如何办理？"

曾国藩思考一会儿，自与长毛作战以来他大多处在逆境之中，俘虏者一直采取杀掉的政策，或者说捉住一个杀掉一个，尚无什么俘虏政策。可是，他不能这般告诉老九。因此便说："要讲究投降不杀、胁从释放的政策，这是古来两军作战的习惯。昔者强秦各灭六国，尽诛俘虏。秦赵长平之战，大将白起一次坑杀赵国的俘虏四十万，使秦国得到残暴之名，造成六国的反抗激情，楚国虽灭却留下'楚有三户，亡秦必楚'的誓言。杜工部说：'苟能制侵凌，岂在多杀伤。'长毛也是百姓，能制之就不必杀。"

曾国荃望着大哥，他明知三湘两湖无人不称大哥"曾剃头"，湘军所俘的长毛，一律剜目凌迟，无一例外，可大哥却嘴里如此之说，他为这些孔孟之徒感到劳累，于是明白回答："孟子言'君子远疱厨'，可是牛羊猪鸡他们都喜欢吃，一天不知肉味就受不了。现在我们已不是书斋里的文人，而是带勇的将官。既然带兵，以杀贼为志，何必以杀人为忌？如今长毛流毒天下，应该极早极快诛灭，只有狠诛多杀才能太平，跟这帮强贼不用讲仁慈！"

曾国藩听了并未回答，因为时至今日他的确未放过一个俘虏。但是，老九如此凶狠，他也不无担心。

随后，老九又说了外面关于天京将发生内讧的传闻。实际上因江西文报多日不通，天京内讧不是传闻，而是事实。

内讧起因是杨秀清居功企图夺取太平天国最高领导权，咸丰六年七月二十二日（1856 年 8 月 22 日）杨秀清逼着天王洪秀全亲到东王府封其为万岁[①]，洪秀全"密诏"在湖北战场上的翼王石达开、江西战场上的北王韦昌辉、苏南战场上的燕王秦日纲，回京护驾。八月三日（9 月 1 日）韦昌辉率三千人马首先到达天京，连夜兵进东王府，把东王及其家属、侍从全部杀死，此后又以阴谋袭杀杨秀清的部属 5 千多人。石达开闻信率兵回京，欲制止韦的滥杀，韦又图谋杀害石达开。石连夜缒城逃走，奔往安庆。韦昌辉继而兵围天王府，阴谋篡权。他的暴行激起天京城官兵的广泛义愤，使洪秀全依靠广大官兵的力量，平息了韦昌辉的滥杀和叛乱，杀死了韦昌辉等人。

在这场持续二个多月的内讧中，天京二万多太平军干部和官兵被杀死，

---

① 《李秀成自述》（影印本）。

不久，石达开又率部出走，金田起义以来的高级军官损失已尽。尤其是内讧的数月中，各地的战局发生了逆转，清军和湘军的不利局面顿时结束。

乘着天京内讧之机会，湖北巡抚胡林翼一举再克武昌；李续宾、杨载福率水陆两军沿江东下，连续再度夺回兴国、大冶、蕲州、广济、黄梅，陈兵九江城下。鲍超也攻克靖安、安义；周凤山的新募之军也攻下袁州、分宜；曾国华攻下武宁、瑞州；李续宜攻克瑞昌、德安；李元度攻下宜黄、崇仁。江西十三个府城被湘军攻克六个，还有七个控制在太平军手中。江西的太平军，林启容固守九江，仍是屡败围城的湘军，成了众望所归的将领。他把湖北、江西各地的溃兵收集于九江城，忍受着因天京内讧带来的极大困难，顽强地对付湘军的围攻。

只要九江城一日不破，便是曾国藩的巨大心病，他就难以通过九江顺利进入长江，完成咸丰交给的东征使命。曾国藩日望围城之师传来佳音，可这个佳音一直都没传来。

不久，郭嵩焘回到南康。他在江西军饷困难时被曾国藩派去江浙筹饷。然而，郭嵩焘此行几乎空手而归，还给他带来了极为不好的消息。

关于筹饷一事，两江总督怡良、浙江巡抚何桂清皆以同受长毛攻击为理由，分文不给。坏消息是江西巡抚文俊等又向皇帝告他的黑状，说曾国藩在江西毫无成就，但勇丁却不断扩充，现在又让一个弟弟招募几千士兵开到江西。此事在朝中议论纷纷，又是相国祁隽藻向咸丰吹风，说曾国藩借招募湘勇，而建曾家军，非国家之福。

郭嵩焘、刘蓉都劝曾国藩一定加以小心，首先要联络地方文武，不能总站在他们的对立面，强龙不压地头蛇，不然会吃他们的大亏；要利用绿营军的力量，不然也会出现矛盾，出现长沙鲍起豹制造的那些事件。

曾国藩听后瘫倒在座上，叹道："夕阳亭事，又要重演了！"他说的这个典故出在东汉安帝之时。那时，外戚和宦官专权，安帝之母王太后和宦室樊丰控制朝政，而安帝起用"关西孔子"大儒杨震与他们对抗。樊丰等撺掇安帝东巡泰山，他们利用这个机会陷害杨震，以杨震"拥众谋反"为罪名，罢免了他的太尉之职。杨震被罢，行至洛阳城西的夕阳亭服毒自尽①。

刘蓉劝道："杨伯起（杨震字——引者）生在乱世，遭权奸陷害，才被迫自杀。今日朝中并无党祸，祁相年老糊涂，但却非权奸，当年你冒死直谏他是称赞你的，当着朝廷百官护着你。如今他对江西和诸省战局政事一片黑暗，只知历史上常有拥兵作乱的事，从而提醒皇帝罢了。"

郭嵩焘也安慰道："当今皇帝毕竟比汉安帝英明，今后事事注意，必可以避免祸事。"

曾国荃并不知道历史上的"夕阳亭"之典，故而插不上嘴，当他听到祁隽藻、文俊等陷害之事，便破口大骂："一伙魔鬼！该死不死！兄弟带兵又怎么样，还不是为皇帝的天下卖命？皇帝昏庸、奸臣当道，让长毛掀了他们拉倒！"

曾国藩制止九弟的乱说，委屈地叹道："等到我冤死之后，二位为我写墓志铭，若不能为我鸣冤，真让我永不瞑目。"

郭嵩焘说："这两年也让我心灰意冷了！我们大清国怕真的要亡了，不是亡在长毛的进攻，而是亡在自己人手里。我这次在杭州读了介绍英美的书，人家的长处太多了，我日后有机会一定要亲自去看看。"

曾国藩说："人家确有许多比我们好，他们制造的船炮就比我强百倍。等到剪除长毛，天下太平，我如果有成功之日，一准保你出洋考察。"

郭嵩焘见曾国藩情绪好转，便说："涤生，我要向你辞行了！"

曾国藩深感突兀，说："我还在困难之中，你怎么要离我而去？"

郭嵩焘说："涤生你别忘了，你是奉旨办团练，必须坚持下去。我是回乡守制，如今已守制告终，应该回京销假了。"

---

① 《后汉书·杨震传》。

曾国藩知道不可挽留，说道："你的才情和性格，的确不宜在军中。你回京对我是个大好事，为我联络京官，了解朝廷实情，勤写信相告，就是帮我大忙了，比在军中作用还大。"

第二天，曾国藩送走了郭嵩焘，临别时送给他一首七律：①

域中哀怨广场开，屈子孤魂千百回。

幻想更无天可问，牢愁宁有地能埋。

夕阳亭畔有人泣，烈士壮心何日培？

大冶最憎金踊跃，那容世界有奇才？

① 《曾国藩诗集》，第1卷。

二十一
曾左论道

正当曾国藩困守江西极度苦恼之时，突然接到其父曾麟于咸丰七年二月四日（1857 年 2 月 27 日）去世的讣告。闻此噩耗，曾国藩反而感到是摆脱困境的天赐良机，立即带着曾国华、曾国荃奔丧返乡。

曾国藩到家多日后收到咸丰的谕旨：只准他三个月的丧假，然后再返江西战场。他接到谕旨，满腔委屈地写了谢恩折。表白自古带兵者从未有他的困难之大，无权、无饷，地方以他为敌、以湘勇为累；地方官皆以未有皇帝接待湘勇的旨意为理由，虐待湘勇。因此，让江西巡抚或别的武员去带兵，就让他留家尽孝好了 [1]。

咸丰见到曾国藩直接伸手向他要权，考虑再三，最后认为太平军的衰势已见，不一定非要曾国藩才能打赢太平军；让他又有军权，又有督抚实权也太危险。遂顺水推舟，批准让他在籍守制三年。

曾国藩真接到这样的谕旨，心里恼怒不已。所谓"飞鸟尽，良弓藏"，现在飞鸟还在天上飞，咸丰就真的不要他这副弓了，皇帝对他寡恩竟至于此！

因此，他怒火满胸。有了怒火必然要发泄，他就数着江西的文武痛骂，骂够了就寻家中的人骂。当弟弟们遵照旨意纷纷返回战场后，他就骂弟媳妇，什么话都骂得出来，语言粗俗，弟媳们只好躲着他。两个月内儿媳和弟媳一个难产死了，一个又临产请来神汉做道场。曾国藩又借故恶声痛骂，骂和尚

---

[1] 《沥陈办事艰难仍恳终制折》，《曾文正公奏折》，第 9 卷，第 76 页。

装神弄鬼，骂得神汉抱头鼠窜。

他骂别人，别人也骂他。

骂得最凶的是左宗棠，他从家里骂到抚衙，拍案痛骂，谁也劝不住。骂曾国藩是假道学，临阵脱逃，自私无能。骂他伸手向皇帝要权，没要到就躲在家里不再做事。左宗棠这么公开骂，长沙的大小官员也都跟着骂。曾国藩知道后心里更加恼火，于是他也在家大骂左宗棠，认为这个左"骡子"不懂事，我曾国藩受这些委屈，你难道不知道？你有什么理由骂我？

曾国藩恼怒，恼怒得饭难下咽，夜不成寐，从此得"不寐之疾"[①]。

久旱的湘中像一座大火炉。午夜了仍有令人心烦的蝉噪，蝈蝈也无休止地叫着，都像有意跟彻夜难眠的曾国藩过不去。

恼怒、不眠，让曾国藩不知如何是好。

于是，他挑灯苦读《左传》《史记》《汉书》《资治通鉴》。由于毫无目的，他一点也读不进去。

痛苦的曾国藩想要遁入空门。由此，他又寻来《道德经》《南华经》等书阅读。这些书以前他曾读过，但由于不信根本没读进去。但是，在他极度痛苦时重读，居然猛地觉醒！同样为人处世，孔孟主张直率、诚实，而申韩（申不害、韩非）则主张以强碰强、以硬对硬，老庄则主张以柔克刚、以弱胜强。"天下之至柔，驰骋天下之至坚"，"江河所以为百谷之王者，以其善下"。下反而是王，弱反而成强，至柔则是至刚。曾国藩把老庄的言论对比自己过去的行事，他过去处处直截了当，用的是儒家的至诚和法家的强硬，表面上痛快干脆，似乎是强者，结果处处碰壁，实质上失败，成了弱者。到头来弄得上下左右都是敌人，前前后后都是障碍。过去虽知道"天方无隅""大象无形""大巧若拙"，但却一直不懂，所以自己行事恰好是有隅有方，似巧实拙。真正的大方、大象、大巧是无形无象、鬼斧神凿的。"大柔

---

① 李鼎芳:《曾国藩及其幕府人物》，交通书局 1947 年版，第 38 页。

非柔，至刚无刚"，太妙了！读至这里、想到这里，曾国藩如同从黑夜里一下子走上了光明世界，豁然开朗。

自此之后，曾国藩行动做事，由前时的方正，变为后来的圆通。他自己承认，"昔年自负本领甚大，可屈可伸，可行可藏，又每见人家不是。自从丁巳、戊午①大悔大悟之后，乃知自己全无本领，凡事都见得人家几分是处，故自戊午至今九年，与四十岁前迥不相同"②，他把家居的两年，自称为"大悔大悟"之年。

曾国藩的变化使他的朋友都有所感觉，胡林翼说他"无复刚方之气"③。此前，他对官场习气极为反感，而此后则"改弦易辙，稍觉相安"。④

曾国藩家居一年多，战争形势发生巨大变化。太平军因天京内讧和石达开出走，湘军乘机控制了两湖、江西的大部分地区，久攻不下的九江城也失于湘军之手。由于湘军作战有功，将领们一个个加官晋爵，胡林翼加太子少保，杨载福官拜提督，李续宾也官至巡抚。

但是，石达开率二十万精锐之师，在出走过程中，连连攻占浙江重镇，胡林翼则上奏咸丰，请求起复曾国藩进援浙江，骆秉章也上奏请求。咸丰见形势又紧张起来，于咸丰八年五月二十一日（1858年7月1日）下发谕令，要求曾国藩立即结束守制，率湘军援浙。

曾国藩于六月三日（7月13日）接旨，再不提任何条件，于六月七日（7月17日）便离开荷叶塘，赶赴战场。

离开荷叶塘的第一站是湖南长沙，他要去见骆秉章和左宗棠及湖南文武诸官，他一定要处理好湘军与地方的关系。

曾国藩心中有数，这次去长沙，关键是要与左宗棠搞好关系，这次回乡

---

① 指咸丰七年、八年（1857年、1858年）。
② 《曾文正公家书》同治六年正月初二日。
③ 《曾文正书札》，第10卷，第17页。
④ 《曾文正家书》，咸丰八年十二月十三日。

他算是深深得罪了左宗棠，就连父亲去世，左宗棠都未去吊唁。

此刻，47 岁的左宗棠还是以举人身份在巡抚衙襄理诸务，但他的名声却远超巡抚骆秉章。远在三年前，他在老家自办团练，御史史宗稷向皇帝推荐人才，第一个被荐的便是他。咸丰打听了他的情况，便记下了他的大名。后来咸丰接见郭嵩焘，特意询问左宗棠，郭又把他的情况详细作了奏对。听说左宗棠常以未中进士自憾时，咸丰让郭嵩焘传话："不必非要以文章功名建功，而要在国家用人之际立业。"一个举人能得到皇帝这般垂询关注，在三湘两湖，谁人还能不知左宗棠的大名。

好在骆秉章十分平和（或曰平庸），换个心眼小的巡抚，左宗棠是会倒大霉的。

这不，骆秉章听说曾大帅要来巡抚衙门，便让人传话，让曾大帅先去见左师爷。无怪当时传说，湖南只知有左宗棠，不知有骆秉章呢。

曾国藩在城南书院暂住，他去见这个湖南"骡子"前，刻意想了相见的细节。

听门人报告，曾国藩造访，左宗棠虽在意料之中，但仍然怠答不理的，先是令人关禁衙门，传说："今日不见客！"

一会儿，门人又报："曾侍郎徒步而行，已离衙门不远了！"

左宗棠表示疑惑，问门人："穿的是官服，还是便衣？"

门人说："一件灰褂子，没穿官服，就一个人，没有随从。"

左宗棠还是沉吟片时，才令人开门接客。

一见面，曾国藩便主动打招呼，那种笑容、声调，像多年前一样亲切，当时心怀敌意的左宗棠也丝毫看不出曾国藩的虚情假意来，完全是自然、真实的。

左宗棠先是疑虑，细细打量一番，心里不免产生些悔意。

寒暄、入座、献茶，左宗棠一直不知从何说起。他那般痛骂曾国藩，其父过世一年多也不登门吊孝，看着眼前这位仍穿孝服的老朋友，左宗棠心里升起歉疚、怜爱之情，结结巴巴地说："涤生，伯父过世，我也没到老人家灵前磕个头，我对不住老人家呀！"

说着，两眼发涩，鼻子一酸，流下了两行热泪。

左宗棠还要说些对不起他本人的话，而被曾国藩打断："季高，我们二十多年的交情，情同亲骨肉，这几年你在极为艰难的条件下，为湘勇筹措三百万两饷银，没有你的支持，湘勇维持不到今日！别的话都不用再提了。"

左宗棠见曾国藩真挚、诚恳，也就不再提过去的不痛快。便直言："涤生你家居年余，战场形势已大变。润芝、雪琴他们连克长江两岸诸城，多用的是我的主意。你可知你的用兵之病在哪里吗？"

左宗棠直来直去，不懂客套的性子立即显露。

"我的失败，在于用兵平庸，或者说不会用兵，这你是深知的。"

"的确，你打仗和你为人一样"，左宗棠摇着大蒲扇接着说，"为人要稳重实在，可打仗就不能实在了，讲的正好是诡计多端，兵者阴事也。"

"不错，不错！说实在的，我带湘勇是不够格的，季高你才是真正的统帅之才啊！"

"可是，你却是皇帝钦命的湘勇统帅，谁也取代不了。今后我可以自领一军，作你的辅翼。"未待曾国藩回答，左宗棠继续说："听说这年余你天天不离《道德经》《南华经》，我奉劝老兄，这可不是带兵之人的经典。当今天下，群雄蜂起，正要靠刚强果决手段，速平祸乱。老庄柔退只能误事，是极不负责的逃避，望老兄赶快收手！"

曾国藩听到这激昂的陈词也为之激动，为之赞许。然而，今天的曾国藩思想境界升华，即使不同意左宗棠他也不再辩解了，他嘴里称赞，不住点头。

左宗棠很得意，站了起来昂起头说："涤生，我送你一副联语吧。"说罢走到桌边，铺纸挥笔便写，曾国藩看了联语：

> 集众思，广忠益。
>
> 宽小过，总大纲。

曾国藩知道这是诸葛亮的话，高兴地说："很好，很好！你落个款吧！"

左宗棠便又提笔写道："涤生兄奉命复出，余书古亮之言贻之。今亮咸丰八年六月。"原来左宗棠自比诸葛孔明，以孔明为"古亮"，自诩为"今亮"，这是湖南官场士林无人不知的。

曾国藩又遍访了长沙各衙门，连小小的善化县衙他也亲自造访。这让官场人人感到曾国藩像换了个人，都表示全力支持湘勇，消灭"长毛"。经过一番拜访、联络，赢得了湖南省大小官员的好评，他们表示要勇给勇、要饷给饷。

二十二

武昌城里，曾胡议定军事计划

　　此次出师，曾国藩帐下的几个幕僚多数不在了。郭嵩焘去了京师，刘蓉也值母丧在家守制，陈士杰这两年也回到家乡办团练，自建一军，号称"广武军"，不想随行。曾国藩便让王鑫的同族叔叔王人瑞管理营务，李翰章总理转运局，邹寿璋管理银钱所，郭嵩焘的二弟郭崑焘管理文案，江西举人许振祎管理书启，彭寿颐、杨国栋现在江西，由他俩管理军械。

　　离开长沙，曾国藩坐在指挥船上，想到郭嵩焘、刘蓉追随自己多年，却未升一职，而要保举他们也不可能了，唯有一个补救的办法是结儿女亲家。这种想法如在家居之前，也许会感到不耻，如今想来却很正常。

　　想至此，他拿出三张红纸，为儿子曾纪泽、四女曾纪纯写了庚帖。又拿出两个信封，将庚帖分别装在信封里，封皮写上郭嵩焘和刘蓉，将女儿曾纪纯许给郭嵩焘之子郭刚基；曾纪泽原配贺民死去多时，再娶刘蓉之女。给曾纪纯写的是两张庚帖，一张落款是生父曾国藩，一张落款继父曾国葆。此因曾国葆结婚多年未有子女，后由父亲作主，把曾国藩四女曾纪纯、小女曾纪芬和曾国潢之子曾纪渠出继给曾国葆为子女。

　　由于两湖地区已被湘军控制，因此行军顺畅，没有仗打，几日便到了武昌。作了一番官场应酬后，他便一头扎进巡抚衙门，与胡林翼谈了三天三夜，其主要内容是汲取以前的教训，为将来的进军，议定可行的计划。

　　曾国藩和胡林翼同时认为，此次出师虽奉旨援浙江，但却不可将重兵运到浙江，原因是石达开是一支游动军队，湘军到了浙江石达开必定会南走福建，西去云贵、四川，湘军一去便会被牵着走，那可太被动了。因此，决定让张运兰、萧启江两部人马入浙。

原来，去年八月，王鑫在江西乐平战死，他的部队老湘营便由张运兰统带。张运兰，字凯章，湘乡人。他一直随王鑫作战，因功授知府衔，并赏戴孔雀翎。

萧启江，字浚川，湘乡人。原是罗泽南的部下，其统领者为"果"字营。罗泽南死后，留在曾国藩大营，后荐他去吉字营，因母丧回湖南。他患耳病重听，人们喊他萧聋子。他作战极为勇敢，其军纪严明，为人称道。

此次入浙，曾、胡决定让张运兰率老湘营五千、萧启江率果字营四千前往。

为配合张、萧二军，并防石达开西窜江西，派李元度驻守江西玉山、广丰一带。现在李元度的平江勇正驻守饶州，离浙江最近，免得行军长途跋涉。平江勇号称五千，实数四千多一点。

派出这两支陆师，其余由武昌沿长江向东推进，进兵安徽。除曾国荃吉字营攻打未下的吉安之外，陆师由李续宾统领、曾国华为副，鲍超霆军为援军，彭玉麟水师控制长江，最后的落足点是安庆。自古长江作战，便是先武昌、再安庆、后金陵。如今武昌已被牢牢占定，下一部便是攻占安庆、控制安徽、进逼金陵。

关于军饷问题，胡林翼答应在湖北全力筹措，曾国藩打算去江西找巡抚耆龄，主要是协调关系，求他协助军饷。

进军安徽的路线：由鄂皖交界的大同镇入皖，翻越独山，打下太湖，进岳潜山、桐城、庐江，从东北包抄安庆。霆军暂驻浮梁，拖住徽州、池州的太平军，待李续宾、曾国华兵围安庆，再从南面渡江支援。

兵力不足就尽力争取绿营的援助。

"兵饷不足怎么办？"

曾、胡二人议论许久，最后又回到了兵饷问题，大兵若真的没了饷，那是不可思议的。

胡林翼望着曾国藩，无可奈何地说："要不，允部队进下一城一地，把长毛聚敛的浮财拿出分一部分？"

这话若在居家之前，曾国藩无论如何也不会同意，胡林翼也不会向他提出。曾国藩以卫道自诩，如果让手下分长毛的财产，就意味着让当兵的抢劫，由抢劫敌人的财物，就会发展到抢百姓的财物。自古一支好部队首先是军纪严明，对百姓秋毫不犯，怎能容忍部队抢劫。

但是，此时的军饷仍然十分困难，不出此招，真也别无办法。

曾国藩没有回答，表示默认。

胡林翼见到老友表示出苦痛的情感，又解释："向营官讲明，绝不许抢劫百姓，有犯者军法不容。"

其实，按曾国藩的本意，他绝不同意湘军有毫发违纪行为，他曾亲手编写《爱民歌》，要求湘勇都会唱。这首歌词很长，当时只能是教育战士的顺口溜，不可能全部唱下来。歌词共计五百六十字，摘抄如下：

> 三军个个仔细听，行军先要爱百姓。
> 第一扎营不贪懒，莫走人家取门板。
> 莫拆民房搬砖石，莫端禾苗坏田产。
> 莫打民间鸭和鸡，莫借民间锅和碗。
> 莫派民夫来挖壕，莫到民家去打馆。
> 筑墙莫拦街前路，砍柴莫砍坟上树。
> 挑水莫挑有鱼塘，凡事都要让一步。
> 无钱莫扯道边菜，无钱莫吃便宜茶。
> 更有一句紧要书，切莫掳人当长夫。
> 一人被掳挑担去，一家嚎哭不安居。
> 军士与民共一家，千记不可欺负他。

日日熟唱爱民歌，天和地和人又和。

只是军饷问题迫得湘军军纪不佳，湘军嫡系，尤其是曾国荃、鲍超部，每打下一城、攻占一地，便大肆抢劫，直到攻克南京也趁火打劫，让湘军迅速腐败，是曾国藩解散这支军队的一个原因。

曾国藩在长沙逗留十余天，经与骆秉章、左宗棠商量，张运兰率老湘营5000人马、萧启江果字营四千人马、吴国佐率1500人马，由长沙备足军饷，就地出发，向浙江开进。

曾、胡二人计划之后，便沿江东下，到黄州府下游五十里的巴河，这里驻扎着彭玉麟的数营水师，杨载福、李续宾、鲍超、李元度、杨国栋、彭寿颐、曾国华等湘军大将也从江西各处赶到巴河会师。

在彭玉麟的座船上，曾国藩与这些阔别一年多的部下见了面，把与胡林翼商定的计划向湘军大将吩述，并征求他们的意见。

曾国藩说："我们的最终目的是攻克金陵，军事重心绝不能离开长江两岸，力气要由西向东使。石达开的南窜，我们不能让他牵着鼻子走。目前浙江的军事，只能派部分兵力，配合地方绿营监视，不能轻易言战。所以，下一步的作战方案是：曾国荃的吉字营仍然围攻吉安，李续宾、曾国华、鲍超等营进入安徽战场，落足点是安庆"。

曾国藩继续说，援浙部队已由长沙出发，再派李元度率军在江西、浙江之间作后援。

李元度当即提出军饷的供应，说官兵缺饷已经多时了。曾国藩只能答应他，待胡林翼借来银子，拨给他四万一千两，每人千两。

鲍超也提出军饷问题。

曾国藩看着鲍超，一脸的严肃，说："胡中丞也会按平江勇一样发给霆军。不过，听说你的勇丁近来白日四处抢劫，是也不是？"

鲍超直言："断饷日子久了，弟兄们是做出了越轨之事。"

"实在无饷了，你们把攻下县城缴获长毛的财产分一部分，但绝不能抢掠百姓，这是自掘墓地，你可知道？"

"知道！"鲍超爽快地回答。有大帅这句话就够了，但是从前曾大人可从来没开过这样的口子。

曾国藩对鲍超的回答，诸将都听在耳朵里，也认为曾国藩的态度变化太大。但转念一想，如今要打大仗，国家仍发不出军饷，怕也只有这个办法了。

计议已定，诸军依计而行。李续宾拨出所部朱品隆、唐义训的一千余人任曾国藩的亲兵护卫营。曾国藩命部队到江西河口集结，他自己则去了南昌，拜会巡抚耆龄。耆龄深知曾国藩再度出山的来头，再不像陈启迈、文俊那样为难他，主动答应为湘军供饷供械。

咸丰八年八月（1858年9月），曾国藩再命部队到江西广信府的铅山集结。这时，石达开已由浙江南走福建，曾国藩则率部在江西、福建之间的弋阳、双港、金溪等地驻守。9月，又移兵江西建昌，准备由云际关入福建。此时，刘长佑军已驻新城，曾国藩即命张运兰、萧启江由广昌、杉关入闽，而他的大营一直驻在建昌，再未移动。

曾国藩与胡林翼的分析完全正确，石达开分裂太平军的行为愈加不得人心，所率部队也逐渐离心离德，纷纷离他而去。他自己也不知以后作何行动，只是率残部在东西数省游走，后来发生部将朱衣点、彭大顺等率二十万大军与之决裂"万里回朝"，余下的数万人马已无所作为，最终走向了灭亡。

曾胡二人的军事战略只是监视石达开的行动，而把眼光和兵力放在安徽方面，打算由西向东推进，一年之内全歼太平军，攻克金陵。不料，迅速发展的形势，再次打破了他们的美梦。

二十三

曾国华孟浪用兵，七千湘勇命丧三河

当曾国藩、胡林翼部署攻皖战略计划之时，太平军也在调整天京变乱、石达开出走之后的政治与军事关系。

天京变乱之后，洪秀全曾一度清醒，决心进行一番部署，扭转危局。他罢免了不得人心的两个哥哥的职务，任命年轻将领李秀成、陈玉成、李世贤、韦俊为前、后、左、右军主将，启用林绍璋、蒙得恩一起管理朝政。虽然这些文武官员远不如杨秀清、石达开等前期领导人，但对稳定上层的混乱和对湘军及绿营的斗抗，创造了一个好的起点。

咸丰八年六月（1858 年 7 月）李秀成、陈玉成在安徽的枞阳召集各路将领，研究共解天京之困的对策。

会后，陈、李各部联合作战，大败清军江北大营德兴阿、胜保，歼敌五千；随后进军浦口，歼敌万余，打破了清军对天京北面的包围。接着又横扫江北的清军，连克扬州、六合，在江浦一带建立天浦省，成为天京的畿辅重地。

前文已述，李续宾、曾国华主力按曾国藩的部署进入安徽，利用李秀成、陈玉成在苏北作战之时，连克皖南太湖、潜山、桐城、舒城，进逼安徽的临时省会庐州。

连下四城后，李续宜提出按曾国藩的计划，在此休整，等待鲍超的霆军到来，向南合围安庆。

但曾国华却不同意，他认为用兵之道在于乘胜而上，不一定按原计划行事。他要乘着连克四城的兵锋，北进庐州，攻而夺之。他说："庐州地处皖中，城大富饶，是发逆的老巢。且庐州是皖省的临时省垣，收复庐州，皖省全局为我掌控，何必南下安庆？"

李续宾不善言辞，但他只强调"涤师巴河舟中再三强调先围安庆，再说春霆的后援未到，还是南下为宜。"

曾国华听罢大笑："兵机瞬，息万变，大哥也未指示不能打庐州，我军距安庆二百五十多里，离庐州仅百余里。近攻庐州，一鼓而下，其功之大，不待而言！"

李续宾说："据报，陈玉成、李秀成正在江北，若庐州有警，必然前来增援，我军势单力薄，不一定能胜利。"

曾国华仍轻松一笑："陈、李二逆正与德兴阿大战，有德兴阿扯住陈、李二逆，我们正可以乘机打庐州。让满人去卖命，我们不是摘现成的果子吗？"

曾国华是曾国藩的胞弟，一向又被曾国藩器重，李续宾不便再坚持己见。便下令七千军队全师北进，全速攻往庐州。

傍晚，湘军驻扎金牛镇。探马来报：前方四十里是三河镇，筑有九座石垒，镇上粮草堆积如山，并无大军把守。

曾国华听后大喜："这是天赐良机，先行打下三河镇，我们的粮草就不愁了！"

二人正在议论，忽一人闯入帐内，高喊："大帅，前进不得，请速退兵！"

曾国华看去，是一个年轻的读书人，顿时怒喝："你不经通报，径自闯入，你是干啥的！"

来人毫无惧色，不顾曾国华的吆喝，继续说："小生特来相告，陈玉成、李秀成已大败德兴阿，江北大营不复存在。目前，陈、李诸军已向这里进发，不日可达！"

李续宾闻听此言，忙请相坐，让亲兵献茶："请问尊姓大名，何知江北军情消息？"

"小生赵烈文，字惠甫，江苏阳湖人。昨天在全椒县城亲见长毛先头部队，亲耳听见他们说大军随后便到。才冒死前来向大帅报告的。"

曾国华对来人所说军情并未放在心上，只是说："此处离三河镇只有四十里，长毛又未有大军防守，我们一鼓而下，等陈、李二逆到来，三河已为我们所有了！"

赵烈文摇头："三河镇虽小，但攻打可是不易！它前有马栅、界河相阻，后是巢湖，左右两侧是山岭。要进攻只有金牛镇向前的一条路，而金牛镇是个葫芦口，攻进三河便是个大葫芦，易守难攻，若长毛从后面攻来，不堪设想啊！"

李续宾听罢正在思考时，曾国华则说："赵先生，我军攻打三河，进兵庐州，乃既定目标，岂可轻易放弃，你请回吧！"

赵烈文又看着李续宾，李续宾见曾国华已下了逐客令，一时无从说话。赵烈文也只好摇着头讪讪告退。

"一名书生也妄谈军机！"曾国华说："管它是葫芦还是瓢，明日一早，我打头阵！"

第二天一大早，李、曾二人率湘军七千人马，迅猛开进三河镇。一阵猛打，镇外的九座石垒全被攻破，守垒的太平军转入三河镇。曾国华自以为长毛不堪一击，轻敌之心更加一层。

攻下石垒后，大军临近护城河。护城河是马栅河的自然水道，经太平军加修，与巢湖相连，河面十余丈宽，深两丈有余。

李续宾、曾国华所带的湘勇是湘军的精锐，再加上连战连胜，面对坚垒深壕也毫不畏惧，随着进攻令下，便纷纷跃入城壕水中。湘湖子弟，自幼长在水边，无一水鸭子，他们一个个背插刀枪，在初冬冰凉的水中奋勇前进。然而，未等他们游到对岸，前头岸上射来排排枪弹，一具具尸体漂起，一团团血水冒出，那道护城河成了湘勇的鬼门关。

湘勇们虽死了不少，但一点也未动摇他们前进和胜利的信心。白天进攻，晚上吃喝，先时连克四城，有充足的战利品供他们享受。当兵的就是这样，只要吃喝不缺，说不上何时一刀一枪毙命，也就管不到那许多了。

接连三天都是如此，湘军攻不下护城河，但部队的斗志似乎一点也未减。

曾国华想得很少，白天督军进攻，晚上吃得美，睡得香。他认为，一条护城河，早晚攻下来就是。说什么长毛陈、李大军，三天了，不是连个影子也没有吗？

李续宾可不是这么舒服了。接连三天过不去护城河，他深信赵烈文所说非虚。这三天的时间，陈、李二部太平军怕是就要赶过来了。一旦他们来到，前有护城河，后有大兵袭来，其结果可就难说了。

李续兵想的一点也不错。陈玉成一闻湘军进攻三河镇，那是太平军的屯粮之所，攻陷三河，庐州难保，皖中是他的根据地，不能让湘军踏破。于是，他急忙从六合、江浦率兵回援三河镇。同时飞报金陵，让洪秀全下令李秀成随后赶来，共同对付湘军的进攻。

陈玉成率军很快赶到三河镇右侧的白石山，分兵一支据守左侧的金牛镇，另一支切断湘军的后退之路，并阻击湘军舒城方面的援军。陈玉成率来的是太平军精锐七万人马，完全可以全歼李、曾那七千湘军了。

不久，受命援皖的李秀成，也率五万精兵全速前进，来与陈玉成会师。三河镇守将吴定规、庐州守将吴如孝，都是太平军中敢打敢拼的将领，吴如孝闻陈、李大军前来，他也从庐州率军从北面堵击湘军。

李、曾七千湘军已被合围。

李续宾闻太平军大军云集，才知道犯了悬军突进的大忌。于是，一面下令就地修筑堡垒，准备迎敌，一面派快马向湖北求救兵，请调罗田、黄梅的绿营就近援助。然而，此时胡林翼因母丧回籍，不在武昌。湖广总督官文见死不救，还散布言论：李续宾、曾国华都是湘勇名将，多少城池都打下来了，一个小小三河镇还用得着别人相助！于是，一兵一卒也不派。

按曾国藩巴河的计划，湘军各部都还未到位置，想救也赶不上了。

李续宾、曾国华既攻不下三河镇，也无意冲出太平军的包围圈，只是默默地等待一场厮杀，等待着死亡的到来。

咸丰八年十月初十（1858年11月15日）清晨，初冬的大雾笼罩着三河镇，对面不见人影。陈玉成、李秀成开始向湘军发动进攻。陈玉成的七万人马从金牛镇大道向湘军大营发动凌厉的进攻，李秀成的五万人马由白石山侧翼包抄湘军，三河镇吴定规率一万人马踏过护城河由对面杀过来，吴如孝也会合捻军一万多人马杀奔前来。四路人马十四万多人，从四个方向把湘军包围斩杀，浓雾之中，枪炮、喊杀之声振荡四野。

李续宾听着四面惊涛般的喊杀声，知道难逃全军覆灭之下场，起初还指挥亲兵督战杀了一阵，然而大营四周黑雾茫茫，杀出去的湘勇再不见回，他只得龟缩在营垒中听天由命。

被团团包围的湘军凭借营垒顽强抵抗，战斗进行了一整天，傍晚时分枪声逐渐稀疏了，寒风萧萧，硝烟滚滚。大获全胜的太平军在打扫战场，在寻找李续宾等大将的尸身。最终，在一株歪脖子树杈下，发现了李续宾冰冷的尸体。七千湘军，除极少数落荒逃散者外，全部被歼。

李续宾、曾国华全军覆没，对曾国藩、胡林翼是个沉重打击。李续宾是当时湘军中第一员大将，多年追随曾国藩，是曾氏的心腹，曾国华也是大哥看重的人物，被歼的七千人马是湘军的骨干和班底，其中被皇帝加封的官员就有四百余人之多。丁忧在籍的胡林翼闻此消息"大恸仆地，呕血不得起"，醒后哭着说："三河溃败之后，元气尽伤。四年纠合之精锐，覆于一旦。而且敢战之才，明达足智之士，亦凋伤殆尽。"[①]

---

① 胡林翼：《胡文忠公遗集》，同治六年版，第61卷，第17页。

曾国藩当时在江西建昌，当他听此消息，也昏晕过去。他认为三河镇的兵败，同当年湖口、九江的兵败一样，而李续宾、曾国华的被难，众多文武官员和七千湘勇的被歼，较湖口兵败的损失可大得多了。

建昌大营闻讯上下一片哀泣之声，各营各哨处处烧纸烧香，招魂祭鬼，因为三河阵亡者与湘军老营的关系太密切了。至于湘乡一带闻讯后就几乎"处处招魂"了。

三河战后，陈玉成分兵挺进桐城，击败湘军守将赵克彰，夺占该城。然后率军南下，迫使江宁将军都兴阿撤安庆之围，败退宿松。李秀成也率部进攻庐江、界河、潜山、太湖，连战皆捷。

曾、胡二人见安徽局势危迫，决定回援安徽。胡林翼草草结束守丧，立即赶往武昌，集结部队。曾国藩打算去南昌乘船，往湖口进入皖南。刚要出发，江西巡抚告急，说太平军杨辅清部由福建奔袭景德镇，请求湘军回援。

曾国藩只得暂留建昌，调兵援救景德镇。张运兰、萧启江等被派去景德镇，曾国荃也从吉安前往助攻。杨辅清因被困日久，军粮断绝，乃弃景德镇去皖南，湘军遂占景德镇。至此，曾国藩结束了江西军务，开始安徽方面的作战。

二十四

李鸿章献统筹全局之策

正当曾国藩收拾行装准备入皖时，忽接咸丰的谕旨，令他立即率军入川。原来石达开在福建、江西、湖南一带转来转去，军队的斗志逐渐消亡，连湖南的一个小小宝庆，攻打多时都毫无进展，他决定率兵入川，到大西南去，或者能造成当年蜀国的三足鼎立也未可知。

咸丰帝毫无成算，哪里起火就令湘军去哪里救火，石达开入川，就令曾国藩入川。

但是，令曾国藩入川，也有胡林翼的意思，或说是胡林翼上奏咸丰让曾国藩入川的。

胡林翼让曾国藩入川，却有他对曾国藩的私念：第一，可以乘机得到四川总督的高位，这倒是可能的。只要由胡林翼、骆秉章等联合上奏，吓唬吓唬咸丰帝，夸大其词地声言石达开欲得四川之地，造成与清廷鼎立的局面，等他成了气候可就不好弄了。乘其立足未稳，让曾国藩入川讨伐，而令曾入川，远离两湖根据地，必须给他在四川的军政权，不然去了就不好做事了。这样，咸丰会给他个川督做的。

第二，湘军在两湖和江西作战，军饷一直困难。即使他二度出山，两湖和江西不再为难他了，但这些地方连年用兵，就是想供他军饷，也的确困难了。而入川后，那里本来富足些，这些年战争较三江两湖少，而且四川的井盐税收十分丰富，靠川盐厘金为饷，湘军的供应也就解决了，省得连年被军饷整得团团转。

胡林翼向曾国藩暗通了这个款曲，曾国藩也真的动了心，把入皖的打算放到了四川上。

恰在此时，李鸿章来到了建昌军营。

李鸿章是曾国藩的入门弟子。当曾国藩在京为翰林院侍读学士时，李鸿章应顺天府乡试去了京师，以年家子[①]进谒曾国藩。李鸿章取中了顺天府举人后，继续留在北京，准备参加道光二十五年（1845年）的恩科会试，便正式拜曾国藩为师，学习经书诗文，准备应试。这一年，曾国藩正好出任会试考官。曾国藩批阅了他的试卷，以"才可大用"[②]推荐了他的试卷，但是，这次李鸿章没被录取。

此后，李鸿章跟曾国藩的学习机会更多了，他每日跟着老师受业，一学就是两年。到道光二十七年，李鸿章再次应试，中了二甲进士，改为庶吉士入翰林院进修。从道光二十四年至咸丰二年曾国藩离京，这八九年时间，李鸿章都在曾国藩身边，他们的师生关系非一般可比，犹如旧时说的"门里徒"，在学习诗文经书方面则称入门弟子。

曾国藩的学生有很多，而真正收在门下的，却仅李鸿章一人，他们的关系就非同一般了。

曾国藩离京的第二年（1853年），李鸿章也随工部侍郎吕贤基回安徽合肥原籍举办团练，对抗北方的农民起义军捻军。年末，吕贤基被捻军打死，李鸿章改投安徽巡抚福济幕，多次参加镇压捻军和太平军的战斗，因功晋升按察使、记名道员等虚职官衔。但是，因安徽的起义军力量雄厚，李鸿章参加的大小战役基本都是失败的。他的第二个靠山福济因失败而被罢官，李鸿章父李文安也死在合肥军次，其家也被起义军抄没、焚毁，他在安徽没有了立足之地。正如他在感怀诗中所言："四年牛马走风尘，浩劫茫茫（通乘）此身"，"我是无家失群雁，谁能有屋稳栖乌。"

---

① 年家子：李鸿章父李文安是曾国藩的同年进士，李即称其年家子。

② 《曾文正公书札》，第3卷，第35页。

在他走投无路之时，哥哥李瀚章把他引荐给分别数年的老师曾国藩。李瀚章也是曾国藩的学生，道光二十九年拔贡朝考时，曾国藩也是他的阅卷大臣，成了他的座师。曾国藩回籍举办团练，李瀚章为之办粮草，他把老母亲接到曾国藩军营中，是曾氏的一个得力助手和幕中之僚。

按理说他和曾国藩的关系没人可比，可以直接投奔的。但他总认为应该打几个漂亮大仗，升个实职的大官，再来见老师。像那样，家破了，主子或死或罢，又是败兵之将，所以无颜见老师。这次他投奔老师，还是以探望老母的名义而来的。

曾国藩对李鸿章的到来，心里是乐意的，他多年前就认定这个弟子绝非凡夫俗子，早晚必成大器。但是，对他多年依靠别人，不来帮助自己，心里又不免气恼。

见面后，曾国藩毫不客气地奚落："既然安徽那边能发展，有高官好做，何必又来我这里？"十分困难的李鸿章当时没有介意老师的责怪，诚恳地诉说了苦衷，说自己东奔西走多少年，冷眼观察许久，东南半壁河山，真正兴邦济世，中流砥柱"实只恩师一人"。又说，父亲临终遗言，让他务必投奔恩师，以便为国出力，光宗耀祖。李鸿章真挚的叙说，让曾国藩很感动，留他在幕府"初掌书记，继司批稿奏稿"。

李鸿章的书记文案做得极为出色，曾国藩也甚为满意，赞扬说："少荃（李鸿章字）天资于公牍最相近，所以奏咨函批皆有大过人处。"[1] 但是，李鸿章的生活习气和平日作风，却与曾国藩格格不入。曾国藩率带湘军，军事生活严酷，天未亮做好一切战斗准备，洗漱、早餐都在天未亮搞好。有仗打行军作战，无仗打则进行军事训练。曾国藩处处以身作则，同士兵一起吃饭，饭桌上说古论今，谈笑风生，湘军战士都极爱与大帅一起吃饭，只有这时才

---

① 薛福成：《庸庵笔记》，商务印书馆铅印本，第 1 卷，第 9 页。

可看到这位严肃统帅的随和、自然的笑脸。①

可是，李鸿章虽随军多年，仍未改闲散文人的随随便便、睡懒觉等习气。只要不行军打仗，总是日上梢头才懒洋洋地起床，而湘勇们都早起操练完毕了。曾国藩观察他数日，决心治治他的老毛病。

一次，当火头军做好饭后，曾国藩令亲兵去敲李鸿章的门。李鸿章被惊醒，老大不高兴，埋怨亲兵多事，仍赖在床上不起。亲兵说："曾大人等你吃饭！"李鸿章回答："让大人先吃。"亲兵又说："曾大人说，你不到，湘勇全体不许吃饭！"李鸿章听此言才知问题严重，赶紧披衣，趔趔趄趄奔进饭厅。曾国藩见他这副模样，面色冷峻，一言不发。等吃罢饭才说："你投奔了我，就得遵守我的规矩，此处所尚，唯一诚字而已。"说完拂袖而去，弄得李鸿章呆坐在板凳上，不知如何是好。

经过这番不快，李鸿章认真揣摩老师所带的湘军，军纪肃整，与自己过去所在的安徽团练有云泥之别，才知道统帅的模范作用之大，从此也发愤改掉文人的积习，养成勤奋、规律的好习惯。李鸿章后来回忆，恩师待他深情而严厉，从道德规范，到生活习惯要求皆严，受益之深，终生不忘②。

不久，便发生了曾国藩欲带湘勇入川之事。李鸿章闻听推开老师的门："四川绝不能去！"曾国藩问其理由，李鸿章自投奔以来，第一次谈了关系到战略和前途的建设性策略。

他说，目今长毛的势力唯在苏南、皖中两地，而皖中之地更是他们的大后方，陈玉成、李秀成所以拼命争夺皖中，其中原因恩师应该是早已洞见了。现在，由于湘军的奋战，已把敌人逼到了这两块地方，将来的战斗方向也一定是对这两地的死命争夺，谁最终夺得这两地，谁就是最后的赢

①　吴永：《庚子西狩丛谈》，第4卷，第109页。

②　薛福成：《李傅相入曾文正公幕府》，《庸庵笔记》，第1卷，第12页。

家。四川是偏远之区，石达开是一支流寇，早晚会自消自灭。争夺皖中和苏南，最后克复金陵，是不可放弃的用兵大计。若把湘军带去四川，与流寇周旋，放弃了皖中和苏南，长毛必然会在此壮大发展，将来再回头争夺，将为时晚矣！现在恩师却放弃正确的方略，以恩师之才略，再不用学生多说了吧！

曾国藩听了这般透晰的说明，犹如醍醐灌顶，后背直出冷汗，不是这位弟子的提醒，差一点就走上特大的错误之路。他心说，果然没有看错这位学生，比他的哥哥可强多了，其兄在军中多年，也未见提出一个建设性意见来。此子真乃大将之才，前途未可预见啊！

曾国藩又反问："如今皇帝已谕令入川，如何可以违命？"

李鸿章不假思索："恩师可做出入川姿态，这是应命之举。而修书两湖督抚，揭示利害，他们会阻止恩师入川，不久皇帝也会下旨令恩师入皖的。"

于是，曾国藩赶紧令李鸿章拟稿，一面上奏，一面给湖广总督官文、湖北巡抚胡林翼、湖南巡抚骆秉章写信，分析湘军西去，两湖便失去可恃之师，长毛便会卷土重来。而石达开入川乃一股流寇，将无所作为。

果不出李鸿章所料，当两湖督抚接到信件之后，首先担心的是湘军西去，长毛将会打回湖广的危机。他们便同时给咸丰上奏，要求收回成命，留湘军在两湖，并待机争夺皖省，下金陵，全歼长毛。

曾国藩还按李鸿章之意，尽起湘军水陆人马，踏上入川之途。当湘军行至武昌附近的阳逻镇时，便接到咸丰令暂缓入川，驻扎湖广，与官文、胡林翼熟商进剿皖省之计的上谕。

曾国藩对李鸿章的策略、见解和料事深感佩服，认为这位弟子之才的确是"青出于蓝胜于蓝"了。事实上，曾国藩听从李鸿章之谋略，成为他一生军事生涯的重要转折。他留在湖北，受到胡林翼的大力支持，处处得手，事事顺利。他以后多次回忆李鸿章的这次献策，回忆咸丰九年留在湖北决策的至当，言此后得胡林翼相助"事事相顾，彼此一家，始得稍自展布。"①

曾国藩还回忆说，自咸丰九年得李鸿章相助，自此有彭玉麟的坚贞知遇、杨载福的朴直相帮、鲍超的勇猛敢拼、曾国荃的坚忍顽强，而又有李鸿章洞察全局和机巧应变，湘军人才可望而成了。

此时，曾国藩忽然想起了有人提起的赵烈文，便问李鸿章："少荃，你是庐州人，全椒离你不远，可知寓居在那里的阳湖秀才赵烈文？"

"恩师何以得知赵烈文？他是门生的好友。"

"前次迪庵和温甫误攻三河镇，此人曾到军营进谏，可惜他们不听，不然也不会有三河之败了。"

"赵烈文的确非凡，他无意于科举，注意国家大事，潜究兵法，熟知舆地，尤工于谋划，是个难得的军事人才！"

曾国藩说："人才难得，我一定要想办法见到赵烈文！"说着，便把赵烈文的各种长处记在日记里，还记下来是"少荃竭力推荐"。

---

① 《曾文正公书札》，第9卷，第5页。

二十五

太平军破江南大营，湘军幕传出叫好声

江南和江北大营都是清政府在天京城外建立的大营，都是太平天国在金陵建都后，于咸丰三年二三月间建立的。

前文提到的江北大营是钦差大臣琦善等于 1853 年 4 月率 18000 人在扬州设立。第二年年初，副都统德兴阿率军前来，共同在江北与太平军作战。1857 年 9 月，太平军攻破江北大营，打死万余人；再到 1859 年，德兴阿又被陈玉成、李秀成联合战败，德兴阿被革职。此后，江北大营不再置帅，军务全归江南大营统帅和春节制。

江南大营是 1853 年 3 月，由钦差大臣向荣在天京城东建立，4 月移扎孝陵卫，所部近两万人马。1855 年，张国樑等又在观音桥打败太平军置营。第二年，张国樑等战败，太平军进攻江南大营，向荣战败而死。不久，张国樑等又败太平军，钦差大臣和春等继建大营于小水关，逼攻天京，声势复振。1858 年，江北大营在雨花台、扬州、溧水与太平军大战，皆取胜。旋于南京的东、西、南宽掘长壕，坚筑高垒，绵亘百余里，包围了天京。

1860 年年初，李秀成等用"围魏救赵"之计，进军浙江，江南大营出重兵救援，李秀成见清军中计，遂还师进攻江南大营。此时，大军去了浙江，大营又缺少粮草，军心涣散，遂被攻破。张国樑败走丹阳，溺水死。和春逃往无锡，自杀于浒墅关。江南大营彻底溃灭。

其间，湘军战守又发生了许多重大事件和变化。

自咸丰九年秋曾胡议定进军皖中的军事大计后，湘军分三路入皖：杨载福、鲍超、德兴阿、多隆阿为第一路，直趋安庆而围之；曾国藩湘军大

营趋皖南的太湖、潜山、桐城，切断庐州与安庆的联系，阻止太平军援安庆；胡林翼取道英山、舒城、六安，阻止苏北的太平军西进攻击湘军的后路。

咸丰九年十月二十四日（1859 年 11 月 18 日），曾国藩从巴河东进，是湘军入皖的开始。

太平军也密切关注曾国藩大营的入皖，陈玉成不许湘军侵占他的根据地，于咸丰九年十二月率本部主力入皖，在太湖扎营七十余座，阻止湘军入皖。

双方在太湖展开激战。

太湖战役是湘军大营入皖的第一仗。这一仗是鲍超霆军孤军 6000 人马对陈玉成的 7 万人马，打得异常激烈。最终是鲍超以十分之一不到的兵力，打败了陈玉成，从此"霆军"的威名传遍诸军。

简单地说，此一仗多隆阿是总指挥。此人强悍、傲慢，根本不把湘军放在眼里。因此，湘军诸将也不愿听他的指挥。

但鲍超主动请战，他要试一试陈玉成这"四眼狗"（陈眼下有两疤）到底如何厉害。

6000 人马与 7 万人马作战，开始鲍超就被陈玉成团团包围，而多隆阿则坐山观虎斗，他要看看这支湘军如何灭亡。

然而，霆军在陈军的围困中，筑垒坚守，激烈的战斗日夜进行，双方死伤十分严重，霆军死伤过半，可是陈军就是攻不进霆军的坚垒。

一天夜里，鲍超趁陈军连日围攻疲惫，率残部摸进敌营，发起凌厉的攻势，竟杀得陈军东奔西逃。恰在此时，胡林翼派万余援军赶到，与霆军里应外合，一举击溃陈军。缴获陈军大批粮草和军备物资，陈玉成败走天京。湘军趁势夺占太湖，包围安庆。

由于鲍超二十余日的苦战，大败陈玉成大军，安庆从此被包围，实现了曾、胡初步的军事目标。

咸丰闻报，加封鲍超提督，并赏假养伤、省亲。待其假满，曾、胡让他率带万余人马，成了湘军中最能战的一支中坚。当时，霆军在国中已无人不知晓了。

当李秀成实施"围魏救赵"之计进攻杭州时，清政府就急令曾国藩缓攻安徽，东下救江、浙。由于李秀成进兵迅速，曾国藩未有动作，太平军已攻破江南大营，又连攻苏州、常州等地。咸丰再次下旨令湘军东进。但是，曾国藩硬是咬住安庆不放，竟不应命。

当时，曾国藩的大营设在安徽宿松。他收到驻军宁国的李元度的来信，信中报告了江南大营被太平军打破的情况，并说："江南大营瓦解，正是湘军的绝好转机。如今钦差大臣死了，两江总督何桂清临敌逃走，江南的大局，该是属于谁呢？"

其实，这几天大营中的幕僚们都在议论江南大营被打破后的朝局、时局和咸丰帝对东南战局的安排，以左宗棠的调子最响。

左宗棠为何在宿松大营？

原来不久前发生了左宗棠与湖南永州镇总兵樊燮的讼案①，湖广总督官文欲借此机会置左宗棠于死地，上奏皇帝言左是"劣幕"，罗织许多罪名。咸丰帝批示"就地正法"。值此凶险之时，曾、胡等湘军首领尽力相救。幸有郭嵩焘在朝廷上活动，又有内阁学士潘祖荫的神来之笔拜奏皇帝，才救了左宗棠。

讼案处理结果是樊燮被罢官，左宗棠却名声更大。尤其是潘祖荫奏章中"国家不可一日无湖南，湖南不可一日无左宗棠"之语，传遍朝野。

肃顺借着曾、胡、潘等人的奏疏，建议重用左宗棠。咸丰帝接受了肃顺的建议，下诏左宗棠以四品京堂候补，随曾国藩襄办军务。案件发生时，左宗棠曾经负气离开长沙，声言去京师参加会试，行至襄阳被曾、胡派人阻止其入京。案后，曾国藩去信邀请他来到宿松，成为曾国藩的正式幕宾。

---

① 全部经过见拙著《湖南骡子左宗棠》，团结出版社2010年版。

左宗棠虽被上下其手救了性命，但咸丰帝"就地正法"的批示让他耿耿于怀，让他一边为国家出力，同时又对清廷怀有二心。

如今江南大营被打破，他毫无忌讳地畅言。认为江南大营破灭，对湘军却是千载难逢的大好事。

曾国藩虽心中有数，但他毕竟是湘军统帅，若直言对湘军是好事，传了出去可是大忌；何况，以他的性格，也不会直说的。因此，他假意说："江南大营破灭，是我之将大不幸，敌之万幸。和师、张军门惨死，四五万弟兄身亡，何谈好事！"

左宗棠冷笑着说："两江总督何桂清欺骗皇帝，说江南大营是座铜墙铁壁，总有一天会把长毛头目困死其中。湘勇皆草莽，可有可无。因此，江南的财富尽着江南大营花销。将官们个个锦衣玉食，娼优歌舞；士兵们嫖赌成风，吸食鸦片，军营早已糜烂不堪。而何桂清不仅从中渔利，还欲依之做中兴名臣。江南大营的存在，让朝视之和我蝉翼为重，千钧为轻。现在江南大营覆灭，朝廷从此也会清醒过来。"

湘军幕僚们坐听左宗棠的讲述，个个拍手称快。

有人愤愤地说："我们在极为艰苦的时刻，拿皇帝的上谕，让何桂清帮点军饷，被他拒绝得丁点不给，原来都让江南大营糜费啦！"

还有人说："军机大臣彭蕴章是何桂清的靠山，何桂清经常向他说我们的坏话，彭蕴章便向皇帝进谗，我们被这些佞臣整得好苦！"

又有人说："听说江南大营失败之时，何桂清比谁逃得都快。跑到常州时，士绅们哭着拦轿请他留下指挥战斗，他竟命令亲兵开枪，打死乡绅，逃往苏州，苏州不留他，他又逃往上海。"

"真是丧尽天良！大清二百多年，真没有一个如此总督！"

"杀他十回，也不足以平民愤、谢天地！"

大家愤恨、怒骂、议论纷纷之后，左宗棠提出要回乡募勇，曾国藩问他打算招多少勇丁，左宗棠直言："先募一万，起名楚军。"

曾国藩说："叫楚军不宜，还是称勇，免得遭人非难。"

"就叫楚军！我要带兵出省作战，叫楚勇反而不顺当。"

曾国藩知道这个左骡子言大志大，不会受人约束，也就不便多说。

果不出左宗棠等人所料，由于江南大营的覆灭、两江总督何桂清逃走，咸丰帝见消灭太平军的依靠无望，只得授曾国藩两江总督、钦差大臣，督办江南军务，那是咸丰十年七月（1860 年 8 月）。

史书记载，曾国藩的身膺疆寄，也是清廷内部斗争的结果。因太平军横扫江南，清政府的统治风雨飘摇，八旗、绿营腐败而不堪对付太平军。肃顺为首的满洲统治集团对此尤为清醒，当时他任军机大臣、协办大学士、户部尚书，是满洲统治集团的中坚。他极力反对不用汉人掌控军政大权的祖训，多次向咸丰帝推荐曾国藩、胡林翼、左宗棠等人，依靠汉人镇压起义军。

据说，江南大营被攻破后，咸丰帝急得团团转，与肃顺商量选谁取代何桂清做两江总督。肃顺提出，满员无论如何不能再令充两江总督之任，咸丰说让胡林翼任其职。肃顺则说："胡林翼在湖北措注尽善，未可挪动。"咸丰帝说，可让曾国藩任湖北巡抚，顶替胡林翼，将胡林翼调去两江。肃顺说：六年前曾经让曾国藩做湖北巡抚，几天后又撤销了任命；如今再度任命，显得皇上恩德不重，不如直接以曾国藩为江督，曾、胡二人情感甚洽，二人合作，东南的事一定可以做好[1]。咸丰帝再无办法，只好同意了肃顺的请求。

肃顺的建议不仅见诸史书、笔记，据传，肃顺还曾写信给胡林翼，做胡的工作，让他不必为未任江督而介意，与曾国藩团结合作，共图大业。胡林翼又把此信转给曾国藩看，曾氏自然对肃顺非常感激。但曾国藩认为肃顺不

---

[1]　薛福成:《庸庵笔记》，第 1 卷，第 10 页。

该在上谕未发前给胡林翼写信，这不仅违反朝廷制度，泄露了皇朝绝密，也反映出他在拉山头。肃顺任用汉人是明智之举，但却拉拢汉官为依附，这实在非国家之福。所以，曾国藩知道肃顺在暗送秋波，却假装不见而未与他私下往还。

令曾国藩更加怨愤的是：六年前皇帝就授他湖北巡抚，以后此职换了多任，最终还是给了他的部属胡林翼。自己率湘军艰苦斗争六年之久，成为东南实在的砥柱，在四顾无人时，皇帝仍不愿放权给他，宁愿把六年前的拙技重演。皇帝也太不信任、不放心他曾国藩了！

咸丰之昏庸，既把两江总督的军政实权给了曾国藩，又让曾国藩心中愤恨，在有清一代的统治者中，也只有他和他的儿子同治帝能做得出这种蠢事来。

二十六
无能书生与有谋大将

既然做了两江总督，就得做封疆之事。江浙的战争一团糟，皇帝勒令他处理。曾国藩只得拟出援江、浙的军事计划，以符江督之职。给皇帝写好奏章后，曾国藩同李鸿章商量大营的驻地问题。

曾国藩看了地图，指着祁门向学生说："祁门地连赣、浙、苏三省，可以同时照顾，居中指挥，大营就安在此处吧！"

但是，李鸿章当即反对，说："祁门如在釜底，殆兵家之所谓绝地，恩师不可在此驻营！"[1]

曾国藩看的是地图，而李鸿章在安徽随军转战，对安徽的地形十分熟悉，因此提出了自己的反对意见。

祁门是皖南徽州府的一个小县城，周围群山环抱，只有一条大路贯通该县。县城东是休宁、徽州，南是江西的景德镇、浮梁山，是安徽、江西、浙江三省的交界之处。曾国藩见此地为三省交界处，营地四围都是大山屏蔽，正可作为大营，居中指挥。

而李鸿章却看到祁门周围环山，进退皆不方便。因此，坚持己见。师生议论许久不决。

此时，曾国藩摆出导师和江督的大架子，不再与学生商讨，命令留曾国荃一军围安庆。余下的鲍超一军，朱品隆、唐义训一军，杨琪魁、张运兰一军，约 15000 人马，随他渡江南下，进驻祁门。咸丰十年五月十四日

---

[1] 薛福成：《庸庵笔记》，第 1 卷，第 9 页。

（1860年7月3日）从宿松起营，先坐船到东流，再陆行至祁门，到达之日是六月初一（7月18日）。

一到祁门，曾国藩就后悔不该早把驻军此处的决定上报皇帝。这里果如李鸿章所言，是一块"绝地"：四围山势陡峭，与外界可通者唯一条路，而且人烟稀少，土地贫瘠，东西方向的进出之路若被堵死，这里是真正的釜底，自己便是釜底之鱼。

李鸿章随老师看了地形，再度进言："祁门确属兵家禁地，万不可驻，应该及早返回，驻军东流，依山傍江，攻守进退自如，万无一失。"

曾国藩明知李鸿章所说完全正确，但行军半个月刚到这里，又要返回东流，他这个统帅何以如此轻率？所以，只是沉吟不语。

李鸿章只以为是老师仍然下不了决心，便说："若长毛闻讯前来，只要千人便可把出路堵死，我们将束手就擒！"

曾国藩闻听此言恼羞成怒，厉声责问："你如此厌恶祁门，是不是害怕了？若胆怯，可各散去！"[1] 自此，李鸿章不再劝说，心里积了老大的疙瘩。他也的确害怕太平军来袭，祁门便陷于绝地，自己难逃活命。因此，开始考虑自己的出路。

再说太平军方面。李秀成利用"围魏救赵"之策，打破困守天京七八年的江南大营后，见湘军又围困安庆，便招来陈玉成等将领在天京开会，讨论对策。会上，李、陈等企图再用此计，兵分两路进攻武汉，迫湘军救援，从而破安庆之围。

会后，陈玉成由江北向武汉进军；李秀成从江南西进，会攻武汉。这个军事行动相当高明，当时湘军、湖北清军全集中于安庆一带，自黄州以上无湘军一兵一卒，武昌城仅官文的驻防营少许部队，皆是满洲老爷兵，毫无战

---

① 薛福成：《庸庵笔记》，第1卷，第12—13页。

斗力。陈、李联军若攻击武汉，便会轻易得手，而曾国藩围攻安庆的战略将失去意义。

曾国藩见太平军的战略厉害，不敢怠慢，赶紧分兵防守长江两岸的城池，堵截他们的西进。当即派湖南提督周天受守宁国、李元度守徽州、左宗棠守景德镇、吴坤修守九江、鲍超和张运兰守休宁。

诸守军中，曾国藩最不放心的是李元度。其原因是，李元度对曾国藩虽忠心不二，但他的军事能力很差，用人唯亲，放纵部队，战斗力很低。徽州离祁门大营最近，是守卫大营的最后一道关口，若徽州失守，祁门也就不保了。因此，在派遣之日，曾国藩再三告诫，若太平军攻城，只可固守，不可出城迎战，等待援军就可以了。

咸丰十年八月（1860年9月），太平军按计划派出大军西行攻武汉，此次计划称作第二次西征。南路先头部队杨辅清、李世贤、黄文金、刘官芳、古隆贤等，都是天京事变之后提拔起来的大将，个个都是太平天国后期（指天京事变之后的太平天国）的著名军事指挥官，他们的军队也都是当时的精锐。这几支部队飞兵入皖南，八月六日（9月20日），一举攻克宁国，打死湖南提督周天受。八月二十五日（10月9日），攻到徽州城下。攻打徽州的是李世贤，他是李秀成的堂弟，年仅28岁，作战英勇顽强，又有谋略，是个军事天才。此前，曾参加过攻破三河镇、江北和江南大营等重要战役，因功封为侍王。

李元度见太平军兵临城下，忘记了曾国藩"只固守，不出战"的嘱咐，轻易开城与李世贤大军决战（有的史书认为是开城逃走）。李元度的六千平江勇，自成军以来并未真正打过硬仗，其结果与太平军一触即溃，李元度跑得最快，未被太平军捉住，这六千湘军多不战而四散逃走了。

李元度逃到浙、赣边界处徘徊游荡，经久不归。过些天，他打听祁门已经安全了，便又悄悄返回大营。曾国藩正等着他前来检讨时，他却偷偷取走饷银，溜回了湖南。

曾国藩对李元度的行为自然再也无法忍受，但对他如何处置却犹豫不决。可是，李元度回到湖南后，又通过关系投到浙江巡抚王有龄的门下。

至此，曾国藩只好下决心具疏弹劾他了。曾国藩让李鸿章拟弹劾奏折，李鸿章表示不可弹劾自己的大将。曾国藩说，你以为我愿意这么做吗？李元度自编练湘勇时就跟着我，在那些艰苦的岁月，都不弃不离我，他是我的"辛苦久从之友"，"生死跟随之将"。可是，他丢了徽州城，不知自责，反而卷起饷银，叛我而去，投在别人的门下，我还能再容忍他？再不惩罚，以后的兵怎么带？

但是，李鸿章仍然坚持，还说："果必奏劾，门生不敢拟稿。"曾国藩也生气了："你不拟稿，我自己写！"李鸿章大声抗争："若此，则门生将告辞！"曾国藩用手一指门外，"听君之便！"①

曾国藩拟定奏稿，把李元度弹劾去辞。

李元度逃去浙江后，由王有龄保奏销了革职的处分，升任浙江按察使。并募勇8000人，名曰："安越军"，其军之名明白告诉曾国藩，彻底告别湘军、告别曾国藩，追随浙江王有龄。

曾国藩对李元度的背叛行为既痛心又气愤，发誓说："自己与李元度'公私并绝，无缘再合。'"②

不久，太平军攻浙江，王有龄不守，于1861年杭州粮尽自杀。李元度因此被多人参劾，革职、充军，受到了严惩。

曾国藩对李元度的叛逃，内心遭受的打击很大。他百思不解，李元度与他相知相交若干年，认为连郭嵩焘、刘蓉等知心朋友兼儿女亲家都未能与他共难始终，李元度却忠诚地守着自己。他常说李元度对自己有"三不忘"之情谊：靖港大败，李元度对他坚决护持，入则欢愉相对，出则雪涕鸣愤，这使他终生

---

① 薛福成：《庸庵笔记》，第1卷，第12页。

② 汪世荣编：《曾国藩未刊信稿》，第3页。

不忘；九江之败，李元度特立一军，专志保护湘军水师，护持湘军大营，此为第二个不能忘；樟树镇之败，曾国藩的大营中没有了军队，李元度艰苦支撑，直等到援军到来，才得到缓解，不然连自己的性命都难保，这是第三个不能忘。他经常想到李元度的深情厚谊，庄子说："生也有涯，知也无涯"[①]，李元度对自己的恩情是"无涯"的，是终生难忘的。他说，自己的朋友很多，而唯李元度、彭玉麟二人最为知己，交谊最深。但是，这个交谊最厚，使自己有"无涯之感"的朋友竟背他而去了，他如何不痛心疾首呢！人不能没有朋友，可是李元度这样的"无涯"朋友也会背叛，以后还怎么交朋友！

对李鸿章与自己的争吵还有告辞，曾国藩虽也恼怒，但心中是有数的。这个弟子的政治、军事才能，他早已洞见，将来他绝不在自己之下，也不愿屈居别人之下。他也早有打算，自己居两江总督之位，安徽方面的战事要全力去做，而江、浙方面自己难能顾及，打算让李鸿章去管。而如今这个弟子不愿给他拟稿弹劾李元度，是在同自己怄气，浅显的原因是，大营安在祁门，是绝对的错误，自己明知错了，只顾面子而不听他的忠告。这样，弄不好大营将会不保，大营的这点兵力将会丧尽，自己和李鸿章的性命亦将不保。

这完全错在自己。李鸿章不光没错，还再次显示出他的大将眼光，尤其是在大营尚在宿松，李鸿章就已洞见祁门是"死地"，这需要对皖南地形的熟悉和深远的军事谋略。当时，除李鸿章外，竟无一人看得出。如今，敌军已攻陷徽州，马上就要攻向祁门了，李鸿章要走，他绝不会阻拦，留着这个学生，与长毛对抗还是大有希望的。

曾国藩不再理李鸿章，就是迫他离开。

[①] 《庄子·内篇·养生主第三》。

二十七

李鸿章略施小计，便解了困厄

徽州失守，太平军便浩浩荡荡杀向祁门。此时祁门大营只有张运兰老湘营一军，人马不足三千。若是太平军大队来攻，祁门是一个死地，部队要作战也施展不开，将会束手而成为俘虏。

曾国藩只得让老湘营派出一队，防守在距老营十里外的羊栈岭。一面派快马飞报景德镇的左宗棠，让他把住通往祁门的南通道，这是祁门向外的唯一粮饷和书信通道；再派人向宁国方向奔走，去找鲍超，让他率霆军火速救祁门湘军大营。

此时，太平军兵分三路向祁门方向而来，好在他们并不知道湘军大营就在祁门，他们的军事目标是西攻武汉，解安庆之围，因此进攻祁门并无必取的决心。祁门只是一个小县城，山深林密，地贫粮少，毫无必取意义。

因此，从南面行进的太平军，遇到左宗棠的楚军，打了几仗。左宗棠保卫祁门大营心急，又是楚军初建，不会轻易放过太平军北去攻祁门的。因此，两军的志向不同，太平进攻几次失利，便不再进攻。

同样，从东面行进而来的太平军，遇到老湘营在羊栈岭的阻击。湘军凭借险要地形，又有誓死保卫湘军大营的决心，虽敌军十倍于己，但仍然攻打不下，仗打了三天，羊栈岭仍在老湘营之手。

但是，湘军老营里却极度恐慌，有人竟准备行装，打算偷偷溜走了。彭寿颐、杨国栋等人，也劝说曾国藩逃离祁门。但曾国藩如何能走，他一面照常批阅文件、读书、写字，一面向部属发出严令：有朝廷命官，敢不听军令离开祁门者，杀无赦。

恰在此时，忽然接到咸丰帝的加急命令，说英法联军逼近京城，严饬曾国藩迅即率兵驰援。

太不可想象了！

曾国藩接旨哭笑不是！他自己身处危难，还期盼别人来救，哪还有兵驰援京师呢？

实际上他和咸丰都是一场虚惊：英法联军不会攻打京城；太平军西征部队此时已经撤离西去了。

可是，他和咸丰帝却都不知道。

自咸丰六年九月（1856年10月），英法联军进攻广州，发动了第二次鸦片战争，以后时战时停，先后延续四年。咸丰十年六月（1860年8月）扩大战争，将战火烧向京、津。连续打败僧格林沁和胜保的"王牌"军，逼近北京城。咸丰帝惊慌失措，留下恭王奕䜣应付局面，自己率妃嫔宫监和亲信大臣仓皇逃亡热河。同时接受了胜保的建议，在逃亡途中发布谕令，让各地督抚派兵"勤王"。

第一道命令便是发给曾国藩的，让他驰援京师，并把湘军骁将鲍超及其霆军交给胜保指挥。命令是八月二十六日（10月10日）送到曾国藩手中的，正是徽州被太平军攻克的第二天。

曾国藩不光无兵可派，而且又想，这个胜保也太损，湘军大将不少，偏偏要鲍超和霆军交胜保指挥。

在祁门紧张时，曾国藩恼恨鲍超去四川探亲不归，他再三追逼，鲍超才来到祁门。有了鲍超，他心里才多少有点底，但鲍超才来祁门四天，胜保就要他归其麾下。眼下，只有鲍超是他的救命军队，胜保却要借天子之名，包藏祸心，拉为己有。

曾国藩太了解胜保了，这是一个野心勃勃的家伙。他在直隶侥幸打败太平军林凤祥残部，竟捞到了钦差大臣的头衔。后来又围李开芳于高唐，数月不克，惹恼了皇帝，把他充军新疆。时因清廷危难，胜保向朝廷通关节，又把他召回，发往安徽军营效力。

胜保虽有野心，但手中却无军队，所以，到处抓军队，不惜招降纳叛，收买皖北捻军叛将李昭寿，接纳安徽团练头子苗沛霖，企图把他们的军队拉为己有。曾国藩在奏报中久已了解胜保其人，一到安徽就看穿了他的阴谋。

如今，胜保借皇帝的尚方宝剑，想把他的"霆军"拉为己有，这是他把阴谋用到湘军里面来了，真是无孔不入！

曾国藩心想：绝不能让胜保得逞！然而，煌煌圣旨，谁有胆子拒绝！如今，皇帝蒙难，湘军若不相救，还要湘军何用？曾国藩左右为难，若拒派勤王之师，难逃抗旨之罪。

胡林翼的消息比曾国藩一直都快些。差不多在圣旨到达同时，胡林翼的信也送到了曾国藩手里。但是，由于是皇帝的谕令，这位密友也没给他好主意，只是极为隐晦地写道："疆臣争援，廷臣羽檄，均可不校，士女怨望，发为歌谣，稗史游谈，诬为方册，吾为此惧。"[1]

曾国藩既没有好主意，又在太平军的打击之中，连日坐卧不宁，几有再度自杀之意。相传，他再次向左右交代了后事，写了份遗折，准备自杀。

正在这时，李鸿章推门进来，给曾国藩出了个两全齐美的办法来。

他的意思是，进京"勤王"一事本是空话，对皇帝没有一点好处，同时也是来不及的举动。现在英法军已经打到了京城，如果他们要捉拿或加害皇帝，以外国的洋枪洋炮，太容易做得到。即使皇帝逃去热河，那里的防守还远不比京城，几天之内便可追达。现在，湘勇尚在几千里外的安徽，即使我们加倍赶路，等到了京师，什么事都已见分晓了。何况，我们并无军队可派。

曾国藩几天里都没想到这一层，幕僚们也无一人这么想，只是在勤不勤

---

① 《胡文忠公遗集》，第 77 卷，第 24 页。

王上打转转。听了李鸿章明晰的分析，他又问：如何处置皇帝的上谕？

李鸿章十分轻松地说：洋人进攻京师，绝没有占据京城和加害皇帝之意，他们不过是借战争给皇帝施加压力，想占中国的便宜罢了。三国连衡，要的是金帛子女，断无灭国杀君之变。

李鸿章接着分析，皇帝走前留恭王在京与洋人讲和，恭王的办事能力极强，应付外人绰绰有余，京城也不会出乱子。所以，恩师的举措只能是"按兵请旨，且勿稍动"①。李鸿章说，恩师马上拟一奏折，言称由皇帝再下谕旨，勤王事大，一个鲍超不足应命，在恩师和胡中丞二人中选一个率兵入京。这自然是表面文章，等到奏折送到京师，由京师再转热河行在，结果早就有了，皇帝绝不会再令恩师率兵勤王的。

曾国藩听了李鸿章的分析，佩服这位高足的机灵，更佩服他对如此大局的掌控把握，认为不光是湘军之中，怕是朝廷上下也难有李鸿章的明白果决了。

他与胡林翼协商后，按李鸿章的意思于九月五日（10月18日）向北京发出奏折。当然，他也没有绝对把握，保准皇帝不让他再行勤王，也做了一番准备：他准备一旦北援，就率一万军队前往，饷项由胡林翼供给。如果皇帝命胡林翼北援，湘军便撤至湖北，暂不进攻安徽。但是，无论是谁前去，安庆之围都不能撤。等了差不多一个月，到九月二十四日（11月6日），便接到从热河发来的"廷寄"②，说议和已成，毋庸北援。

祁门虽说是"死地"，但它隐于群山环抱之中，太平天国的南路军队几度路过，皆不知曾国藩就在那里。即使是李秀成率大军通过，走到羊栈岭，进攻黟县，继攻休宁的柏庄岭时，遇到鲍超的顽强抵抗，他也只是试探性地打了一仗，便主动退走了。

---

① 《曾文正公书札》，第13卷，第17页。

② 清制，朝廷的谕旨由军机处密封交兵部寄出者。

曾国藩终于逃过一劫。

当鲍超退回祁门拜见曾国藩时，幕僚们像见到救命的亲人，一齐迎出大营门外。鲍超赶忙下马行礼，曾国藩走上前抱住鲍超激动地说："不想仍能与老弟见面！"说着说着流下泪来，不能自持了。

曾国藩怕太平军再来进攻，急令鲍超驻守渔亭，张运兰驻守黟县，共同守卫祁门大营。

其实，太平军不知祁门是曾国藩的大营，曾国藩也不知太平军的战略意图。当时李秀成大军五十余万西征武汉，而解安庆之围。这五十余万大军从苏、浙两地出发，沿长江南岸西进，所经路线必经皖南的徽州府，也就必由祁门附近走过。这些军队是分批行进的，湘军大营经一次危险后，还有多次危险存在。

曾国藩如果知道太平军的战略意图和行军路线，他绝不会把大营置于敌人的进军路线上。

这不，鲍超救了大营一次，不到十天太平军的另一批人马又经过祁门。

这一批人马分三路而来。黄文金的人马两万，由赣北经景德镇、浮梁向祁门方向而来。黄文金是太平军名将，外号黄老虎。但是，他行至景德镇时，受到左宗棠的阻击，战斗中黄文金负伤，只得退走。随后，李世贤又率军进攻景德镇、刘官芳进攻祁门，两路人马进攻凌厉。当时，太平军古隆贤一军又攻婺源，左宗棠打退黄文金后率军援婺源，景德镇遂被攻破，总兵陈大富被打死。刘官芳攻至距祁门二十里的历口，朱品隆率兵守历口，刘官芳退走。而李世贤攻占景德镇后，也乘胜攻向祁门，在乐平附近被左宗棠拦住交战。

困守祁门的曾国藩也命张运兰、娄云庆率兵八千，主动进攻被太平军占领的徽州城，结果被太平军从城内杀出，打得攻城湘军大败而回。

恰在此时，左宗棠在乐平大败李世贤部，李世贤退走，祁门之围又一次缓解，但是，曾国藩在祁门，每天都感到危机四伏。当左宗棠打败李世贤之后，他才真切地感到李鸿章所言祁门是"死地"的真正含义。遂于咸丰十一年三月二十七日（1861年4月6日）自祁门出发，按李鸿章指出的东流转移。到达东流之后，把指挥部设在长江靠岸停泊的大船上，从此不再担心太平军的围攻，就近指挥围攻安庆。

李鸿章为老师出谋划策，不去京师"勤王"之后，见老师仍无离开祁门的意思，便告别老师，离开了祁门。

起初，他打算去南昌哥哥家中，途中曾访问胡林翼，说明辞幕的原因。胡林翼语重心长地劝他仍回到曾国藩身边去，李鸿章则表示出于对曾国藩的不满，说老师目光短浅，固执己见，等等。此话传至曾国藩耳中，曾听了很是生气，说李鸿章"难与共患难"，师生产生了矛盾①。胡林翼写信给曾国藩，认为他是一个难得的人才，留下他对湘军建设大有好处，何况他毕竟是你的学生，应该尽到教育、引领的职责②。曾国藩听信胡林翼，写信给李鸿章，让他留在南昌，抗拒南路西去的太平军。

后来，郭嵩焘等人也致函李鸿章，让他还是回湘军大营，辅佐恩师建功立业，也是他晋身的最好出路。

李鸿章"读之怦然心动"，表示回心转意，追随老师③。曾国藩知道后，于1861年6月25日给李鸿章写一封信，情词恳切地请他回大营相助：

阁下久不来营，颇不可解。以公事论，业与淮扬水师各营官有堂属之名，岂能无故弃去，起灭不测。以私情论，去年出幕时并无不来之约。今春祁门危险，疑君有曾子避越之情。夏间东流稍安，又疑有穆生去楚之意。鄙人遍身热毒，内外交病，诸事废阁，不奏事者五十日矣。如无醴酒之嫌，则请台

---

① 欧阳兆熊：《水窗春呓》，第2页。
② 刘体智：《异辞录》，第1卷，第21页。
③ 郭嵩焘：《玉池老人自叙》，第6—7页。

斾速来相助为理。①

　　曾国藩敦促其返回大营，想让他为自己罗致建功立业的助手。李鸿章环顾左右，也的确相信可资"因依"而"赖以立功名"者唯有老师，因此捐弃前嫌，于 1861 年 7 月 13 日赶至东流，投身曾国藩幕。曾国藩"特加青睐，于政治军务悉心训诰，曲尽其熏陶之能事"。②

---

① 《曾文正公书札》，第 15 卷，第 39 页。
② 刘体智:《异辞录》，第 1 卷，第 21 页。

二十八
赵烈文计破集贤关

前文已述，陈玉成、李秀成两军为解安庆之围用西攻武汉，迫曾国藩撤安庆之兵的"围魏救赵"的老办法。

这个策略虽好，但施行起来却不容易。从曾国藩方面说，他围夺安庆，占据皖南，最后夺取金陵是既定方针大计，不管有多少困难，就是不放弃这个总体方略。

在祁门的危迫渡过去后，他在东流的座船上从容谋划：他把湘军中最为坚忍、对他忠心不二的曾国荃部放到包围安庆的核心内圈之中。把多隆阿、鲍超、李续宜等军置于外围。等到陈玉成"围魏救赵"落空后，必然前来救安庆，那时以多、鲍、李三支主力将陈玉成咬紧，聚而歼之。

研究太平军史的人多对之有同情之心，往往谅解他们的错误。如果冷静地想想，当时仅李秀成军就有五十余万，陈玉成也有十余万。这么多军队非去武汉行"围魏救赵"计，若是直接攻打安庆，当时的安庆围城军只有曾国荃、外围只有多隆阿，其他部队远离安庆，也有太平军纠缠，难以脱身。安庆城尚有叶芸来二万余守军，尤其有刘玱琳"百战精锐"防守集贤关。如此多的部队，保卫一个安庆城，借机会歼灭湘军于安庆城下，那是直截了当的。

太平军非得搞个"围魏救赵"，劳师远袭武汉，反而给湘军攻城的大好机会。

当时对西攻武汉，李秀成就不大同意，他自己承认是"天王严诏颁到，命我赴上游，催我领军而去扫北"①。后来的当事者和研究者，把安庆之失归罪李秀成。李秀成并未直接回答，只言"时得苏州而无杭州，犹鸟无翼，故归图之"②。意思是即使得了武昌，苏、杭的根本却要丢失，还是回苏杭保护根本为要。

研究者多认为这是李秀成"顾己不顾人，顾私不顾公"，破坏了"围魏救赵"的计划。其实当时何谓公私，李秀成巩固金陵的战略也不能说是"私"。陈玉成只顾安庆和皖南，这是他经营的地盘，而多不顾天京，不是公也私也？

反正历史的官司难打清。

简单地说，太平军西征开始，陈玉成进兵神速，其原因也很简单，湘军主力不在江北，进兵多无阻拦战事。他是1860年9月从安徽定远出发的，当行军至桐城西南的挂车河时，遇到多隆阿的阻击，便退回庐州。第二年2月，组织五万大军西进，半个月便连克英山、蕲州、黄州，逼近了武汉。此时湖北无兵拦阻，在太湖驻军的胡林翼急得吐血，病势垂危，连后事都准备好了③。

但是，英国海军中将何伯派参赞巴夏礼到黄州见陈玉成，言汉口是《北京条约》规定的开放商埠，不能在这里用兵打仗。陈玉成当时见李秀成未达，自己也无必取武汉的决心，便留下赖文光驻守黄州，本人则率部回援安庆。

李秀成是咸丰十年十月从苏、浙集兵西进的，十一月攻抵祁门大营，遇鲍超抵御，便改道江西，进入湖北。咸丰十一年五月八日（1861年6月15日）攻占武昌县，收集当地的农民起义军三十多万④，听赖文光说陈玉成两个多月前就返回皖南了。于是，他也放弃武汉不攻，返回了江浙。

---

① 《李秀成自述》。

② 赵烈文：《能静居士日记》，《太平天国资料丛编简辑》（三），第374页。

③ 《胡林翼全集》，《书牍》，第169页。

④ 见茅家齐等：《太平天国兴亡史》，第231页。

太平军的围攻武汉、保卫安庆决策失败，曾国藩无后顾之忧，便调动全部兵力，决心攻克安庆。他命令多隆阿仍在外围打援，顶住来自天京和芜湖的援军，把鲍超、成大吉的精锐调到安庆之集贤关，与集贤关守将刘玱琳拼命。

陈玉成从湖北返回后，由宿松、石牌（今怀宁）攻入集贤关，派吴定彩率军入安庆城，协助叶芸来守城。他命令部队在菱湖南北两岸筑垒十八座，以小船往来湖中，向安庆城运送粮物。此时，由天京而来的洪仁玕、林绍璋，由芜湖而来的黄文金，也攻抵安庆外围。

兵书上说，兵不在多而在于精。古今战场，一支部队若无敢战精兵，乃是乌合之众；而若有一队敢于拼命的兵和将官，这一队人马便称"王牌"。安庆的守军，精华是集贤关里的刘玱琳和他的四千敢死队。陈玉成号称精锐，其实全靠刘玱琳，刘玱琳的四千兵才是"百战精锐"，他随陈玉成东征西战，每战必胜，被洪秀全封为"靖东主将"。曾、胡及湘军诸将无不知刘玱琳的威名，曾国藩书信中，每称刘玱琳为"玱琳先生""玱翁"，毫不掩饰说"敬爱玱翁"，表示对他的敬畏，并以湘军中缺少这样的将才感到遗憾[1]。

湘军之中，曾国荃的特点是坚韧不拔。攻取吉安时便是长围久困，天塌下来也不动摇，非把敌人困死不休。如今，他率吉字营一万四千余兵马屯在安庆城下，绕城挖了两道宽五丈、深二丈的大壕沟。两道壕沟相距二里许，内壕用于围困安庆城，外壕用于打援军。曾国荃对吉字营毫无规章可言，就是"享受发财"四个字，他鼓励将兵拼命打，打下一城就将所获财物分光享受。因此，他的军官和士兵都不管别的，就是拼命打，等着分银分物，送回老家置办土地房产。不打仗时，让士兵享受，吃喝嫖赌皆不禁止。

现在，吉字营包围了安庆。曾国荃说，此城是"四眼狗"的后家院，多

---

[1]　《胡文忠公遗集》，第 83 卷，第 9 页。

年来积下了无数金银，打下安庆城我们官兵都能发大财。吉字营官兵个个摩拳擦掌，就等攻下安庆劫城了。所以，这支部队作战也十分勇猛顽强。

曾国荃死死守紧了安庆城，实际上是守紧安庆城里的金银财物。

安庆与外界的联系有三条路。

南面的长江是主要的交通道路，却被彭玉麟、杨载福的水师堵住，太平军的粮船一条也通不过。城东是一个湖，因盛产菱角，故称菱湖。湖虽不大，但南通长江，东连破岗湖，与纵湖接水，城内的柴米从菱湖运来。叶芸来派兵八千，沿湖筑十八座石垒，保守这条通道。

集贤关在城北，离城十五里。关外全是红色花岗石，故称赤岗岭。集贤关犹如一道石门，控制着安庆通往庐江、庐州的大道。刘玱琳沿赤岗岭建大石垒四座，紧紧看守着安庆的门户。

显然，要攻克安庆，只能从北面进攻。而北面便是集贤关，这里是把守安庆最顽强的刘玱琳。攻不下集贤关，消灭不了刘玱琳的敢死队，就攻不下安庆。

转眼又是夏天。曾国荃围安庆已经一年又三个月了，他内外作战，既攻不下安庆城，更难攻下集贤关。

其实，安庆和集贤关还是靠湘军的血肉之躯换下来的，靠他们拼命攻下来的。

但是，赵烈文的出现以及献策也起了不小的作用。

赵烈文是此后湘军幕中最主要的人物。他也是一个有传奇色彩的幕僚。既是传奇人物，就会被文人编出传奇故事。

据传，曾国藩带着卫兵和幕宾，从东流往安庆视察。因为人少，怕遇上长毛，就作商人打扮，走山野小道。

当他们走入山林中时，发现一座荒废的小庙。文人都爱闲云野寺，天天征杀，曾国藩少有游览的机会，便信步向小庙走去。

庙中早已没有和尚了，更无香客。这年月天天打仗，谁敢向这刀丛里头钻。但进得庙来，却见收拾整齐的一间小屋。推门进去，只有简单的桌案和床铺。床上整整齐齐叠着几排书，案上摆着笔墨纸砚。

由于房小屋矮，窗外的景物便可一览无余。窗子开着，曾国藩猛然看到一个人正在窗外徘徊。

一定是曾国藩等进屋弄出了动静，窗外的人便回身注视着窗户。曾国藩看到这是位书生，三十余岁年纪，面白无须。

那人不紧不慢地问：“何人造访？”

随从说：“我们是过路的客商，想到这里讨碗水喝。”曾国藩上山时只带了一个随从，其他人他命令先去曾国荃大营。

“啊，是两位客官，我就给你们倒茶！”此人很是豪爽大度。

一边喝茶，一边闲聊。

曾国藩心想：一个文人，单身在荒寺里读书，一定不是等闲之辈。便有意结交。因此道：“我们听说安庆要打大仗，特来看看。”

那人听了，审视曾国藩：“打仗杀人的地方，有什么好看的，客官胆子也太大了！”

“足下单身一人在战场边读书，胆子不比我们还大？”

“实不相瞒，我在这里要见一个人，等了好长时间，一直无机缘。”

“足下要见谁？”

“湘勇吉字营统帅曾九爷。”

曾国藩听了一怔，问：“足下为何要见曾九爷？”

“献攻破安庆之计。”那人毫不隐瞒。

“那你为何不去找他献策呢？”随从奇怪地问。

那人像没事人般地说：“带兵的统帅可能不喜欢毛遂自荐者，我想等他们来找我！”

随从听后笑了：“你等着三顾茅庐，这古庙也不是卧龙岗啊！”

曾国藩听了却认为非同小可，改口问：“先生何出此言？”

那人听了长叹一声："当年曾六爷要去打三河，我赶去他们的帐中，劝他三河不能打。结果不听劝，弄得全军覆没。"

曾国藩听了两眼发亮："足下莫不是阳湖赵先生赵烈文吧？"

"正是，客官如何知我赵烈文？"

"赵先生，我与你神交已久了，不想在此相见，真是天幸！"

"客官你是？"

随从介绍："赵先生，这就是六爷、九爷的大哥曾大人。"

赵烈文听了纳头便拜："大人万安，小人有眼不识泰山！"

曾国藩一把扶起："赵先生收拾行装，我们一起到沅甫军营里叙话。"

原来，赵烈文深知集贤关刘玱琳的厉害，他为曾国荃所献之策是策动其部将程学启叛变，从堡垒内部攻击，破集贤关。赵烈文是个有心人，为帮湘军破垒，他了解到程学启自幼失去父母家庭，在乱世中混出一身好武艺，又有一群酒肉朋友，因得罪了县太爷，被迫投到陈玉成军营。陈玉成虽赏识他的武艺和勇敢，并升任他为监军，做陈军的先锋官。但陈军的众多将领对他不服气，排斥、打击，让他难以置身，因此早有叛逃之心。现在，他是刘玱琳四个堡垒中一垒的首领。

经过一番活动，赵烈文让程学启私通了曾国荃。曾老九以官位和金钱诱他投靠，程学启知湘军总会打破集贤关，安庆城也将不保，便欣然接受投靠的条件，答应在垒中做内应。

咸丰十一年四月十日（1861年5月19日），鲍超、成大吉和多隆阿的部分军队近抵集贤关，决定第二天会合曾国荃向陈玉成和刘玱琳发动会攻。

恰在这一天，陈玉成留下刘玱琳坚守集贤关，自率部队退走桐城，与外围的洪仁玕共商退敌之策。在这关键时刻，他率兵离开集贤关，造成军事上的极大失误。曾氏兄弟就利用这一机会，命令鲍超等军包围了集贤关，日夜进攻，争取在陈玉成返回之前攻克，命令曾国荃围住菱湖的太平军，割断菱湖与集贤关的联系。

总攻的时刻到了。

五月一日（6月8日），鲍超、成大吉集中一万精兵猛烈冲向集贤关，先是大炮轰击，再用集团兵反复冲锋、肉搏。开始一段，湘军没占到便宜，但时间一久，刘玱琳的部队得不到休息，弹药和伙食供应被曾国荃割断。湘军的大队人马犹不停轮番冲锋。尤其是鲍超的霆军，尽是不要命的精壮汉子，经年血战，已不知生死为何事了。据说，鲍超在肉搏时，领着部队把杀死的敌人当场挖心吃、捧血喝，战士们养成习惯，引为快事。

据说，总攻开始不久，程学启就在一个石垒中发起内讧，惨杀了一垒的太平军，同时开枪开炮轰击其他三垒。

一天之中，三千太平军英勇战死，四个堡垒只剩刘玱琳一个。第二天又打了一整天，刘玱琳的石垒仍未被攻破。但因枪弹用尽，刘玱琳于当夜率八百战士突围而出，至马踏石为大水所阻，霆军尾追而至，片刻杀死六百多。刘玱琳率余下的战士夺船而走，又被湘军炮船拦截，全部杀死。

与此同时，曾国荃也全击菱湖十八垒，逐一攻破，陈玉成在这里留下的八千太平军全部阵亡。

陈玉成闻知湘军发动全面进攻，才后悔不该离开，立即反攻回救。结果被外围多隆阿的部队阻住。他与洪仁玕、林绍璋、黄文金、杨辅清联合进攻挂车河多隆阿的阵地，企图突进内围，但未能成功。便率各部军队五万余众西入湖北，再由蕲州南行，经宿松、石牌，绕了一个大圈又回到集贤关，这时刘玱琳已阵亡七十余天了。

陈玉成在集贤关重新筑起四十余座石垒，与安庆城内守军遥相呼应。他又用小船向城内运送粮食弹药，皆被湘军水师拦截，一点也送不进去。

安庆城断粮，危在旦夕。

陈玉成督军攻击曾国荃的围城部队，为突过长壕，他令每个战士背上一大捆草，如蜂如蚁攻向壕沟，把草捆投入壕中，填出路来蜂拥冲过。湘军退向内壕，以密集的枪弹射击从外壕突入的太平军。自七月二十日至七月二十五日（8月25日至8月30日），血战5天，仅在长壕内外就阵亡万余太平军，湘军用去17万斤火药，50万斤枪子[①]，可见战斗进行得何等激烈！

但是，由于集贤关的丢失，菱湖被湘军夺占，太平军无法攻入内壕，守城军断粮多日，连举枪的力气也没有了。八月一日（9月5日），湘军轰倒城墙，大队冲入。城内守军万余人多疲惫僵卧，凡能站起表示反抗者一律被杀死。

陈玉成在外围见安庆失陷，便向桐城方向撤走。多隆阿挥军追击，一路攻杀，陈军多数溃散，不复成军，太平军的一支主力就此覆灭。

曾国荃等商量如何处置投降的军队，他们多认为这是长毛军队中的"悍贼"，留下来有后患，还是当即杀光干净。但是，这么多人如何杀法？朱洪章献计：让俘虏排起队来，十人一队分投各军营所，一会就可解决。结果，"自辰至酉万余贼尽行歼戮"[②]。安庆一战，死难的太平军达三四万人。

曾国荃的部队自攻入城，便大肆杀抢。英王府多年积蓄的金银，被吉字营军官抢来装船，私运回家。太平军家属老幼全部杀死，年轻女子也大多被奸淫、掠走。

安庆失陷，湘军趁机攻占了皖南，向东推进。天京失去西路最后屏蔽，离最后失败的日子不远了。

---

① 赵烈文：《能静居士日记》，咸丰十一年八月十三日。

② 朱洪章：《从戎纪略》，第32页。

二十九

问鼎轻重

安庆被攻陷的第七天，曾国藩由东流前往安庆城，设公馆于陈玉成的英王府，直至同治三年九月，一直驻于此处，直至天京被攻陷才乘船去南京。

他刚刚安顿好就接到京师送来的紧急公文，报告咸丰帝于七月十七日（8月22日）在热河行宫驾崩，六岁的皇子载淳即皇帝位，以载垣、端华、肃顺等八人为赞襄政务大臣执掌朝政，定明年为祺祥元年。

这一消息震动了曾国藩和湘军将官、幕府。曾国藩对皇帝英年早逝，继位的载淳年仅六岁，又采取大臣顾命赞襄制，怕是王朝不安的日子到来了。

曾国藩首先分析顾命大臣的各自分量。八位大臣中，真正有实力的是肃顺。肃顺对汉官特别照护，自授江督便是肃顺的举荐。但是，肃顺其人刚愎自用，锋芒毕露，在朝中多遭非议。

想到此处，他心乱如麻。

值此国家发生重大政变之时，湘军统帅驻足安庆，湘军在各处的大将及与湘军有关系的政客、官僚们，不断前来，议论激变的形势。

胡林翼首先前来。二人是知心密友，谈起话来推心置腹，毫无顾忌。胡林翼是湖北巡抚，与湖广总督官文同城相驻，官文对宫中的秘密甚为清楚，所以胡林翼知道的就比曾国藩多。

胡林翼说："现在的热河行宫已无秘密可言，慈禧太后与顾命大臣已刀剑见红；恭亲王与太后已在联手，八大臣中的肃顺依然蒙在鼓里，刚愎自用。宫里闹起来，鹿死谁手难以预料。反正乱子一定要闹了！"

曾国藩听得心惊肉跳，瞪着三角眼，不知所措。

胡林翼瞟了曾国藩一眼，慢慢从怀中抽出一个信套来，一面递给对方，一面说："来安庆前，左宗棠来了一封信，信上说，他目前游浮梁神鼎山，偶得一联，寄来让我给你看。"

曾国藩接过信套，抽出一纸，上面果然是左宗棠的亲笔，只见上面写着：

> 神所依凭，将在德矣；
>
> 鼎之轻重，似可问焉。

曾国藩见联，不觉脱口称赞："好一副对仗工整的佳联！字头又恰好嵌着神鼎二字，妙极！妙极！"

曾国藩又摇头咂舌地念了一遍。当他抬头看着胡林翼神秘微笑的神情时，眼前一亮，顿时悟出了联中的暗藏机锋。心里想：难道他左宗棠要问鼎？左氏言大志大，但手中只有数千兵马就想夺皇位？

他又抬头看看胡林翼，对方依然微笑、点头。

曾国藩猛然想起，这两年宫中传出流言，皇帝对他猜忌，想至此心里一阵发冷，双手颤抖，没说一句话。

胡林翼见状，不便再问。又从怀里掏出一张纸，递了过去，口中说："我也有一拙联，不妨一起请教！"

曾国藩心想：不知又有什么惊人之语写在上头。打开后见胡林翼的一联是：

> 用霹雳手段，显菩萨心肠。

曾国藩看罢大笑："润芝，妙极了！"

胡林翼惊问："妙在哪里？"

曾国藩说："九弟攻破安庆城，杀了一些长毛，心里有了疙瘩，有润芝一联，犹如良药，九弟看了定可药到病除啊！"

胡林翼沉吟片时，诡谲地盯看对方，摇了摇头，终于没再说什么。

两天后，胡林翼要回武昌，曾国藩送到城南的长江码头。曾国藩拿出左宗棠的联语说："季高的联语，我给改了一个字。"说着连同信袋递给胡林翼。胡打开看时，联语中的"似"字已改成了"未"字，变成了"神所依凭，将在德矣；鼎之轻重，未可问焉。"

胡林翼看后放声大笑："涤生，你这一字之改，把季高的意思整个弄颠倒了！"

曾国藩回答："天地有位，阴阳有序，本来就不可以乱来的。季高要将地比天，这就颠倒了位序，所以我才给他再颠倒过来！"

胡林翼知道，他这也是说给自己听的。他送的一联"用霹雳手段，显菩萨心肠。"也是要让曾国藩在这大变之年，以非常手段，取得皇帝之位，来拯救大乱的天下。但曾国藩巧妙地移之以霹雳手段对待起义者，他就无话可说了。

曾国藩目送胡林翼远去，他们都没有想到，这次分手竟成永诀。胡林翼因经年用心，尤其在太平军"第二次西征"进攻武汉，他大受惊吓，曾多次呕血。这次离安庆回武昌，几天后就去世了，那天是咸丰十一年八月二十六日（1861年9月30日）。

恰在胡林翼走后，彭玉麟从池州来至安庆。

鼓玉麟与曾国藩的关系非比一般，曾国藩多次说，彭玉麟是他的"一二知己者"。彭玉麟的用情专注、持身谨严的品格，尤其令曾国藩欣赏。然而，这个谨言慎行的彭玉麟，见到曾国藩居然也说出一番石破天惊的话来。彭以鲜明炽烈的言辞表示：目今混乱之秋，咸丰早逝，皇位交给一个六岁娃娃承当，这是国之大不幸，凡有爱国心者，都应挺身而出，救民于水火之中。而举目四顾，唯有湘军可以承担起灭长毛、擎江山的大任。湘军统帅正该是当然的一国之君。最后则说："今东南半壁无主，老师岂有意乎？"

彭玉麟的一番"劝谏"，在曾国藩听来要比胡林翼、左宗棠的联语让他震惊得多了。前二人只用隐语试探，尤其是左宗棠本是"胆量冲破天"的人，"问鼎轻重"在他嘴里说出不会让人太惊奇。但彭玉麟心细如丝、持身严谨、心热肠赤，他说话办事要经过千思万虑。现在，居然胆大妄为，让他曾国藩当皇帝，并表示若有此意，愿为之赴汤蹈火。彭玉麟的一腔赤诚，虽让曾国藩感激莫名！然而，这是什么事啊？如何能让他答应？这是犯上作乱！与长毛们异曲同工。

曾国藩只得拿别的话岔开。

精细的彭玉麟也不再重提。

没过几天，武昌传来胡林翼去世的噩耗。

曾国藩哀伤不已，哭着说："润芝赤心以忧国家，小心以事友生，苦心以护诸将，天下再难找这样的好人了！"可以说，没有胡林翼的多年支持，没有湖北作友邻，曾国藩和湘军的确没有今日。

正在曾国藩哭天抹泪之时，幕僚报告："王闿运，王壬秋先生来访！"

王闿运曾两度入曾国藩幕，被曾看做是卓有见地的青年，但他锋芒毕露的性格，让曾国藩无法接受。

王闿运出幕后到了京师，"湖南才子"的名声在京师传开，肃顺招揽人才，就把他邀为"西席"，做了家庭教师。肃顺对他尊重有加，引为心腹，咸丰皇帝也知道肃顺家中的"王举人"。王闿运自视很高，不愿做官，自为肃顺看重，结交京内官员，更是名满天下了。

王闿运以名士自居，一见面便语出惊人："国家大乱在即，我为大人谋一良策！"

曾国藩对这种危言耸听很反感。

王闿运见曾国藩不置可否，也不管对方的态度，接着说："皇太后要行垂帘听政，大人想已知道！"他不待曾国藩回答继续说："纵观史册，女子临朝，国必大乱！"

王闿运的语言不多，但句句如开春的惊雷，这又是胡林翼、左宗棠等在野中人难以知晓的宫中绝密。从肃顺西席口中道出，绝非道听途说。

曾国藩不得不洗耳恭听了。

王闿运绘声绘色，讲述了自咸丰帝崩逝之后的宫中斗争情景。当他讲到太后与恭王联手，欲推倒顾命大臣制度，实行垂帘听政，证明了胡林翼等人的传闻不虚。

王闿运站在肃顺一边，认为"肃顺力矫弊政，重用汉人，高瞻远瞩；而慈禧母因子贵，内结权臣，外援重兵，肃顺很难是他们的对手。"

他为曾国藩指出两条路：一条是拥湘军之重兵，入觐九重，申明垂帘违背祖训，而助肃顺行顾命之制。另一条是干脆在东南举起义旗，为万民做主。以曾大人之威望和湘军之势力，天下欣然响应。他可以入京说动肃顺，拥戴曾大人为君。

曾国藩听了漠然置之，以指醮茶，漫不经心地在桌子上画着。

王闿运顺着曾国藩的手指看去，竟是一连串的"狂妄，狂妄，狂妄……"

王闿运看后戛然不语，起身告辞而去①。

---

① 本节参见《清人逸事》第7卷和《投笔漫谈》等。

三十

赵烈文谏言：派李鸿章到上海去

曾国藩的担心是多余的。

宫中虽发生了变故，但很快就平静了。咸丰十一年九月三十日（1861年11月2日），慈禧太后联合恭王推翻了"暂襄顾命制"，轻而易举把八大臣整垮，实行垂帘、议政制，两宫与恭亲王联合主政。

新政伊始，肃顺虽被杀，他任用汉人的政策却得到落实。让两江总督曾国藩辖江苏、安徽、浙江、江西四省军务。根据曾国藩的建言，四省巡抚分别由李鸿章、李续宜、左宗棠、沈宝桢担任。彭玉麟拟为安徽巡抚，但他不愿离开曾国藩，便改为水师提督、兵部侍郎。

这样，东南数省尽归曾国藩管辖，成了真正的"东南之主"。

曾国藩坐镇安庆，以为平定和建设东南，需要大批人才，便向清廷上奏，要向全国招揽一批有用人才，来江南为国效力。

听说东南之主曾国藩求才若渴，文武人才便从各地奔赴安庆。

武夫前来，曾国藩命将官考试，试后或做军官，或充勇丁。文人来了，一律由曾国藩面试，或留作幕宾，或派往各省各军做文员。

三江两湖本来文才济济，曾国藩带着幕友与来人面谈，忙得不可开交。但却是从未有过的高兴。这期间他接待的文人数不清，以后留在幕中的主要有：

浙江德清才子俞樾，字荫甫。道光二十七年会试复试时，曾国藩是他的阅卷大臣，一首《淡烟疏雨落花天》作得好，被曾国藩拔为第一。为报答曾国藩的知遇之恩，俞樾把自己的诗文集命名为《春在堂集》。曾国藩一到安庆，他便第一个前来投奔。

黎庶昌，贵州贡生，因上书论时受到朝廷重视，被派来安庆襄理文案。曾国藩见他气宇不凡，古文作得好，便留在身边。

吴汝纶，字挚甫；张裕钊，字廉卿。此二子都是老友吴南屏的文字之交，也都如吴南屏，是当时知名的古文家。曾国藩自然很喜爱他们。

李善兰，字壬叔，号秋纫，浙江宁海人，治经学，数学用力尤深，自谓"精处不让西人"。

徐寿，字雪村，江苏无锡人，对自然科学、工程技术皆有研究，是当时中国少见的自然科学家。

华蘅芳，字若汀，江苏无锡人，数学家。他与徐寿在数学方面同称"金匮二圣"，因无锡又称金匮。

当然，也不是说什么样的人曾国藩都要，江苏常州的王韬、王紫诠就被拒之门外。

王韬也和王闿运一般，是江南知名的文人，少年中秀才后屡试不中，便以诗酒度日，行为不羁。后被上海外国传教士麦都思办的墨海书馆聘雇，为洋人做了十多年的事。听说曾国藩思贤，也来投奔。

曾国藩却不知王韬其人，先向身边人打听。杨国栋、彭寿颐、赵烈文等七嘴八舌介绍了大概情况。曾国藩当时打算在安庆办一个兵工厂，学习洋人制造先进武器和火轮船，身边正缺少懂洋文的人。王韬在上海洋人的书馆做了十多年，外文他一定熟，外国的书也一定看了不少。所以，曾国藩先是决定留下这个奇缺的人才。但又听说他为人放荡，吃花酒嫖娼妓的毛病已成习性，心里便有了反感。

待面试时，果然一身酒气，面皮黑黄，两眼无神，都是酒色整出的毛病，心里更加厌恶。加上他大吹洋人的好处，边说边打哈欠。曾国藩与他谈了一会便端茶送客。

面试之后，赵烈文等又极力相劝，让曾国藩留下他来。但曾国藩说："此人有一技之长，本可留下来的，但他不是安分之辈，思维怪诞，留下这种人是一大隐患，两江幕府中不能有这样的僚属。"

王韬不见回话，便悻悻而去。

果不出曾国藩预料，王韬未被两江录用，便化名黄畹，给太平天国苏福省的民政长官刘肇钧上书，事为清政府获悉，下令缉拿。在英国领事麦华陀的庇护下，逃往香港。

人才不断地招，但眼前的大事更须做。

安庆被攻陷后，太平天国的统治区域只剩下江浙一带地区。但这一带是中国最富足的地方，又是曾国藩两江总督管控的地方。陈玉成死后，李秀成是太平天国的最主要支柱，他在江浙地区建立"苏福省"，开辟第二个"小天堂"。他的军队很多，原来的部队就有几十万，"第二次西征"时在武汉一地收集三十余万，还有从石达开部返回的朱衣点、童容海等十余万。

要想最后镇压太平天国，就必须先歼灭李秀成的这些军队，踏平"苏福省"。

正在曾国藩愁着如何才能歼灭李秀成数十万大军之时，上海方面向湘军告急，要求曾国藩派兵救上海。

原来，李秀成建立苏福省后，在江浙地区发动攻势，连克江浙多城，向上海用兵。上海是洋人集居之区，江浙绅士、官僚逃往上海求洋人庇护。为阻止太平军进攻上海，中国官绅投靠支持洋人组织洋枪队等武装，但太平军不像清军，他们照样以武装打击洋枪队。上海官绅见洋人不可恃，他们便效法春秋时楚国申包胥去秦国哭求救兵，抵抗吴国进攻的故事，派江苏太仓绅士钱鼎铭到安庆见曾国藩，声泪俱下，哭求曾国藩派兵救上海的中国绅民。

曾国藩虽知上海的重要，但派兵时又十分犹豫，一是当时已无兵可分援上海，二是即使有兵派去上海，那里地处边远，若有紧急，声援困难，因此没同意派兵。

　　钱鼎铭知李鸿章是曾国藩的亲信幕僚，便登门拜访，诱之以利曰："沪滨商货骈集，税厘充羡，饷源之富，虽数千里腴让财赋所入不足当之，若弃之滨赋可惋也。"[1]李鸿章深为所动，再三请求老师派兵援沪，曾国藩在日记中写道："少荃商救援江苏之法，固钱苕甫鼎铭来此请兵，情词深痛，不得不思有以应之也。"[2]

　　曾国藩同意派兵援沪，但安庆无兵可派，其他湘军各部也远在安徽、江西。左宗棠被任命为浙江巡抚，他的兵可去上海，但浙江方面是李秀成的兵力所在，也需要重兵对付，不能轻易让左宗棠去上海而放弃浙江的用兵。最后他只能让曾国荃去，可老九一心要直接围攻天京，说什么也不去上海。

　　曾国藩很犯难。他与幕僚们商量，赵烈文劝谏：让李鸿章去上海，理由好几条。

　　一是曾门兵权太重，要谨防谤生。而让李鸿章去上海另立门户，以后若有不测，李鸿章和他的军队还在，大局不会溃坏；二是江宁克复不会太久，但河南、皖北捻匪必会兴起作乱，那时湘军或已不堪再用，而有李鸿章在淮河左右招募军队，正可以成为捻军的克星；三是李鸿章是曾最密切的弟子，虽另立门户，实是湘军的一家，那时湘军即使不存在了，犹如老树死了又生出新枝来；四是李鸿章本人之才确实可当其大任，湘军大将可以继承曾国藩之任者的确还没有。

　　曾国藩听了赵烈文的分析，条条中肯，目光所及也总览全局，看到了未来。这些，自己虽也想到，但仍很朦胧，经赵烈文提破，即表示赞同。

　　李鸿章听说要让他去上海，心里激动不已，表示若能去沪，保证肃清周围长毛，进而夺取苏南地盘，还能保证为湘军供应军饷。曾国藩听了笑着

---

① 薛福成：《庸庵笔记》，下卷，第17页。

② 《曾文正公日记》，咸丰十一年十月十九日。

说："你去了上海，我虽放心，但我身边却少了一个得力助手，可怎么办呀？"李鸿章生怕老师变卦，赶紧"坚请赴申"①，曾国藩终于允其赴沪。

由于李鸿章一直是幕僚，手中并无军队可以带往上海，曾国藩让他另募一军前往。

为募兵一事，让合肥的张树声专程去安庆，曾、李、张三人商量按湘军模式编庐州一带的团练，名曰"淮军"。由张树声约集潘鼎新、刘铭传、吴长庆等，在皖北募勇。两个月后，先后编成张树声树字营、潘鼎新鼎字营、刘铭传铭字营、吴长庆庆字营、张遇春春字营，诸营陆续开赴安庆。

同治元年正月二十四日（1862年2月22日），淮军各营在安庆北门外集合，由曾、李检阅。曾国藩怕新募的军队去上海不堪作战，又拨出八营湘军归入淮军。这八营湘军有曾国藩的两营亲兵，充任李鸿章的亲兵。另有曾国荃的开字两营、陈士杰的熊字一营、垣字一营、原江苏巡抚薛焕委托曾国藩在湖南招募的林字两营。分别由程学启、滕嗣林、滕嗣武、陈飞熊、马先槐等人统带，加上李鸿章本人招募的各营，总计十三营，七千人左右。

曾、李起初决定，淮军由长江北岸步行前往上海。二月二十八日（3月28日），钱鼎铭、潘馥由上海乘轮抵达安庆，告诉已雇英国轮船二十一艘，分三班潜运上海。三月七日至五月初，十三营淮军全部运达上海。

李鸿章赴沪的第十七天，即三月二十七日（4月25日），便奉命署江苏巡抚一职。早在四个月前，曾国藩就上奏弹劾江苏巡抚薛焕丢城失地，不能再任此职，附片保奏李鸿章"才大心细，可接任江苏巡抚之任"②，并表示若准奏，自可拨给军队，足可保护长江下游一方土地。

曾国藩上折之时，仅是决定让李鸿章去上海，淮军尚未招募，曾国藩已安排自己的弟子为江苏巡抚了。

① 《清代名人轶事》，第104页。
② 《曾文正公全集》，奏稿，第2卷，第43页。

　　清政府急需曾国藩用兵苏、浙，接到曾的奏折后稍作安排，把薛焕调入京师，而任命李鸿章为封疆大员。

　　此刻，曾国藩踌躇满志，表白：三年前江南等权者计有五人：一是钦差大臣、二是两江总督、三是督办徽防、四是督办宁防、五是督辖李世忠和苗沛霖的钦差大臣，而今他是"一身所处兼此五人之职，而又新添安庆、池州等沿江十余城"都归他管①，是真正的东南之主了。

---

① 《曾文正公书札》，第17卷，第36页。

三十一

容闳的计划，从曾国藩这里开始

曾国藩安庆招贤期间，容闳也经人介绍，去了曾国藩那里，入其幕中。

容闳，近代中国著名人物，第一批留学生是他组织、率领去的美国；第一部机器是他去国外购来；第一个公司制度是他引进；第一个招商入股广告，也是他在报纸上公开发表。

他的一本《西学东渐记》，也是较早介绍西方、号召中国改革开放的名著。

容闳（1828—1912），字达萌，号纯甫，广东香山县（今中山县）南屏镇人。广州是中国最早与国外通商的城市，即使在乾隆后期闭关锁国，仍保留广州一口通商。所以，这里出了不少改革开放的名人，孙中山、康有为都是。

稻香秋雨后，蚕语夜声稀。

牧童村外笛，驱犊下黄昏。[1]

诗句反映的是广州郊区农村的田园景象。

然而，容闳自幼就没有过这种甜美的诗一般的日子。十岁那年，本来父亲送他去澳门的教会学堂读书，但因父亲不幸病死，他只好辍学，过着提篮

---

[1]　申良翰编：《香山县志》，第 8 卷。

小卖、拾煤渣、打草等流浪儿的日子。十二岁时，因澳门的一所教会学校不收学费，母亲又送他去了这所叫马礼逊的学校。

六年后，主持校务的布朗博士欲回美国，想带几个学生去美国。当时，生活好的人家不愿送孩子出国。容闳家里困苦，便随布朗去了美国，成了美国的留学生。

容闳在美国读了十年书，从初中读到大学，1854 年在耶鲁大学毕业，后来补他一个博士学位，成为中国受过美国系统高等教育的第一人。

回国后，他树立一个目标：说动中国官方，组织赴美留学，培养一批批具有西方科学文化知识的人才，以教中国。

但是，从 1855 年他活动广州官方开始，到 1870 年容闳随曾国藩去天津做"天津教案"的翻译，先后 15 年他所作的努力全部落空。

由于他从美国回国两手空空，又得到处说服官方，为衣食和说服经费，他先后做过洋行买办，做过茶叶生意。

1860 年，他还潜入南京，希望太平天国能帮他实现"赴美留学教育计划"。但是，他在南京住了多日，只有洪仁玕接见了他，洪秀全根本就未见他，他只好从南京离开。

不久，忽接到曾国藩幕僚华蘅芳的来信，说曾国藩在安庆招揽人才，让他去安庆。当时，容闳正在上海宝顺洋行做事，接到华蘅芳的来信，立即从上海前往安庆。

所有前来的人都要经过曾国藩的面试。

当容闳走进面试厅时，曾国藩第一眼看到的是，这位三十出头的中年男子脑后没有辫发，一头粗厚的浓密黑发齐耳根剪得很短，显得精神干练。此人走路步阔坚实，没有一般人见到两江总督那种拘谨之态。

曾国藩对容闳很有好感。留过洋的人和国内知识分子就是不一样。这更加促使曾国藩细细打量他。

他身材虽不高，但粗壮结实。国字脸上一对大眼炯炯有神，颧高唇厚，棱角分明，皮肤棕色。

这是一位有智慧，做事坚定不移，忠实可信的男子。

曾国藩阅人之多，他自信绝不会看错。

"你就是容纯甫先生吗？我这是第三次邀请，你才肯赏光前来呀！"曾国藩和颜悦色，一看便是十分欢迎对方。

"总督大人，我去过南京，又与长毛做过生意，怕大人加罪。"一个诚实的人，开始就表白一切。

"我知道你给长毛上过书，你的上书我已看过，我不认为你是勾通长毛，而是有爱国之心。你与长毛说的那七条，除《圣经》那一条外，其他六条我都能接受。"曾国藩见对方诚实，也把双方以为最"敏感"的问题一句揭破。

容闳大为惊奇。

这位清朝的两江总督、当今的理学大师、湘军的统帅，竟然当面说接受他的建议，那可是美国人才搞的一套呀。

由于曾国藩提到了上书问题，容闳简单介绍了去南京的见闻和感想，他认为曾国藩一定很感兴趣。

他介绍，一年多前他处处碰壁，走投无路时同两个美国传教士一起到苏州、常州和南京等处。他亲眼看见太平军军纪比清军好，人民也安居乐业，想为太平天国的成功出点力，也想让他们落实自己的计划。但一进天京，与他们的高级领导交谈后，他失望了。那些天国要员观念陈腐，见识鄙陋，争权夺利，结党营私，这些人绝对成不了大事。洪仁玕稍有点头脑，但也无能为力。容闳向他提出了建设人才好政府、编练良好的军队、办武备学堂、建海军学校、创办各种实业学校、创办银行等七条建议。洪仁玕替他上奏洪秀全，他等了许多天，却等来"太平天国卫天义容闳"的一颗小印。

他失望了。于是，他悄悄离开了天京。

他对太平天国、对清朝政府都失望了！以后他只好做生意。但以后究竟做什么，还是回美国，他不知该怎么做了。

但是，万没想到，他从美国搬回那一套，曾大人居然能接受！

曾国藩认为自己的第一印象果然很准确，容闳的确是一位爽朗诚实、精明强干的知识分子，这种人在中国知识界极难找到。

于是，他们畅谈如何学习西方，包括办工厂、办教育、派留学等。

容闳说："这些工作要做起来，得有一个好的政府支持、包容，没有官方支持，是很难实现的。"

曾国藩说："好的政府没有现成的。你不讲改良吗？有缺点的政府，改良了就是好政府了。中国人学习了西方的好东西，中国也就变好了。"

容闳非常赞同曾国藩的看法。回国七年了，今天才找到理解他的人，决定将自己富国强兵的主张全部献给曾国藩。

前不久，曾国藩为制造新式武器，曾在安庆办了一个兵工厂，委派杨国栋负责。前面提到的浙江宁海李善兰、江苏"金匮二圣"徐寿、华蘅芳等来安庆，就是为办工厂请来的工程师。工厂还没有机器设备，只是从上海、广州等地买回洋枪、洋炮和开花炮弹、子弹等，由工程技术人员拆卸仿造。

咸丰十一年十一月（1861后12月），安庆内军械所办成，很快便仿造出一批洋枪洋炮。曾国藩把湘军军官、幕僚集合在演武场上，试看洋枪洋炮的演射。所谓洋枪炮与土枪炮的最大不同点是前膛和后膛、火药和枪弹，洋枪炮与现在区别已不大，是后膛，在后膛压枪炮弹，通过前膛高压射出去。此前的湘军用的是后膛枪炮，即后膛装火药，点燃后把前膛装的铁砂、石块顶出去。所以，安庆一仗，用火药多少、"枪子"多少是用秤称出来的，仅城下壕沟一仗湘军就用去火药17万斤、"枪子"50万斤，所谓"枪子"，就是铁砂掺着碎石。

安庆内军械所仿制出洋枪炮，其威力自然比以前大多了。枪炮打出的是真正的开花炮弹和子弹，不再是铁砂、碎石。演放之后，军官幕僚个个拍手称赞，曾国藩也十分兴奋。

　　曾国藩给大家讲话，说不久后就要办起大工厂，把工厂办到南京、上海去，还要造大轮船，洋人有的我们都要有，这就叫"徐图自强"，叫"勤远略"抵御外侮。

　　安庆内军械所没有机器，全是用土铁炉打制、仿造。即使如此，仿造的枪炮比土花炮威力不知要大多少倍。李鸿章一到上海便见洋人用的全是后膛枪、开花炮，他也立即效仿，在上海开办了"上海洋炮局"，请洋匠师，制造真正的近代大炮①，在与太平军作战时，发挥了很大的作用。

　　同治元年（1862 年），曾国藩制定了三面并举、五路进军南京的用兵计划：即曾国荃部从西面、左宗棠楚军从南面、李鸿章淮军从东面，同时并举合围南京。五路进军是：曾国荃从芜湖、秣陵为南路，鲍超从宁国、广德取句容、淳化为东路，多隆阿由庐州、全椒取浦口、九洑洲为西路，李续宜由镇江燕子矶为北路，彭玉麟水师从长江正面，五路进攻太平天国的首都天京。

　　曾国藩又上奏成立了三支水师，即淮扬、宁国、太湖水师，由黄翼升、李朝斌二人统带淮扬和宁国水师，太湖水师仍由彭玉麟统带。

　　南京周围多水，要打下它必须有战舰和军舰上的大炮，湘军虽有五支水师了，但他们的战船全是木帆船、船上的大炮也很落后。曾国藩认为造这些战船攻打南京，根本派不上用场，南京的城墙那么厚，现在的战船犹如一群蜻蜓去碰坚石。

　　因此，必须造出西洋的军舰，装上西洋的巨炮。现在用它攻下南京，将来用它抵御洋人。即所谓"可以剿发逆，可以勤远略"②。

　　此后，曾国藩一直鼓励李善兰、徐寿、华蘅芳研制军舰，徐寿等也真就下功夫干了起来。经过半年的研制，居然真的造出了一部轮船的发动机，这

---

① 李鸿章《奏稿》，第 9 卷，第 31 页。
② 《洋务运动》丛刊，第 2 册，第 225 页。

部机器不能算是发明，但却是中国人自己制造的第一部机器。

曾国藩激动不已，说："洋人的智巧奇技，到底被我们中国人学会了！"鼓励徐寿等人，再加把劲，造出先进的轮船来。

然而，要造轮船可不是预料的那么简单，从发动机到大轮船，距离还是十分遥远。尽管他们绞尽脑汁，还是没能造出想象中的大轮船。就是在这种情况下，华蘅芳忽然想起前时在上海认识的广东人容闳，他是美国耶鲁大学的毕业生，如能把他请来，造轮船、办工厂肯定会有大进展。

曾国藩一听，这样的人才，一定要留为己用，让华蘅芳赶快邀请。

容闳认为，当务之急，先得有制造机器。没有机器，办工厂、造轮船全是空话，安庆内军械所造出的那部机器，顶不上大用场。于是，他建议先去外国购买一套机器设备，才能尽快地办起工厂、造出轮船。

曾国藩听了，当机决定此事就由他来操办，正式聘他为工程师，并做两江总督永久的幕宾，要开展近代化的事业，要派遣留学，都支持容闳去做。

曾国藩为容闳奏请个五品顶戴，相当于州官，比县长高两品，给他充足的银子，派他去美国购买机器。

机器买回之前，轮船的试制工作不能停。到了同治二年年末，即1864年年初，中国的第一艘火轮船居然在安庆内军械所制造了出来，这也是中国历史上的一个创举。这艘轮船船体很小，只有二十五吨重，高压引擎、单汽筒，回转轴长十四尺，锅炉长十一尺，直径二尺[①]，严格讲这艘轮船只能算是一个试验模型。但麻雀虽小，五脏俱全，这毕竟是中国人造出的第一艘轮船，该舰取名"黄鹄"号。

军舰造出来了！曾国藩比两年前造出第一批洋枪洋炮还兴奋。他再次集

---

① 张国辉：《洋务运动与中国近代企业》，第31页。

合写官和幕僚在长江中试航，[①] 顺流航速二十八里，逆流为十六里，曾国藩认为"行驶迟钝，不甚得法"。但又认为既然我们有了轮船，"以次放大，续造多只"，中国就不愁有自己的大船和舰队。[②]

不久，湘军攻陷南京，曾国藩把安庆内军械所迁至南京。未及办厂，容闳于同治四年（1865 年）由美国买回大机器，曾国藩与李鸿章在上海共同办起了当时中国最大的军事企业之一——江南机器制造总局。该局不仅制造枪炮弹药，还设立了船坞，制造军舰。到光绪二年（1876 年），共造出七艘轮船，其中铁甲舰一艘、炮舰六艘。由于曾国藩不久被调任直隶总督，离开了两江，因此他举办的近代工业不多。我国兴办第一个民用工业时，他便早早死去。但是，他是近代工业和近代教育的开拓者，其作用和影响不能因为做的不多而逊色。

他是在容闳的帮助之下，走出近代化第一步的，容闳建设中国的计划也是从曾国藩这里开始的。

直到曾国藩临终前，容闳都是他的幕僚。

---

① "黄鹄"号试航在安庆，不在南京。曾国藩于 1864 年 10 月 8 日由安庆乘该船去南京，试航日期为同年 1 月 28 日。
② 《曾文正公日记》，同治二年十二月二十。

三十二

曾国藩说：老九身边缺人，你去帮帮他

曾国藩的幕僚真不少。但是，先前那些如刘蓉、郭嵩焘、李鸿章、左宗棠等，都离开了他，各干各了。余下的仍不少，但大都是文职书办，更多的是古文、诗文方面的文友、学生，能参谋戎机的没有几个。他身边只有赵烈文是个能看到全局、有谋有略，政事、军事、人事都能参透的好幕宾。

但是，他又要把赵烈文派给老九，原因是曾国荃出了大问题，身边又无人参谋。曾国藩是舍不得他离开自己的。

老九性格残暴，贪婪跋扈，排斥异己，很少有人能同他配合。连湘军内部的彭玉麟、杨载福、鲍超等人，对他都有很深的成见，何况外人了。

曾国藩制定五路进军金陵，他一心要直捣金陵，这块大肥肉不让别人染指。他每攻下的城市、控制的地盘，都实行抢掠的屠杀政策。

但是，曾国荃除了自己的吉字营和弟弟曾贞干①的部队，别人根本不愿与他合作，他也不愿别人来分他的"战利品"。

多隆阿在清军中是一支能战的军队，但却视他为大敌，主要因素在于曾国荃。

安庆战役中，多隆阿还真出了很大力，与曾国荃配合也很好。当陈玉成大军从北面攻来时，多军死守太湖，情况再急，曾国荃也不出兵相救。曾国

---

① 曾贞干即曾国葆，因战败被裁返乡，再出时改其名。

荃死盯住安庆城，又是多隆阿独挡桐城一面，抵御敌军好几支部队的进攻。但是，战后多隆阿却未得封赏。因此，气得大病一场，立定誓言："再不与曾国荃同处！"①

当曾国荃率三万人马连攻下十余城，直逼天京，在城南雨花台安营之后，他带着心腹大将李臣典、萧孚泗、刘连捷、彭毓橘、朱洪章在太平天国叛将韦俊的带领下，察看了这座江南名城。看到城高池深，深沟高垒，城围辽远，以他的三万人马要攻下这座名城，就是白日做梦。

他驻扎在城下，但不敢稍有行动，生怕城内的太平军和苏福省的李秀成出动，把他们消灭。因此，他赶紧命部队修筑工事，作长远的战斗准备；一面派人投书，催促各路人马会师城下。

然而，曾国荃等了多日，也未见有一兵一卒前来。

李续宜的北路军从镇江刚要出发，忽闻父亲死讯，匆匆回家奔丧，其部将唐训方还远在皖北，闻讯南援，而被太平军阻于寿州。

鲍超由宁国北进援吉字营，遇到杨辅清，展开血战，也难达天京。

曾国藩明知多隆阿对老九有成见，但救兵如救火，硬着头皮给多隆阿下了紧急调兵文书。多隆阿接信后，作出援救的样子，攻陷庐州，准备南下，接着按兵不动。曾国藩由命令改为再三恳求，多隆阿就是不听。接着，多隆阿让官文上奏皇帝，令多隆阿离开安徽，去陕西镇压回民起义。皇帝批准了官文的上奏，多隆阿从此离开与湘军的协调作战，远去了西北。

多隆阿率军西去，曾国藩万分恐慌，派人飞马送信给官文，让他追回多隆阿，仍赴南京支援。他在信中说："闻在秦之贼人数不满三千"，有多隆阿部将雷正绾一军足矣，"江南之贼人数比秦何止百倍"，仍请将去之不远的多隆追回为盼②。

---

① 王闿运:《湘军志》，第11页。
② 《曾文正公书札》，第18卷，第44—45页。

然而，官文看到曾氏兄弟这么着急，心里暗自高兴，他才不愿曾氏兄弟在南京的用兵成功呢，自然不会为他们去追回多隆阿。

这样一来，在南京城下的湘军只有曾老九一军三万多人。他们时刻准备遭受太平军的攻击，但在别人眼里，却认为是曾氏兄弟为独占破城之功，不肯与他部合作，还有人说多隆阿远走西北，就是曾氏兄弟排挤而去的。

赵烈文一个人来到了雨花台。

曾国荃和他的将官也都未表示奇怪。

因为他们都知道，曾国藩实在派不出兵。同时也知道曾国藩派来赵烈文的用意。尤其是曾国荃，他一点也没表示对赵烈文一个文员的轻视。

诸葛亮也是一个文员，可是他能让吴蜀联盟，打败曹操数十万大军；他能帮着刘备完成三足鼎立；他能用一个空城，吓走司马懿。

赵烈文只是一个秀才，就知道三河镇打不得；安庆大战前，他也早了解到安庆的坚垒是集贤关，并了解垒中的弱点在哪里，策反了程学启。

赵烈文在这关键时刻，有这些见识和作为，这是何等的眼光和心计。这一个人，真能顶上几万军队呀。

所以，曾国荃一点也没有轻视大哥只派这一个文员来。

赵烈文对曾国荃也有充分的认识，对他的品质有充分认识，对他的坚忍不拔也有充分认识。他认识到，要消灭太平军，曾国荃的残暴和坚忍未必不合适。他是猎豹和狼的组合体，他的部队就是一个狼群。

因此，赵烈文愿与狼群共舞。

曾国荃与诸将陪赵烈文查看了地形和吉字营的堡垒。赵烈文见营盘十分坚固，堡垒、壕沟无不是最好的。曾老九围困吉安、安庆等城，的确积累了攻坚的宝贵经验。

赵烈文来时，这里正蔓延着一场可怕的瘟疫，吉字营每天都死去数千人。因粮食供应不足，士兵夜里抱着饿肚昏昏睡去，第二天就成了一具僵尸。一个营房有了病人，一天便传染全室。曾国藩的弟弟曾贞干，是"贞"字营统帅，也死在那场瘟疫中。

时值夏秋之交，南京的天气依然很热。由于死尸的处理不当，战死、病死、饿死的人随处皆是，病毒借着腐尸四处蔓延。

赵烈文告诉曾老九，赶快深埋尸体，营房内外清扫垃圾，保持卫生，再用石灰四处抛撒消毒，以防病疫再蔓延。曾国荃发动士兵按赵烈文说的做，果然死的人少多了。加上秋风吹起，天气凉爽，雨花台的湘军终于渡过了那场瘟疫。

瘟疫过去了，更大的灾难又来了。

李秀成的大军开始向吉字营展开攻击，扬言大军二十万，决心消灭南京城下的湘军。

曾国藩闻听此言，吓得连日吃不下饭，睡不着觉。写信给在家守制的李续宜说："鄙人心已用烂、胆已惊碎"，求他"夺情"返回战场，助曾九一臂之力①。同时向上海的李鸿章求援，要求派程学启率领原吉字营的部队救援曾国荃。结果，李续宜染病在家，无法出山；而李鸿章仅答应派吴长庆、张树声率部分军队前往。曾国藩知道这是才募的新兵，毫无作战能力，干脆不再向李要援兵了。

求不到救兵，曾国荃和诸将们自然比曾国藩还要紧张。他们无不认为，这次再难逃过活命去。

但是，赵烈文却不这么看。

他给曾国荃等分析，李秀成的心思全在经营"苏福省"，对洪秀全死守"天京"早已不满，认为固守一城，早晚会被攻破，即使把我们一军击败，还会有更多的军队来攻。

但是，洪秀全已失去起义初期的进取之心，只是一味靠着上帝对太平天

---

① 《曾文正公书札》，第 19 卷，第 47 页。

国的安排，认为自己是上帝派下凡的唯一"真主"，上帝会派兵救他。所以，根本不听李秀成和任何人的劝说，死守住"天京"不放。

李秀成抱有死守"天京"必败之心，因此不愿为保卫"天京"而战斗。他保卫"天京"的军事行动，都是被迫的，是被洪秀全逼迫而来的。因此，他的兵再多，也无决战之心，无战斗之志。对李秀成的进攻，只要固守在堡垒中不出战，他会自动退走的。

曾国荃等将领听了赵烈文的分析，心中虽仍有疑虑，但有了点数，不那么紧张了。

结果正如赵烈文所料，李秀成的二十万大军来攻，都是远远地施放枪炮，一次也不发动冲锋。开始时，堡垒里的湘军听到震耳的炮声还害怕，后来只当是过年放鞭炮，知道赵烈文的预料准确，只要待在堡垒中不出来就可以了。

从1862年10月11日到11月26日，共计围攻雨花台营垒四十六天，前十天昼夜开炮，十天后连炮声也稀疏了。湘军战士躲在堡垒中，李秀成则自动撤围离去。

后来，王闿运为湘军撰写《湘军志》，对这次战役的结果也感到纳闷，但他毕竟是事后写书，经过调查，果然如赵烈文事前的分析一样，认为是李秀成被洪秀全迫令作战，毫无决战之心。《湘军志》有这样一段记述：

> 城寇与援寇相环伺，士卒伤死劳敝。然罕搏战，率恃炮声相震骇。盖寇将骄佚，亦自重共死，又乌合大众，不知选将，此于初起时寰矣。

曾国荃逃过李秀成二十万大军四十六天的围攻，不仅逃过劫难，声名还因此大振，他的手下军官也都因此取得很大的政治资本。这次战役与太平天国的生死存亡关系甚大，李秀成未能打破湘军雨花台大营，在退走时又遭到其他军队的袭击，李秀成说："此举前后失去战士十数万人。"① 从此，太平军再也无力组织对围城湘军的攻击了，直至天京被曾国荃等部攻陷为止。

李秀成撤军后，曾国藩还怕太平军再度攻击，赶紧写信让曾国荃"趁势退兵"，免得"援贼再来则归路全断，一蚁溃堤"②。但是，四十六天的进攻都顶得住，哪还怕再度来攻呢？此后，再不见太平军来攻，曾国藩赢得了调兵遣将的时间。不久，围城军增加到五万多人马，天京被攻陷的日子越来越近了。

---

① 王闿运：《湘军志》，第 22 页。

② 《曾文正公家书》，同治元年九月二十一日。

三十三

天京陷落，赵烈文劝说曾老九……

离天京陷落还有一年多时，湘军就把粮道堵死，城内的吃粮一天比一天困难。当年冬天，洪秀全号召城内军民在空地上种麦、种菜，但小麦要大半年才能成熟，何况城内空地有限，无法解决吃粮问题。

到 1863 年年底，江、浙大小城镇全被湘淮军攻陷，天京完全孤立。

在一无粮食、二无救兵的困难时刻，李秀成于 1863 年 12 月 21 日，向洪秀全提出"让城别走"的方案。他说："现在天京已被湘军团团包围，城内吃粮已断，外面再无救兵。所以，唯一的出路是让城别走。若不依臣所奏，灭绝定矣！"①

洪秀全不同意李秀成的上奏。城内许多官员集中一起讨论是去是留，都认为只有撤出天京，保存力量，才是唯一出路。于是，让李秀成再奏，李恳请天王率众突围。洪秀全听了大怒，斥责说："朕奉天父天兄之命下凡，是九洲万国唯一真主，何惧之有？尔畏死，尔就走。朕铁打江山，尔不扶助，有人扶助！"②

李秀成还想再奏，洪秀全宣布："从今开始，天国政事不与尔干，朝政由勇王掌，朝令由幼西王发，有不遵令者，合朝诛之！"

1864 年 3 月，城内可食之物全都吃光，不少人被饿死。文武官员向洪秀全奏问对策，洪秀全说："合城共食甜露，可以养生。"所谓甜露，就是野

---

① 《李秀成自述》。
② 《太平天国》（二），第 685 页。又见《李秀成自述》。

草，洪秀全解释："甜露是上帝赐给的粮食，天京百草丛生，就是上帝准备断粮时，留给百姓食用，其味甘甜如蜜。"

于是，洪秀全带头吃野草，官兵饿急了也只好以草代食。野草毕竟不是上帝赐给的"甜露"，没过几天洪秀全就病倒了。他已知天国将亡，拒绝吃药，不久便逝世了。逝世日期一说是 1864 年 6 月 1 日，一说是 6 月 3 日。

洪秀全死后，其子洪天贵福继位，称幼天王。

一是由于南京城的坚固，二是曾国荃不许别人前来助战争功。尽管南京城内早已断粮，太平军仍以草代食，坚守着这座名城，曾国荃仍是久攻不下。

直到洪秀全死后一个多月，曾国荃于 1864 年 7 月 19 日以地道填塞炸药炸塌城墙，攻陷了天京城。

在天京陷落那一刻，赵烈文想：曾老九和他的将官、士兵们第一个首要举动就一定是劫城。曾国荃在天京城下苦苦支撑三年多，先后病饿战死数千人，连弟弟曾贞干也赔上了小命。当他认为太平军无力歼灭他们时，即使再艰难，也不让任何军队来争夺陷城的首功。

其目的只有一个：劫掠天京"如海的金银"，升官还在其次。

至于吉字营数万士兵，普遍认为：打下天京之后仗就打到头了，兵也当到头了。以后的下场被遣散，有家的归家，无家的当流民、当土匪、做生意。无论做什么都需要钱。钱从哪里来，等着发饷吗？十几万湘军，政府穷得叮当响，哪有钱给他们？要想有钱就得去抢。他们的统帅就是这么教他们的，以前也都是让他们这么做的。没有一个湘军士兵不听说金陵城里"金银如海"，都攒足劲准备攻下城后抢个够，抢钱的机会只这么一次了！

赵烈文这么想。他想象得到，金陵各城马上要遭浩劫，心里很难过。他虽然憎恨长毛，恨他们不该闹乱子，恨他们打乱了自己正常科举的进阶机会。

因为没有了这种进阶机会，他才投身湘军幕，为他们出谋划策，尽早平定内乱。帮助曾氏兄弟，也是一个进阶捷径。但他又反对曾老九的抢掠，比匪类还野蛮的烧杀淫掠。

他打算尽自己的绵薄之力，尽量让金陵古城少受些劫难。

当震破天地的一声巨响，城墙倒了二十余丈，湘军疯狂地冲进城去的一刻，赵烈文便跟定曾国荃，大声忠告："九帅，城破后将士们只顾抢东西，如果让伪幼天王、忠逆等趁乱逃走，朝廷问罪，如何承当！千万约束将士、维持进城纪律啊！"

维持军纪、稳定秩序等话，赵烈文这些天一直在说。那时候天天苦斗，"天堡城""地堡城"都很险要，城墙也攻不倒，赵烈文虽苦劝，但曾老九天天咬牙督战，他听不进去。但是，现在不同了，城墙倒了，城内的太平军已无反抗能力。赵烈文严肃地忠告曾国荃，以"朝廷问罪"忠告他。

但是，无比兴奋的曾老九却回答："惠甫，我们辛苦了几年，拿点东西，不要大惊小怪。你就代我下令，不要放走伪逆！"

湘军入城后首先打破信王府，信王洪仁发和手下官兵一时被杀光；勇王府也同时被打破，勇王洪仁达不知去向。除天王府外，这两个王府是天京最富有的王府。洪仁发、洪仁达两兄弟啥也不懂，也没有任何事做，只知贪财聚敛。十几年来，两王府搜罗珠宝金银无数，顷刻之间，被湘军抢掠一空。

随后进攻的是天王府。

当抢杀红眼的湘军涌向太阳城时，这里没有任何反抗，只见金龙殿四周密密麻麻站着几排丢掉武器的太平军将士。他们个个衣衫破碎，消瘦得没有人形，一双双深陷的眼睛，毫无表情，望着远方，望着天王为他们指出的天国，那里才是他们美好的归宿。

湘军们看到这一幕，如同真的被神灵阻扼，站在二十丈外便戛然停住。

人墙的前面已堆好了干柴，上面也一定浇上了油脂。

湘军将士全看得出，他们准备集体自焚，连同金龙殿一起烧掉。可是，一时间湘军将士们都不知做什么，怎么做。

突然，烈焰在每一个柴堆上燃起，也像是神灵的点燃。大火烧向每一个期待走向天国的太平军战士、烧着金龙殿。大火烧红了天京城，烧红了东南半边天际。

突然，湘军队伍里有人大叫："赶快冲入大殿，那里有数不清的财宝！"

湘军战士被提醒，他们争先恐后地向前冲，有些人疯狂地向前冲，竟冲入火中，被活活烧死；有的被后面的挤倒，活活被踩死；有的争夺宝物，被对方杀死。活着的蜂拥抢劫金龙殿中的一切，一切稀世珍宝、一切金银财物，瞬息间被抢掠一空、被破坏一空。

此时全城大乱，火光四起，不要说是赵烈文，就是曾国荃或任何人也控制不住局面了。

湘军随处杀人，天京成了杀人场。无论太平军还是平民，只要遇上就杀，因为太平军极少再有穿原来服装者。据记载：城破时全城仅有三万多人，太平军只有数千，随李秀成突围者千余。所以，被湘军杀死者，主要是老百姓。

几万百姓，数千太平军在几天内被杀。当时正是南京流火铄金的季节，湘军只顾杀人、抢劫，尸体腐烂无人过问，大街小巷，"尸骸塞路，臭不可闻"，"秦淮河上，尸首如麻"①。

赵烈文很痛苦，他开始指责曾国荃和湘军官兵，在日记中大量记下湘军的罪状。他记载，湘军进城，没杀多少太平军，数万人中，百姓居多，老幼妇女居多，"沿街死尸十之八九皆老者，其幼孩未满二三岁者所戮以为戏，匍匐道上。妇女四十岁以下者一人俱无。老者无不负伤，或十余刀，数十刀，

---

① 赵烈文：《能静日记》同治三年六月二十一、二十二、二十三日。

哀号之声达于四远。其乱如此，可为发指。"[1]

湘军的兽行更在妇女身上发泄。赵烈文是目击者，也是记述者。当时四十之下的妇女，有的被拉进营房和居室尽情糟蹋。有的被掠走他乡，霸占、贩卖，大街上光天化日之下，即被强奸者"哀号之声不忍闻"。这些妇女中有太平军家属，更多的还是城内居民，连反对太平军的绅士、知识分子的妻女，也尽遭其难。

湘军们开始抢劫目标是王府、官署，后来是逐户抢劫。挖地拆屋，掘坟开墓。十余天全在抢劫，大街上挤满肩挑手提，结队成群抢劫而归的湘军士兵。

湘军个个发了财。许多中下级军官和士兵劫后便自动离队，把财物装船运往老家。长江之中千船万舸，日夜川流不息。其将领萧孚泗、彭毓橘、易良虎、彭椿年、张诗日等，就是在那次劫城时成了湖南知名的富户。

当然，发财最大的还是曾国荃。但是，他到底得到多少财物，自然没有可靠的记载。后来清廷下旨严查，哪有实证存在呢？不少史书估计，曾氏"于此中获资数千万"。曾国藩的小女儿曾纪芬说他九叔"每克一城，奏一凯战，必请假回家一次，颇以求田问舍自晦"[2]。

因此，天京城破之后，曾老九有了个"老饕"的外号。清政府闻舆论沸腾，下令追缴天京的"贮金"，曾国藩为九弟鸣冤说："吾弟所获无几，而'老饕'之名遍天下，亦太冤矣！"

至于李典臣、朱洪章等，亦皆奸淫掳掠之首。战后因名声太坏，连清政府也不愿封赏，只因"功劳"大，不得不封。而李典臣因日夜奸淫妇女，终因过度而死，时年27岁。

由于城破时湘军将士只顾抢劫，赵烈文预言的幼天王、李秀成等果然趁乱突围而出。

---

① 赵烈文：《能静日记》同治三年六月二十一、二十二、二十三日。

② 吴相湘：《湘乡曾氏文献》，第10册，第6409页。

历史总说"忠王不忠"，在李秀成被杀一百周年时，研究太平天国的权威们还把他正式打成"太平天国的叛徒"。实际上，我们把他与研究者吹嘘的陈玉成相比，就知谁忠谁不忠。

陈玉成在安庆兵败时，率部分军队去了皖北，并且谋划远去西北。洪秀全给他去了两次圣诏，批评他在安庆之战时"失挂车河之约"，命他赶快回天京，支援粮草。他拒绝援天京，还对天王的批评耿耿于怀[①]。后来，洪秀全又给他和手下几个大将书信，约他们还天京，他一直不予理睬。同时拒绝部下的劝说，再不想回天京辅佐洪秀全[②]。终被苗沛霖拘捕，被胜保杀死。

李秀成虽与洪秀全的意见有分歧，被洪斥责，并令他离开天京，不让他再扶保。但他始终没有离去，直到洪秀全病死、天京沦陷，他一直留在天京，是天京太平军的"主心"人。天京城被打破后，李秀成率千余人保护着幼天王等趁乱突围而出。由于幼天王不大会骑马，他还把自己的战马让幼天王骑，自己骑一匹劣马前行。

由于他的马太差，行进中遇到清军，他的马把他颠下路坡，同幼天王等失散，自己被俘，被人献给了曾国荃。曾国荃一直未抓到幼天王、洪仁玕等，想从他口中得到幼天王的下落，但李秀成却绝口不说。曾国藩严刑逼供，用锥子锥他，用刀子割他的肉，弄得他通身是血，多次昏晕，但就是掏不出半点信息。

曾老九大为光火，下令立即用刀子割死他，一块块地割死他。一边的赵烈文说："九帅，不能再割，万一割死了，今后没法交代。"

"死了拉倒，有什么不好交代的。"

"九帅，如果朝廷命令献俘怎么办？"

① 《太平天国》（二），第 744 页。

② 全刀口余生：《被掳纪略》，《太平天国资料》，第 210 页。

"就说李诳顽抗，乱军杀死了！"

"九帅！"赵烈文严肃地说："中堂大人还未到，他会亲自审问李秀成，事关重大，不能就这样割死他！"

赵烈文的话终于让曾老九清醒了，这才没割死李秀成。

但是，曾老九未听赵烈文劝告，终究如赵烈文所预料，无法向朝廷交代。

李秀成誓死不说出幼天王等人的下落，曾国荃只好编造谎言，或者说是他的估计，在给大哥的信件中说：金陵城十万太平军被消灭；幼天王洪天贵福一伙在城破之日皆"举火自焚"；金陵除了十万太平军官兵之外，不像人们传说的那样"金银如海"，而是什么也没有，金银全被长毛缺粮的几年，换粮食了，就是一座空城，等等。

曾国藩在安庆根据这些信件内容，向皇帝写了《报捷折》。还根据曾国荃的信件，写了保举破城有功将帅的《保举折》。

曾国荃攻克金陵的信件是同治三年六月十八日（1864 年 7 月 21 日）发到曾国藩手中的。六月二十四日（7 月 27 日），便收到了皇帝的批复，往返才六天，那是最快的加急送递。

皇帝看了曾国藩的奏报，当天就发出了上谕，称贺湘军攻克金陵城，赏加曾国藩太子太保，赐封一等侯爵，赏戴双眼花翎。曾国藩接旨后，于当天乘轮船去了金陵。

因为他迫切要知道真相，到达金陵后当夜便提审了李秀成。

由于曾国藩礼遇李秀成，使他十分配合，回答一无虚言。审问就像闲聊天。

开始时曾国藩把这些年不能理解的一些问题发问，李秀成一一作答。

当问到城破前太平军的兵力人数时，李秀成说只有三四千饥疲的守城者。曾国藩回头看看九弟，是九弟欺骗了自己，自己又欺骗了朝廷。

曾老九听了大吼："李秀成，你胡说八道，满城都是长毛，为何这般回答。"

李秀成怒视曾老九，不屑回答他。

曾国藩又问了幼天王的事。李秀成回答，城破时满城大乱，自己趁乱保幼天王逃走，后来因坐骑摔倒滚落坡下，乃致昏晕，自己不知其下落。

这是皇帝最关心的事，又是九弟扯了谎，自己也上报皇帝"积薪自焚"。

此后，曾国藩不再发问，让李秀成把自己该说的都写下来，写成一个悔过书，申报朝廷。李秀成照他所说，每天写五六千字，总计写出三万余字。曾国藩把他每天写出的，晚上细看。

由于是李秀成亲身所历，三万余字把太平天国十几年的历史大体明白地写出。当曾国藩看到"天京城里有圣库一座，京天王的私藏，另王长兄次兄各有宝库一座，传说里面有稀世珍宝，但我未见过"。

曾国藩叫来九弟，询问这些金银财宝的下落。曾国荃先不承认，说全是谣言，后来支支吾吾交代城破时秩序混乱，也许被乱人抢劫入了私囊。

本来曾国藩欲将李秀成交给朝廷处理，但看了他的供词，所言多处与自己的奏折不同，又有"招降十要"内容，言招集旧部归"中堂大人统带"等等。曾国藩决心杀死李秀成，不然皇帝问起来，李秀成仍胡说出来，那可就是大事了。

于是，他用剪刀和笔墨修改了"供词"，尤怕夜长梦多，宁可违将李秀成押送京师的旨意，也不愿授人以口实，于七月六日（8月7日）将李秀成杀害。

不久，又接到清廷新颁上谕。曾国藩封赏没有变化，增加了曾国荃和攻城军官的封赏，老九封为伯爵，其他人或是男爵，或是子爵。同时也封湖广总督官文、科尔沁王僧格林沁、李鸿章、左宗棠等爵位，都不比曾国荃低。

曾国荃对封赏不满意，牢骚话才出口，又一道上谕发到。极为严厉地指责曾国荃"指挥失宜，遂使伪忠酋夹带伪幼主一千余人，从太平门缺口突出"；指责曾国藩谎报幼天王等"积薪自焚"，责令他惩罚防守缺口的人员；还说"金陵城陷于贼手十余年，外间传闻金银如海，百货充盈"，勒令曾国藩查清报部，以备拨用。上谕杀机毕露言"曾国藩以儒臣从戎，历年最久，战功最多，自能慎终如始，永保勋名，惟所部诸将，自曾国荃以下，均应由该大臣随时申儆，勿使骤胜而骄，庶可长承恩眷"。[1]

曾国藩担心的事，也是赵烈文先时警告的事都在这篇上谕中出现了：朝廷追要幼天王等逃失人犯、谎报军情、追要天京"如海"的金银、惩办防守不严的人员、指责曾国荃"骤胜而骄"。这实际上是警告曾国藩，做不到上述一切，就难以"永保勋名"，也就不能"长承恩眷"。

---

[1]　赵烈文：《能静居士日记》，同治三年七月二十一日。

三十四

宁任湘军哗变，黄袍亦莫加身

听完上谕，粗野骄横的曾国荃连惊带气，病倒在军营里。

晚上，曾国藩去了弟弟的病房。老九一把拉住哥哥，愤恨、委屈，欲哭无泪。曾国藩见他无多大病，乘机狠劝了老九一通。曾国荃不知深浅，只怪清政府奖赏不公，以为自己围攻金陵几年，遭受了说不尽的苦难，同"长毛"血战无数，最后不仅封赐不厚，还弄了一身不是。

曾国荃说着站了起来："金陵城破时，不就漏网千把人吗？杭州城破时，数万长毛逃出城，左宗棠为何未受指责？"

一提左宗棠，顿时触动了曾国藩的痛处。他根据曾国荃的报告，上奏说伪幼主"积薪自焚"，而上谕中说根据浙江的奏报，伪幼主已由金陵逃出。左宗棠也的确写信来，说从难民中得知伪幼天王由李秀成保护逃离天京。但是，左宗棠为什么要上报皇帝？这位与自己相交三十年的老朋友，在这么大的事情上不给自己留一点情面，反而在后背捅了一刀。自己对左氏不薄，何以在此时告自己的黑状！

曾老九又大声说："说什么查实城里的金银，报部拨用。金银确是不少，但都被乱兵抢走，如何还能查清，又如何报部？"

曾国藩只是听着，无法回答。

"况且，还要我们把李秀成等长毛押送京师，人都杀了，还押送个屁！"

"大哥，你不是说过，文宗亲口许诺，最先封王，大哥就该封王。难道皇帝说话还放空炮！"

曾国藩见老九越说越不像话，正色道："小声点，说话要有分寸！"

曾国荃真的压低了声音："大哥，是朝廷逼我们无路走。我们百战沙场，九死一生，为的是什么？飞鸟尽，良弓藏，狡兔死，走狗烹，今天轮到我们了！现在，我的吉字营五万，彭玉麟水师五万，鲍超、张运兰、萧启江共五万。十余万人马，八旗、绿营都不是我们的对手！"[1]

曾国藩没等老九说完，便说："今天你情绪失常，是热湿病所致。你静下心来，好好休息。"说罢，匆匆离去。

至于吉字营各营官听到谕者命令交出金银，都凑在一起议论纷纷，最后集体找曾国藩抗议，都说只管在城里与长毛拼命，并没有去找什么金银，金陵城里也没有金银。

曾国藩问他们："都说金陵是长毛的小天堂，金银如海，财货如山，你们说什么也没有，皇太后、皇上会相信吗？"

诸将官的确无法让朝廷相信，大家互相看着，又议论了一阵。有的说："这不逼着公鸡下蛋吗？"有的说："真把我们逼急了，狗急了还要跳墙哩！"

"要不，就此散伙吧，反正营里的士兵皆各有散志了！"萧孚泗愤怒地说。

"我营炸城墙一下子死了四百多，这些天上百人不辞而别，不散也得散了！"朱洪章大吼。

刘连捷、彭毓橘、朱品隆等也都附和。

营官们的话让曾国藩明白：湘军的气数已尽了！

"诸位先请回吧！"曾国藩无法回答他们，自欺欺人地说："我会想出法子，诸位应约束部下和勇丁，莫闹出乱子。"

乱子还是出来了，霆军发生了哗变。

鲍超在攻破金陵后回四川省亲，军队由记名提督宣化镇总兵宋国永统带，正与太平军余部康王汪海洋作战，听到裁军等消息，在金口哗变，目前情况

---

[1] 肖一山：《清代通史》第 3 册，第 779—780 页。

尚不明。鲍超不在军中，谁也别想压服霆军。

现在是湘军危迫之时，也是自己困难之时，湘军中尽是赳赳武夫，而且个个愤愤不平。湘军也如一堆干柴，点起火来，局面难以控制。湘军幕中的彭寿颐等人，情绪和诸营官没啥两样，无异于火上添油，对局面的平复无半点好处。几次议论，唯赵烈文尚未表态，他或许有解决的办法？

此时，折差又送来一叠咨文，曾国藩小心打开，一共三份，原来是三个御史的参折，全是针对他曾氏兄弟和湘军的。

一是御史朱镇奏金陵善后事，参劾曾国荃善后扰民，请罢曾国荃的抚巡职，派朝廷干员前去善后。二是廖世民参劾曾国潢依仗其兄弟势力，在湘乡胡作非为，干预公事，挟嫌报复，私设公堂等，要求朝廷严惩劣绅曾国潢。三是蔡寿祺上奏湘军的种种不法，湘军攻城略地，许多人取得了高位，若乘时而起，非国家之福。参折直接点了曾国藩兄弟和李鸿章、鲍超、刘蓉等人的大名。

曾国藩看完三份参折，面色苍白、冷汗直流。过了好大一会儿才缓过气来，让人叫来了赵烈文。

赵烈文进来，曾国藩先把三折让他看。

赵烈文看完折稿说："中堂，御史的言事，多出风闻，皇帝对他们的奏事，不都认真追究。"

"但也不能任他们乱说。"曾国藩说。

赵烈文想了想说："折中说到少荃和刘蓉，可抄两份蔡寿祺的奏稿发给他们，由二位向皇帝申辩为好。"

"也只好这样，我们不能上当！"曾国藩认为还是赵烈文想得周到。

赵烈文接着说："中堂大人，还记得派李少荃去上海时的议论吗？如今湘勇暮气沉重，该是裁汰的时候了。"

"裁军的问题很多，我正在考虑。"

"中堂必须痛下决心，朝廷最不放心的就是我们十万湘勇了！"

"军尚未裁，营中已很混乱，霆军已哗变了。"

"我打听了，霆军是哥老会在作乱。我考虑再三，要想个稳妥的办法，不露声色地处理霆军的问题。"

"是的，不能依着老九胡来。"曾老九曾要以武力消灭，曾国藩未同意。

"霆军此时绝不会去投流散的长毛，闹事不过为的饷银。中堂认为可以的话，我愿去金口走一趟。中堂给我三十万两银票，我会让哗变的士兵回头。但要授权给我，凡哗变的官兵一律不予追究。"

"就依你说的去做，必须赶快把春霆招回来，别的人压不住他的兵。"

赵烈文说："中堂大人，湘勇的问题虽麻烦，并不难解决，现在难解决的是吉字营统领。"

曾国藩见赵烈文有些不好痛快出口，便说："惠甫，有话直说。我今天找你来就是要你拿主意的，什么也不必忌讳。"

赵烈文说："吉字营攻克金陵功劳最大，如今得不到高位，又要上缴金银，逼交纳幼主。现在，他们有拥立中堂大人之意，尤其是九帅。"

曾国藩默视赵烈文良久，鼓励他进一步分析形势，敞开来说。

赵烈文说，清政府对长毛的起事，对洋人的欺凌，对吏治的败坏，都软弱无能，束手无策，但对汉官的防范和制裁，却是老谋深算，有的是办法。眼下，虽然湘军在长江下游数省占着优势，但官文居长江上游，富明阿、冯子才分守扬州、镇江，僧格林沁屯兵鄂皖之间，分明是对湘军早有防范。浙江的左宗棠、江西的沈葆桢，早被朝廷拉为己用，成为湘军背后的两支利芒。湘军中坚只有曾国荃、彭玉麟、鲍超等部，不超过十万人马。李鸿章与湘军有渊源，但如果发生大事，淮军是否能支持湘军，那还得看情况。

赵烈文继续说，九帅欲使曾国藩黄袍加身，但以他的品质，即使加身成功，难说不会重演赵光义的故事。"烛光斧影，千古之谜"，九帅心高气傲、倔强狠毒，要胜过赵光义多倍。曹操、王莽不是没有作为的人，但终究还是留下无父无君、犯上作乱的罪名。

这些，是赵烈文多日思考的问题，此时全盘托出，最后说："中堂大人，我说句不好听的话，宁任湘军哗变，黄袍亦莫加身。千古名节，不能有丝毫不臣之念！"

曾国藩听得心口直跳，坚定地说："惠甫你虑的是，也是我多日心烦之事。现在，咱们就商量如何办。"

赵烈文说："目前要做的一是要朝廷对我们放心，二是要安抚九帅一班将官。"

照着赵烈文说的这两条，曾国藩下定了裁军的决心。人言"三千里长江上下，无一船不挂曾字旗！"赵烈文几年前就说曾氏兄弟军权太重，必然会出事。既然湘军是为剿长毛临时招募的勇丁，现在长毛已平，理应裁撤。裁了湘军，朝廷放了心，也让曾国藩放下负担，十几万人一天就得吃四五十万斤粮食，银子还是外贴。由赵烈文拟稿，曾国藩发给清廷。

清政府很快批复，但提出不可裁之太骤，防备遣散勇丁闹事，还要曾国藩选精壮之勇丁留下补充绿营。曾国藩仅接受不可"骤裁"的意见，而未接受"留精壮补绿营"的意见。

当时南京周围的湘军嫡系约七万余人，鲍超霆军和周宽世营两万余人已赴江西，归属沈葆桢指挥，余下的五万余人正是清政府最不放心的曾国荃吉字营。

七月二十日（8月21日），曾国藩经过工作先裁撤二万五千人，留一万人守金陵，一万五千人为城外游击之师。到同治四年二月（1865年3月），守城军又逐步被裁撤，仅余两千人，城外的湘军已留无几。再到清政府命曾国藩北上剿捻时，南京仅余下刘松山统领的"老湘营"，已不成一支军队了[1]。

---

[1] 《曾文正公奏稿》，第22卷，第34—35页。

　　湘军裁撤后，军饷也就不需要再留，曾国藩上奏停解军饷，用这个作为条件，对换清政府勒逼他交出金陵的金银。他上奏金陵城确无金银可以"报部拨用"，清政府也就不再追逼。

　　当年七月二十日（8月19日），奏请裁军，七月二十九日（8月30日）奏请停解湘军军饷，第一笔停解广东拨给湘军的厘金。自同治元年（1862年）以来，即供金陵围城军一百二十万两，这是一笔可观的也是湘军最可靠的开支来源。曾氏自动请求停解，说明他的诚意。清廷接到他的奏折后立即批准，谕旨还要他留其三成作为留下来军队的开支，也被他拒绝，全部停解。

　　接着，他又上奏停解江西的协饷。前不久曾国藩因江西厘金与沈葆桢闹翻了脸，^① 就是这笔款子，曾国藩主动不再要。因鲍超、周宽世两部湘军赴援江西，这部分厘金就归江西供应两部湘军了。

　　这里顺便提及，因沈葆桢与曾国藩闹别扭，鲍超等两部湘军去了江西，巡抚沈葆桢不给他们供应军饷，鲍超又请假回四川省亲，他的霆军得不到军饷，由内部哥老会煽动才发生哗变。前文提到赵烈文申请三十万两白银，给他们补发了军饷，才平息了那次兵变。鲍超等部湘军有江西的那部分厘金作军饷，也就不再闹事。

　　随后，又奏停了"东征厘金"。所谓"东征厘金"，是咸丰十年（1860年）湘军围攻安庆时，由湖南供应的军饷。但是，当曾国藩要求停征停解时，西北发生了回民大起义，清政府令湘军杨载福部镇压，杨升任陕甘总督，要求把这部分军饷改为"西征厘金"，供他镇压起义军。但曾国藩坚决反对，与杨载福又发生了矛盾。经清政府调停，把"东征厘金"改为"厘票"，撤销"东征局"，由湖南巡抚主持把部分"厘票"接济杨载福。

　　由于湘军的裁撤，又主动停撤了大量军饷供应，曾国藩表明了自己的诚

---

① 见拙著《曾国藩大传》，团结出版社 2008 年版，第 36 章。

意。清政府见曾氏兄弟手中无兵，也就对湘军放了心，从而不再逼他们上缴金银等等。曾国荃等湘军大将们，不被逼迫缴钱，也就不再闹情绪。清政府对他们分化瓦解，湘军嫡系几乎全部裁撤，曾老九想搞"黄袍加身"也无法再搞了。

但是，曾国藩认为九弟的舆论太坏，便做他的工作，主动辞去官职，开缺回籍。曾国藩以他有病为由，代他上奏皇帝，申请开缺。奏折上递的第八天，清廷便批准曾国荃开缺，其速度之快，毫不客气。

同治三年九月八日（1864年10月8日），曾国藩正式把两江总督衙门搬进天王府。满堂宾客，共庆典礼。盛会上，曾国荃几杯酒下肚，失态不能自持，又哭又闹，搅得盛典难以进行，曾国藩狼狈万状，"直无地置面目"①。

为安慰弟弟，在他41岁生日那天，曾国藩派赵烈文登门劝慰，并写了十三首诗为之庆寿。诗曰：

> 九载艰难下百城，漫天箕口复纵横。
> 今朝一酌黄花酒，始与阿连庆更生。
>
> 陆云入洛正华年，访道寻师志颇坚。
> 惭愧庭阶春意薄，无风吹汝上青天。
>
> 几年囊笔逐辛酸，科第尼人寸寸难。
> 一剑须臾龙变化，谁能终古老泥蟠。

---

① 《能静居士日记》，同治六年九月初十日。

庐陵城下总雄师，主将赤心万马知。

佳节中秋平巨寇，出生初试大功时。

（诗述咸丰八年八月十五克安庆城）。

楚尾吴头暗战尘，江干无土著生民。

多君戡定同安郡，上感三光下百神。

（克复安庆时钦天监奏是日四星联珠，日月合璧）。

濡须已过历阳来，无数金汤一蒉开。

提挈湖湘良子弟，随风直薄雨花台。

邂逅三才发杀机，王寻百万合重围。

昆阳一捷天人悦，谁识中军血染衣。

平吴捷奏入甘泉，正赋周宣六月篇。

生缚名王归夜半，秦淮月畔有非烟。

河山策命冠时髦，鲁卫同封异数叨。

刮骨箭瘢天鉴否，可怜叔子独贤劳。

左列钟铭右谤书，人间随处有乘除。

低头一拜屠羊说，万事浮云过太虚。

已寿斯民复寿身，拂衣归钓五湖春。

丹诚磨炼堪千劫，不借良金更铸人。

黄河余润沾三族，白下饥民活万家。

千里亲疏齐颂寿，使君眉寿总无涯。

童稚温温无险巇，酒入浩浩少猜疑。
与君同讲长生诀，且学婴儿中酒时。[①]

这十三首诗诗意明白，记述曾国荃征战九年的功绩，但却遭到嫉谤。他劝弟弟暂且回籍修善，不必把开缺一事看得太重。

曾同藩在诗后注解，这十三首诗连同壬戌（同治元年，1862年）四月克复皖南数城时，为弟弟写下的四首诗，皆被同仁抄去相和，歌者谱调而唱，金陵秦淮河等处，多唱此诗。

十月四日（11月2日），曾国荃返回湖南老家，"杜门谢客，以书帖自娱"，直至后来捻军再起，清政府又下旨起用。

---

① 《曾文正公诗集》，第4卷。

三十五

薛福成考号上书

金陵城又回到清政府手里了。两江总督曾国藩是科举出身，他在百废待兴之时首先想到的是恢复江南省的科举考试。

江南省自咸丰二年太平军占领金陵城，就停止了考试，现在是同治三年，整整十二年没进行科举考试。太平天国失败后，江南省要求立即开科取士的呼声，便雷鸣般响起。

安徽、江苏两省在康熙六年以前还是一个省，名曰江南省，所谓两江是指江南省与江西省，那么两江总督说是管两个省，实际管辖江苏、江西、安徽三个省。后来，江苏与安徽虽然分为两个省，巡抚衙门多出了一套来，但总督衙门还是一个，地址就是金陵城。

早在咸丰十一年，安庆被湘军攻克，曾国藩就想单独在安庆开科，专考安徽士子，但是因皖北的太平军和捻军闹得太凶，就没有搞成。

乡试是省一级考试，被录取的称举人，举人中试之后，好去京师参加会试，再进阶为进士、翰林。江南省十二年未进行考试，江南举子失去三次会试的机会。以前的全国考试，直隶省被录取人数为第一名，第二名便是江南省。而江南省会试考举一甲的人数比直隶省尤多，自顺治三年丙戌开科取士，到咸丰二年壬子科，共进行九十一次会试，江南省出五十名状元、三十二名榜眼、四十二名探花，居全国第一，而且远超过别的省。

这样出人才的省份，居然十二年未进行乡试，士子们如何不着急。早在太平军尚占领金陵城时，甲子（同治三年，1864年）科的乡试，别的省都举行完了，如果这一科江南再不开科，又要等一年才能举行乡试。所以，一定要把甲子科补上，毕竟甲子年还未过去。

但是，南京克复后一片战后景象，不管是衙门还是私宅，几乎全被焚毁或破坏。曾国藩进入南京城后，由于天王府破坏得最严重，只好借驻别的衙门。要恢复科考，就得修复贡院，曾国藩在总督衙门、江宁知府等行政长官衙门未修之前，先行修复了贡院，打算赶在天寒地冻到来之前，先把乡试搞完。

曾国藩把修复贡院的资金拨足之后，严行规定：十月底必须修复，决不许耽误十一月初八的甲子科乡试。

贡院如期修好，乡试如期进行。江淮两万多名士子，络绎不绝地涌进江宁城。这些士子中有白发苍苍的老者，也有不及弱冠的青年，有肥马轻裘、呼奴喝仆的富家子弟，也有独自一人、布衣旧衫的寒士。

由于 12 年未举行乡试，这一科也是落后了全国几个月，本来是桂花飘香时就能看到新科举人"蟾宫折桂"，今科怕是要等雪花飘舞才能榜上有名了。12 年未考，士子们攒在那里，这次一下子来了两万多，考生呈祖孙三代状。最大的年已 78 岁，是江苏如皋的鲁光羲。父子结伴而来的有两百多家，祖孙三代来的有八家，鲁光羲就是祖孙三代同来，孙子也二十多岁了。

这真是江南的盛世。

乡试定例是八月举行，八月初九为第一场考试，十二日、十五日为二三场考试。初八、十一、十四点名入场；初十、十三、十六交卷出场。三场总计九天，每场都要在小号里待上两夜三小天。唯第三场可以提前交卷，出得小号正赶上八月十五中秋赏月。

但是甲子科江南乡试推迟了三个月，已是冬季。十一月初八这天，天公不作美，前夜刮了一夜西北风，气温骤然下降，隆冬的萧瑟猛然降临。

按例每场都要点名入场，因冬日天亮得晚，点名推迟在卯正时刻。贡院外人山人海，士子们背着被包，提着考篮，按安排好的省府县站在门口等候点名入场。

两万考生，一一点名、验看证件，费时很多。考生站了两个时辰，未入场的仍然人山人海。突然，寒风夹着雪粒、雨点，横扫被点名者，辕门外的考生先是衣湿，接着结冰，个个如雨中寒雀，如待决死囚。

实然，一声撕心裂肺的惨叫，原来那个 78 岁的鲁光羲，"咕咚"一声直挺挺地倒在泥地上，被当场冻死。他的儿子和孙子高声哭叫。

赵烈文没有了先前的斯文，一把推开曾国藩的辕门："中堂大人，龙门外冻死了人！"

曾国藩大吃一惊。讯问结果后，曾国藩取出四十两银子，让赵烈文善后。赵烈文说："现在雨雪交加，士子们全站在龙门外，站久了还会出事，能否不点名，先放他们进去。"

"不点名径直入闱，这可是从未有过的。"

"大人，场上六十岁以上的老人有一两百，若是再冻死几个，那就更麻烦了！"

"好吧，你就先拿我的名刺，去见主考刘大人，请他下令停止点名，先让考生进号，让点名官一一查验。将来上头追查，由我负责！"

正在为此事发愁的主考刘昆，听了赵烈文的转告，和副主考平步青一商量，立即下令大开闱门。剩下的一万多考生按号顺利入场。

曾国藩又令赵烈文去老湘营，传达他的命令，立即送来五千件衣服，为考生换湿衣。又吩咐厨房大锅熬煮姜汤，发给考生，以便去寒。一阵忙碌后，二万考生皆入得号房，安心应试。

考生的苦楚，三场九天关在小号里，其苦不堪言状，蒲松龄多次亲历，在《聊斋志异·王子安》篇中写道："秀才入闱，有七似焉，初入时，白足提篮，似丐。唱名时，官呵吏骂，似囚。其归号舍也，孔孔伸头，房房露脚，似秋末的冷蜂。其出场也，神情惝悦，天地异色，似出笼之病鸟。迨望报也，草木皆惊，梦想亦幻，时作一得志想，则顷刻而楼阁俱成，作一失志想，则瞬息而骸骨已朽。此际行坐难安，则似被絷之猱。忽然而飞骑传入，报条无我，此时神色猝变，嗒然若死。则似饵毒之蝇，弄之亦不觉也。……"①

曾国藩主持的江南甲子科乡试，经三场九天的苦战，又经过考官，执事人员一个月的紧张劳作，终于完成了。那次乡试，共录取正榜举人二百七十三名、副榜贡士四十七名。

然后是由曾国藩亲笔写榜、放榜、闹五魁，在鞭炮鼓乐声中金榜被张贴在贡院大门之外，本科乡试便宣告结束。

曾国藩写了一天榜，直累得头昏脑涨，手腕酸痛。待吃饭、休息之后，他猛然想起收卷时主考刘昆给他的一封信，连忙找来拆开。边拆边想：是何人在考号里不认真写卷，却留下这一叠厚厚的信纸？拆开后，见开头一行如式低了几格写着："江苏无锡籍士子薛福成"。

曾国藩回忆，今科取士没有这个名字，一定是个落选士子。由于要知道原因，曾国藩抓紧看下去，第二行写着"恭呈太老夫子元候中堂节下两江治理八条"。

"噢，薛福成，一个关在小号中，宁可不作时文，放弃录取机会，为治理两江而向总督献策。"曾国藩未阅正文，便心生感激，这些天他正为两江的治理筹划。

但他又想，这个考生为何不在试外献策？是的，宁放弃机会而在号中献策，这将会引起总督的注意，因为考号中的一纸一字都必须收起交给主考，主考也一定不敢私自丢弃。国家的选才大典，谁也不敢有一丝马虎。

① 《聊斋志异》，第9卷。

　　曾国藩欣喜地阅读。薛福成的"治理两江八条"，包括养人才、广垦田、兴屯政、清吏治、厚民生、寿海防、换时变等，都是当时亟待要做的，其中筹海防、挽时变等条，是时代改革的内容，连搞了洋务的曾国藩都感到很新鲜，自己是料难及此的。

　　况且，所言皆切合时务，有解决和实施的具体措施，绝非书生的空泛议论。曾国藩是行文高手，他读此文犹觉条理之精密、文辞之流畅自然，每每击节称叹。

　　由于薛福成是近代著名人物，有许多令人称叹的传奇故事，又是出使英、法、比、意的四国公使大臣。所以，曾国藩此后如何面见的薛福成，历史记载就大不一样了。有的著名历史小说、传奇故事说，薛福成在考号里写下了那篇万言书，就不知去向了。曾国藩决心找到他，在北上剿捻时，座船横幅"寻找无锡薛福成"。有的则说，薛福成尚未离去，随后即被曾国藩接见。

　　无论如何，曾国藩是见了薛福成。一见便认为这个翩翩美少年绝非等闲之人，问他为何放弃科考，而在号中进治理两江之言。

　　薛福成回答，读书识字在于求取治国治民的学问，不在举业。此刻，三江百废待兴，作为读书之人不应局限于个人得失，而应为治理献一点心血。故而宁可放弃举业的题目，而作好三江父老为他出的大题目。

　　曾国藩认为他小小年纪，有如此阔通的见识，况非空疏大言。于是，虚心地一再征求薛福成的面议。

　　薛福成又在万言书之外，详细叙述目前遣散的湘军如何化害为利；应在上海举办军工厂、造船厂和其他工业；如何治理三江的三难，即漕运、河工和盐政，等等。

　　曾国藩听薛福成谈吐，想起五年前还在祁门时，曾有一个举人前来夜谈，也献上治理江南的政事、吏事、民事等策略。当时虽已授两江总督，但仍在紧张的作战中，尚无机会实行那人的献策。那人临行时，说自己是无锡薛湘，薛晓帆。曾国藩约他，待金陵攻下后，到两江总督署相见，请入幕府相助。

薛福成说："他是晚生的父亲，已在去年病故了。"

曾国藩自语："晓帆兄，老夫与你有约在先，为何就失约先行了呢！"

曾国藩又问了薛福成的母亲和家中情况，薛一一作答。

最后，曾国藩问："我想留你在两江幕中做事，你可愿意？"

当时，能在总督署做幕宾，胜过中进士做翰林，薛福成又是位热心做大事的青年，如何会不同意。

三十六

放手幕僚，治理盐政

薛福成为治理两江提出了八项建议，曾国藩却不能一下子都去做，他思之再三，认为当务之急是治理盐政。

盐的问题太严重了。中国的九大盐区，数两江管辖的淮盐销路最大，包括三江、两湖、河南六省。食盐既关系国计民生，管理不当出的问题也就最大，盐官和盐商都会借机肥己，老百姓再穷，水不能不喝、盐也不能不吃。朝廷的国库收入，盐也是一个大宗。因此，上起皇帝，下至百姓，无不关心盐政。贪官和奸商，也都盯着盐的买卖。

淮盐的问题历来很大。嘉庆、道光两朝五十多年，按规定每年应行纲盐一百六十余万引。这里说的"纲"和"引"都是盐政制度。明清两朝官盐实行私商承包专卖制度，发给专卖盐商的一种凭证称"纲"；"引"也是专卖盐商的凭据，这个凭据是可领卖食盐的多少，一引多少时代不同也有多有少，一般是每引为四百斤食盐。盐商领到多少引，就按引去远销，盐官则按引去收税。

淮盐在嘉道两朝应行纲盐一百六十余万引，上缴税银五百余万两。但实际上报国家的引数不足一百万，上缴盐税仅有二百万两。道光十年（1830年），两江总督陶澍依靠魏源、包世臣治理盐政，清除了食盐运销、管理上的积弊，打击了盐官和盐商，增加了国库收入、方便了吃盐的百姓。等陶澍一死，太平军起义，一切秩序混乱，盐政的问题比先前还要严重。

曾国藩决心把淮盐恢复到陶澍的时代。

他找来幕僚商量对策，包括薛福成、彭寿颐、黎庶昌、吴汝纶、张裕钊、赵烈文，还有在长沙时的幕僚黄廷瓒，自来金陵办公后，也把黄廷瓒招来。这次整顿盐政，具体事务就由他负责，曾国藩深知他办事的态度认真，也有能力。

什么问题都不说，先分派这些幕僚到盐的销地去调查情况。幕僚们被分派到了三江、两湖、河南各地。

过些日子，幕僚们都先后回到南京，由黄廷瓒召集开会，汇报情况，商量治理方案，把详情向总督作了禀报。

盐政的弊端太多，一团黑暗，但百弊之源是盐官。因此，首要者是打击那些民愤极大的贪官污吏，肃清盐政。然后制定落实新的盐务章程，并把清正廉明的人才充实盐官，如此才能让盐政真的好起来。

曾国藩把制定盐务新章的事交给黄廷赞去做，把总督署关于陶澍治理盐务的卷宗摊出，让黄廷赞多多吸取陶澍当年的经验。打击罪大恶极的贪官，由他领着众幕僚展开。

曾国藩把幕僚们禀报的典型贪官和贪吏作了排列，决定先拿海州运判裕祺开刀。

裕祺做了八年的海州盐运判官，脑子里完全没有法度，凡能捞钱的机会，丝毫都不放过。每年春夏新盐上市，他便以引商之口，以滞销为由，压低食盐的上市价，让晒盐的池商毫无办法。只好一起凑集银子向他通关节，直到他认为池商再也拿不出钱了，才以正常的价格让新盐上市。因此，无论盐的生产商（池商），还是销售商（引商），都把裕祺看成食盐生产运销的极大障碍，好比阴司里的恶判官。

裕祺是蒙古人，属科尔沁左翼后旗人，与僧格林沁有亲戚关系。他宣传自己是僧王的表哥，那么僧王是当今皇帝的表叔，他也就是皇帝的表叔。他既有这层关系，属大牌皇亲国戚，小小盐商谁敢碰一碰他，只能咬着牙任他盘剥。

曾国藩对僧格林沁没有接触，但一直对这个亲王的不可一世反感。办湘勇团练，与长毛作战的十几年，早听说僧王一直瞧不起他，没少在朝中说他和湘军的坏话。既然你僧王的表弟犯在两江管辖区，就先拿他开刀，如果僧王敢出来庇护，不妨打一打官司，看看皇帝如何保护坐实的贪官。

曾国藩派薛福成到海州去，把裕祺的贪行查实，联络池商，用他们的名义写一份状子告上来。薛福成悄悄去了海州，走访了每个池商，向他们了解裕祺的盘剥、贪污行为。

池商们早对裕祺恨之入骨，听说总督大人要整裕祺，无不心感痛快，很快便把他的罪行全部揭了出来。薛福成见到裕祺的种种罪行，愤恨万端，饱含激情写了一份状子，把裕祺的劣迹罪状全部写出。

曾国藩拿到状子，立即派出巡捕拿了令牌前往海州，把裕祺拘捕归案。又派彭寿颐暂署海州盐运判官，让他前往查清海州历年账目，查实裕祺的罪行后，抄其家产。

当彭寿颐和督署巡捕前往海州，宣布两江总督的命令，锁拿裕祺，查封其公馆之时，海州官场地方，尤其是盐场和百姓个个兴高采烈，无不拍手称快。这件事很快传遍两江三省，官场为之一震。

裕祺事先毫无准备，临上路时把弟弟裕祥叫来，暗中吩咐：不惜一切也要打赢这场官司，万不得已时去京城找僧王，与曾国藩见个高低。

裕祥照哥哥的吩咐，携带家丁银两，先去扬州找盐运使司忠廉，求他在两江总督面前说情。

忠廉是满人，平时与裕祺的关系密切，主要原因也是僧王的关系。当裕祥前来之后，他打量着有僧王在京，曾国藩不会把裕祺置之死地。再说，盐政中十分黑暗，没有不贪的盐官，裕祺所管的地盘最小，只有三个盐场。淮盐共有二十三个盐场，通州分司管九场、泰州管十一场。海州这么小，没有太大的油水可捞。

因此，忠廉去了两江总督署，为裕祺说情。他知道曾国藩这个理学大师不爱钱，所以未携一钱，乘船来到江宁城。

他为裕祺开脱的第一个理由是，以压价复价的手腕从池商手里敲银子，做法欠妥，但海州历届运判都是这么做的。言外之意各地的盐运官也都是这么做的，当然他只提海州。

此前曾国藩了解过忠廉的情况。盐运使是个官场中的头号肥缺，能取得这个缺位，没有些关系是不大可能的。忠廉走的哪号门子，他还没来得及查访。但根本不用查，忠廉一定也是个贪员。只是粗粗了解，忠廉当了三年从三品的盐运使，发的财还不大，官声还可以，所以曾国藩不打算动他。

曾国藩说，历任海州盐运判官的劣行，鄙人早有耳闻，但咸丰十年之前，鄙人不任江督，那一段我管不着。如今我要查海州的贪员，不能放过裕祺的胡作非为。

忠廉哪能不知作为湘军统帅的曾大人，不会轻易放过一个贪官，连百万军队的长毛都让他蹚平了。因此，他又退一步说，裕祺把勒索的银子修了运河，这个情况我作为上司是清楚的。请曾大人能酌情从宽处罚。

"他曾拿多少银子修运河？"曾国藩两眼逼视忠廉问。

忠廉答不出，只好胡乱回答："大概是二十余万两吧！"

"他自己说五十万，你作为上司隐瞒了他的功劳啊！"曾国藩冷笑着说，笑得忠廉不知所措。"裕祺总拿修运河作挡箭牌，他是修过，但钱是跟盐商要的，要了五十万修河，用了不足三十万，余下的又进了他的腰包，海州段运河还是没修好。忠盐司，你还是看看这个吧！"

说着，把盐商告发裕祺的一大叠材料递给忠廉。忠廉看过几份告发信，再也无话可说。

曾国藩说："他究竟贪了多少，我正派人调查，究竟该如何治罪，要等一切清楚后再说。"

忠廉只得告辞。

再说彭寿颐去了海州，暂署海州盐运通判后，日夜出入账簿，发现裕祺八年来贪污不下百万两，这还不包括盐商送的礼银，因为私下收受，账上是见不到的。裕祺的贪污，正是湘军与长毛激战的年月，连清政府的银子都花得精光，老百姓流离失所，官员们多拿不到薪俸，而一个品级极低的盐官，竟然贪污这么多银子！现在长毛是没有了，但捻军仍在北方几省闹乱子，国家仍是十分困难。因此，彭寿颐如何不恨这些硕鼠！

夜很深了，彭寿颐仍在看账。

突然，响起了敲门声。

"谁？"彭寿颐警觉地问。

"我，裕祺的弟弟裕祥。"

彭寿颐在湘军中多年，听了听外面只有一人，便拉开房门。

"你来干什么？"彭寿颐当头便问。

"彭师爷，家兄是被小人陷害，我特来说明情况。"

"是不是陷害，我自会查明，用不着你来说明！"

"彭师爷，我也是为你好！"

"你是什么意思！"

"请你向曾大人说，裕祺的账已查清，没有发现贪污之事。"

"你说得也太轻巧，裕祺贪污足有百万，杀头、抄家都够了！"

"你那个账本是假的，真账在我这里。只要你能把这个账本转送曾大人看，我们感激不尽，你若报了假账，你也脱不了干系！"裕祥说着真的把一个账本递了过来。

彭寿颐觉得奇怪，他接过账本，翻开一页，只见上面赫然记着湘军水师挟带私盐贩卖的账，这是一本专记湘军水师贩卖私盐的账簿。原来，攻陷安庆之后，长江完全被湘军水师控制，当时军饷无着落，水师只好从盐场低价购盐，到上游销售。还有一些将领，为了个人发财，利用运军粮的机会，挟带食盐贩卖。裕祺知道此事，当时不敢阻挡，只好另列一本账，记载某时某人购盐若干，并让水师头目签了字。

裕祺这么做，一方面为防将来查询，另一方面记下湘军的劣迹，或许将来有用。如今，果然派上了用场。

他递给彭寿颐的是个誊抄本，底本已妥善转移。

彭寿颐知道此事非同小可，便带上账簿来见曾国藩。

曾国藩细细看了账簿，心里犯了嘀咕。水师挟带私盐之事他过去也听说过，但因时局紧张，军饷一直没有着落，认为即使有此事，也是随买随卖，没有人去记账。何况为了打仗，补贴军饷不足，也无可厚非。谁能料到，竟然被裕祺一笔笔记了下来，况且都有水师将领自己的签名。这些丑闻若被僧王知道，再上奏朝廷，事可就大了。前些日子好不容易才平息有关湘军的是非，如何能再让老账重翻！

他只好让步了。

曾国藩指示审讯裕祺的赵烈文，以他招供的情况定谳，给他一个革职赔款遣回原籍的处分，并按此写好奏章。

最后，裕祺只赔偿几万两银子，免去了他被抄家充军的重判；也保住了他贪污的上百万两白银。而从曾国藩这方面说，一个与僧王有关系的蒙古盐官被革职罚款，也震动了两江三省，各级官吏见曾国藩厉害，赶紧收敛等待。

曾国藩公布了新的盐务制度，从甲子科举中选出操守好的新举人，去充实各地盐官，盐务顿时有了新起色。

三十七

赵烈文一个点子制服骄将陈国瑞

　　清政府利用湘军镇压了太平军，又怕湘军太重，同样对其统治造成威胁，故迫令曾国藩自解兵权。岂料太平军甫败，捻军又在豫、鲁、皖广阔的平原上发动起义。清廷再三派兵镇压不下，不得不再度调遣曾国藩。曾国藩几度以无兵不帅而拒绝；后迫于严令，再度出征。终因湘军遣散，无兵可用而遭到挫辱。

　　开始时，清政府用蒙古亲王僧格林沁率兵镇压。僧格林沁统蒙古骑兵对捻军发动攻势，攻陷捻军根据地安徽蒙城县雉河集，捕杀了捻军领袖张洛行，血洗了蒙城、亳州。

　　僧格林沁自以为蒙古骑兵天下无敌，又取得了重大胜利，便更加骄傲起来。捻军经过整编后，以灵活机动的战术，不断寻找战机，打击僧部蒙古骑兵。僧王火气冲天，跟在捻军后面日夜穷追。捻军首领赖文光便利用他的急躁情绪，予以重击。

　　同治四年（1865年）夏初，捻军诱敌深入，使僧王狂追数千里，远离了他的大部队，在山东曹州陷入了捻军的伏击圈。四月二十四日（5月18日），菏泽高楼寨一战，捻军一举击毙了僧格林沁。

　　在僧格林沁未死之前，同治三年九月时，捻军在湖北蕲水大败清军，打死清将石清吉，包围了成大吉的军队，清廷便让曾国藩赴援。当时，湘军正在裁撤期间，人心浮动，曾国藩没能赴援。不久，清廷又命令淮军刘铭传赴河南镇压捻军，由僧王指挥；同时令湘军刘连捷部一同赴河南。曾国藩以刘连捷、朱洪章、朱南挂三军正宜裁撤，不宜北调。[①] 但僧格林沁看不起湘淮军，拒绝接受刘铭传的军队，曾国藩未赴援，也未受谴责。

当僧王被捻军击毙后，清廷大为震惊，只好再令曾国藩立即率湘淮军到僧王被歼的地方"剿捻"。生怕曾国藩拒绝，让他指挥河北、河南、山东三省八旗、绿营各军的大权。随后，又连发上谕，促他前往，最担心捻军渡过黄河，攻击北京。当时，京城一片恐慌，连京城内的警卫部队、神机营等军都被调动，准备对抗捻军的袭击。

在清政府的连番催逼下，曾国藩只得应命。

当曾国藩"剿捻"失利之后，皆言他的许多失误，一片诽谤声。实质上以他多年镇压太平军的经验和对僧格林沁失败教训的总结，他的方针政策一直都是很正确的。

如打算出师时，他同幕僚们一起分析捻军特点，是骑兵为主，流动作战，以精骑数万，如风疾驰，忽南忽北，难捉行踪。他们采取"以静制动"的策略，以剿捻部队与地方配合，北起黄河，南至沙河、淮河，东起运河，西至贾鲁河，设置一个大防区，限制捻军骑兵的行动；其二是军事行动与政治清查相配合，捻军与太平军不同，在黄淮数省，始终与百姓关系密切，采取一乡一村、家家户户的清查运动，割断捻军与百姓的联系，使之失去人民群众的支持，断绝供应；其三是追剿与防堵相结合，以水师拦于黄河，防止捻军入直隶，又在临淮、周口、徐州、洛宁四镇驻重兵，堵击捻军的重大军事行动。另筹两支精骑，寻找捻军作战，把他们驱逐到重兵防地，合而歼之。[②]

要落实这个无比老辣的战略，就需要当年曾老九的坚守之军；需要鲍春霆、左宗棠、李续宾那样的能战之军；需要彭玉麟那样的忠贞不贰之军。尤其是他需要的两支追赶捻军的精骑，更要坚韧不拔，得心应手。

---

① 《曾文正公书札》，第 24 卷，第 26 页。
② 《曾文正公奏稿》，第 22 卷，第 68—69 页。

可是，这些军队从何而来呢？

他多么怀念自己亲手编练的十万湘军啊！然而，湘军的历史一去不返了。

出师时，他只带刘松山、易开俊统带的"老湘营"二千余人。这点军队，一听说要北上剿捻，还纷纷反对，刘松山当场杀了几个士兵，才勉强带走。在北进途中又不断逃走，走过黄河故道，仅余一半人马。另一支军队是由江宁驻防军和临时从湖南招募的新军组成，总计也是二千人，由张诗日率领，其中半数以上也随时想着开小差，毫无作战能力，怕是一见捻军，就会作鸟兽散的。

湘军的光辉历史确实已画了句号，剿捻的主力靠的是李鸿章的淮军。如今，李鸿章署理两江总督，取代了曾国藩的位子，留在了江宁。他的淮军交由曾国藩指挥，尽管曾国藩调李鸿章之弟李鹤章管理营务，另一个弟弟李昭庆协助军务，淮军仍不听曾国藩指挥。成为剿捻失败的最主要原因。

同治四年五月二十五日（1865年6月18日），曾国藩自江宁动身，去徐州建立"剿捻"老营。他身边的幕僚只有赵烈文等少数几人，多数被他派到捻军根据地，去搞清查运动。

薛福成等人去了捻军的家乡蒙县、亳县一带。他们先与各地行政长官联系，各乡各村修筑圩寨，每寨设立圩长。把粮食物资集中到圩寨之中，由武装民团把守，对捻军实行坚壁清野。在行寨中进行清查，把与捻军有关系者列入另册，按册稽捕审讯，严重者当即正法。

薛福成等人认真去做，战场杀敌他们做不了，在清查和修圩方面格外卖力。淮河流域村村修了圩寨，圩与圩之间壕沟相连，壕沟纵横交织，使捻军的骑兵无法奔驰。

清查时也是雷厉风行，查出与捻军有关系者毫不客气，推出村寨杀头。淮河流域的许多地区，捻军活动多年，与捻军有联系的极多，因此村村皆有人被杀，有时一个村寨一下被杀十多人。

这样，捻军与群众彻底断了联系，无处休息，供给断绝，真正成了一支东奔西跑的流亡大军，失败只是个时间问题。

仅从这一方面分析，捻军仍然是被曾国藩打败的。

然而，军队的指挥问题，却出了大事。

清政府尽管给了曾国藩指挥诸军的权力，但淮军与绿营皆不听他的指挥。他发出命令：淮军刘铭传去周口、湘军刘松山驻临淮，淮军周盛波和张树声驻徐州、僧王残部陈国瑞前往清江浦，形成对捻军的合围。

但是，部队尚未出发，刘铭传与陈国瑞两部便大打出手，僧军与淮军皆不奉调，使他出师便遇上指挥失灵的兵家大忌。

陈国瑞是僧格林沁麾下的一员著名悍将，也是僧军败后留下的一支完整军队的统领。他是湖北应城人，幼孤，十余岁就参加了太平军，后投降清军，被总兵黄开榜收为义子。因对太平军作战有功，先后升为都司、游击、总兵。他身材短小，打仗时穿红甲、戴红盔，人称他"红孩儿"。同治二年（1863年）苗沛霖叛清，清廷命陈国瑞帮办僧格林沁军务，主攻苗沛霖。他冒苗军之弹雨，反复冲杀，终于打败苗军且打死苗沛霖，因功升为提督，赏三代一品封典。僧王追赶捻军，他紧随其后，差一时未达，来不及救援，僧王即被打死。他闯入捻军马队，夺出了僧王的尸体。

僧军败后，山东巡抚阎敬铭、布政使丁宝桢以下文武皆以赴援不力获罪，遭到革职、充军、降调不同处分，唯陈国瑞未遭处分，仍以总兵代僧王领其残军，护理钦差大臣关防，驻军洛宁。

本来曾国藩已让陈国瑞南去清江浦，待陈部出发，先令刘铭传暂驻洛宁，再去周口。但陈国瑞未听调遣，仍驻洛宁城。而刘铭传率部去了洛宁，只得住在城外的长沟集。

陈国瑞和僧王一样，根本看不起湘淮军，他见刘铭传到来十分憎恶，又对刘军的洋枪洋炮垂涎，要强行夺取。于是，点齐五百兄弟突袭刘铭传营寨，杀死数十名淮军，抢走三百多条洋枪，回营而去。

　　陈国瑞杀人抢枪时刘铭传不在营内，第二天得知此事，勃然大怒。刘铭传与陈国瑞的地位、脾气极为相似，在淮军将领中是拔尖人物，为李鸿章倚重。他生于民风强悍的淮北，自幼就胆大包天，因聚党贩卖私盐与官兵打斗，母亲在一次打斗中被吓死。母亲死后，便打起杆子，据寨为王。李氏兄弟办团练时，第一个便招其入团。后成为淮军人马最多、武器装备最好、战斗力最强的一军。

　　陈国瑞一个败兵之将，连主子都被打死了，敢到"铭军"营中杀人抢枪，简直太岁头上动土。刘铭传也点齐大队人马，突入陈国瑞军营，逢人便开枪射击。陈国瑞一是没有准备，二是武器远不如刘铭传，因之转眼便被杀死五百余人，刘铭传军并活捉了陈国瑞，押进长沟集。刘铭传亲自审问他，狠狠地鞭打，痛骂他是"长毛贼"。然后把他锁在黑屋里，整整饿了三天，直到告饶才放回洛宁城。

　　曾国藩连一个捻军也没"剿"到，却发生两军内部的火拼，杀死数百人，这是他办团练以来从未有过的恶性事件。按照军法，陈国瑞和刘铭传都该重处。但是，刘铭传是李鸿章的部将，陈国瑞为清政府看重，正护着钦差大臣的关防，僧军残部要靠他招集。两个人谁也治不了，而且还得靠他们打仗，也不能治。

　　事件发生后，陈、刘二人同时献状，要求他治对方之罪。曾国藩未予理睬。刘铭传杀了陈国瑞那么多人，也抢回了洋枪，向曾国藩递状子不过是怕陈国瑞告他。而陈国瑞吃了大亏，倒是真告刘铭传。曾国藩不理他，他便带上亲兵，飞马去找曾国藩。

　　见到陈国瑞倨傲无理的做派，曾国藩真想杖他一百棍，赶出徐州，但他不能这么做。只得苦口婆心安抚他，让他团结友军，共同对敌。但是，陈国瑞却是软硬不吃，动不动嘴里还吐出脏话。曾国藩从治军以来，从未一次说过那么多劝人的话，更未对一个部下这么费事地教慰，直累得两眼发黑，陈国瑞虽被说得无言以对，但是仍旧不遵将令，不去清江浦。

后来，还是赵烈文为他出了一计。

赵烈文说，高楼寨一仗，陈国瑞与郭宝昌分统左右两翼。僧王死后，郭宝昌革职拿问，连山东巡抚、藩司都遭严责，唯陈国瑞未受处罚。他敢于不听将令，就仗着这一点。如果就此参他一本，在献折时向皇帝说明原委，压下他的气焰，让他听令，皇帝一定会下旨责他的。

曾国藩以赵烈文之计，让他代拟奏折，密报清廷，借尚方宝剑，压服陈国瑞。

不久，上谕发到徐州，赵烈文代表曾国藩去了洛宁城，对着陈国瑞宣读。陈国瑞跪听上谕，上谕中有"兹据曾国藩查明，陈国瑞与郭宝昌均充翼长，不应同罪异罚。陈国瑞着撤去帮办军务，褫去黄马褂，责令戴罪立功……"

赵烈文还说："曾大人爱惜你是将才，建议给你薄惩。他让我转告你，立即率兵前往清江浦；倘再梗令不行，革去总兵之职，发配军台效力。望陈将军三思！"

陈国瑞听了上谕和赵烈文的警告，老老实实回答："卑职立即率部前往清江浦，切实执行将令，戴罪立功！"

陈国瑞被制服了。他终生未忘曾国藩那次对他的教诲。光绪年间，他又因案件牵连，被革职发配黑龙江，死于戍所。死前叹曰："吾早从曾文正公之言，不及此矣！"[1]

---

[1]　朱孔彰：《中兴将帅别传》，第 344 页。

三十八

河防大计

两江总督幕中人才济济，但曾国藩认为赵烈文更是难得之才。自围攻安庆以来，七八年一直在身边，为他出谋划策，得其力确实不小。做幕僚这么多年，早该如左宗棠、李鸿章那样，飞黄腾达了，但曾国藩舍不得他走；赵烈文也甘心留在他身边。曾国藩更加器重他。

曾国藩的"河防大计"，有过曲折，遭人笑话，但终究是成功"剿捻"的唯一大计。这个战略的提出，与赵烈文关系极大。

开始时，曾国藩有过堵困的思想。后来，他的兵力充足后，又犯了追袭的毛病。

到同治五年（1866 年）春，曾国藩指挥的军队已有七万人：从江宁出师时，朝廷命归其指挥的湘淮军三万人、后鲍超奉调率来一万五千人、新调刘秉章淮军数千、陈国瑞部数千、李昭庆马队万余。

曾国荃也于同年被起用为湖北巡抚，曾国藩打算让他招募军队助战。曾国荃召集彭毓橘、郭松林、熊登武、伍维寿等人，募得湘勇一万五千人，赴湖北堵击捻军，这支人马被称为"新湘军"。

如果加上"新湘军"，由曾国藩指挥剿捻的军队可达八九万人马，其势已不亚当年的湘军了。

力量大了反而会犯大的错误。

曾国藩认为手中有了本钱，就想拉出去和捻军比画比画。他组织了四支人马追袭捻军：潘鼎新、周盛波一支淮军联合刘松山、张诗日湘军对付张宗禹、牛宏升；刘秉璋、杨鼎勋一支与刘铭传、李昭庆联合追袭赖文光、任化邦。鲍超驻守河南汝阳和南阳。保奏丁宝桢、李鹤年晋升山东、河南巡抚，让他们募勇共同对付捻军。

这四支军队与僧格林沁是一个战术，日夜跟在捻军马后穷追不舍。数十天里，诸军跑得筋疲力尽，却未打着敌人一根毫毛。有时，捻军见追兵力衰，猛然回头杀来。湘淮诸军往往不敢交战，转头便跑。因此，捻军看不起湘淮军，以为远不及僧军的残部陈国瑞。

一年多的"剿捻"，一个多月的追剿，几无任何战功。曾国藩哀叹："淮、霆各军将近五万，幼泉（李昭寿——引者）万人……不能与之一为交手，可憾之至。"又说："人皆言捻子善避兵，只怕打不着，余则谓不怕打不着，只怕打不胜，即鲍、刘与之相遇，胜负亦在不可知之数。"①

正在曾国藩一筹莫展时，赵烈文又找来说，陈国瑞在新安镇巡视防守工事，离徐州百来里，他要去见陈国瑞。究竟见他去做什么，赵烈文没有说。曾国藩知道一定有重要的事，就放他走了。

第二天晚上，赵烈文便走进曾国藩的书房，汇报了一个重要情况。

原来，赵烈文先前曾听人说，僧格林沁曾对身边的人说，悔不该剿捻不用长围之计，为此事才去见的陈国瑞。

陈国瑞和赵烈文说，咸丰三年，长毛大军侵及津、保一带，僧王作为参赞大臣，堵击长毛，用的是"远围长困"之计。即距敌百余里筑墙围住敌军，待敌军被困粮尽时，便不攻自破。这种办法生了效，使长毛的军队失败了②。

后来，僧王与捻军作战，丢掉了"远围长困"的办法，采取穷追不舍的方针，中了捻子的圈套，终于兵败身死。僧王孤军知道难逃一死时，后悔没

---

① 《曾文正公家书》同治五年十二月十八日、十二月十二日。

② 这里指僧格林沁与太平军北伐军的作战。

有坚持围困的办法，死前几次后悔说的话，陈国瑞亲耳所闻。

赵烈文最后说，我们应吸取僧王兵败的深刻教训，采取他的"远围长困"之法，才是歼灭捻子的正确方针。

其实，曾国藩何尝不知，刘铭传在徐州时也曾建议采取此法，只是当攻击捻军的军队充足时，曾国藩才一时犯了僧王的错误。

又经与赵烈文详细部署，终于制定出"防河大计"。

同治五年六月十四日（1866年7月25日），曾国藩招集河南巡抚李鹤年、安徽巡抚乔松年和湘淮大将刘铭传、潘鼎新、张树珊、周盛波、鲍超、刘松山、张诗日和陈国瑞等，在徐州部署了剿捻的"河防大计"。

其意图是利用天然河道把捻军的活动限制在一定的范围之内，"远围长困"，分段堵截，逐步歼灭。具体部署是：湘淮诸军和地方巡抚分守黄河、运河、贾鲁河、淮河，把捻军困于黄、淮、运、贾鲁四条水道之间，"远围困守"，消耗捻军的实力，等待其粮断兵疲时再一举歼灭。

当时曾国藩发布的分守任务是：运河防务由漕运总督吴棠、山东巡抚阎敬铭、潘鼎新、刘秉章承担。黄河的防务由直隶总督刘长佑和山东巡抚阎敬铭商量分段派兵守卫。西线的贾鲁河、沙河是防守重点，由刘松山、张诗日、杨鼎勋等军，配合河南巡抚李鹤年防守。淮河防线由刘铭传、张树珊几军与豫、皖地方配合防守。陈国瑞一军防守清江浦运河。

同治五年六月中旬（1866年7月底），张宗禹部捻军在河南西华、上蔡与湘军刘松山、张诗日两军相遇。双方激战七天，大仗打了六次，捻军损失约六千人马，这是曾国藩北上以来的第一次大仗。曾国藩闻讯十分高兴，打算利用"防河"之策，调集人马把捻军歼灭于贾鲁河、沙河之间。

然而，因为当时发生了对曾国藩不利的其他原因，使他的计划未能实现。捻军遂于八月十六日（9月24日）夜间趁机突破"河防"封锁，于开封城南越过壕沟东去，进入了山东。

此时，朝野内外向曾国藩大加攻击，尤其嘲笑他的"河防大计"，"闻者皆以为迂"，就连李鸿章也讽刺说："古有万里长城，今有万里长墙，不知秦始皇千年后遇公等知音。"① 言官乘机上疏劾曾国藩剿捻无功，放纵捻匪，要求罢去其两江总督、钦差大臣之职，另派大臣取代之。清政府见他剿捻年余，捻匪反而愈加嚣张，大有渡过黄河，攻打北京的势头，也连发上谕，严厉谴斥。

曾国藩感到，这是自己带兵十几年，一次最为险恶的政治风潮到来了。

---

① 刘体智：《异辞录》，第 1 卷，第 45 页。

三十九

曾纪泽为九叔做幕僚

为什么正确的"河防大计"失败了，原来另有原因。

原因之一是曾老九不识时务，中了湖广总督官文的暗算。

曾国荃复起做了湖北巡抚，这让久与曾氏兄弟有敌意的湖广总督官文寝食难安，决定施放暗箭伤人。

官文坐镇湖广，是清政府安插在长江上游的一颗钉子。湘、淮军在长江域的崛起，清廷满贵极不放心，利用官文控制长江，是清政府对付湘、淮军的一个筹码。胡林翼做湖北巡抚时，知道其中原因，一直对官文采取笼络政策，督抚同城，关系融洽。官文见胡林翼言听计从，对他也是有求必应。

胡林翼死后，官文与湘军的矛盾突然显露。湘军围攻安庆一二年，他一不供饷，二不发兵。曾国荃困守雨花台，他更是从中作梗，让湘军的援军多隆阿西去"剿回"。三河大战时，也是由于他不发救兵，造成湘军李续宾、曾国华部全军覆没。当时清廷用得着湘军，肃顺等人在中央维护曾国藩等汉官，官文与曾氏兄弟没有发生正面冲突。

如今，曾老九做了湖北巡抚，到了官文鼻子底下。他在湖北组建"新湘军"，又是个有仇必报、锋芒毕露的人物。官文怎能让这个目空一切、粗野无知的曾老九发展起来。

官文与湖北臬司唐际盛商量对策，唐为他出谋划策，让官文出面给皇帝上一奏折，保举曾国荃为"帮办军务"，让他率军去鄂北"剿捻"，离开武昌。官文依计而行，谕旨很快发下，正如官文所请。

　　曾国荃不知是计，也不知"帮办军务"的官衔有多大，应不应该拜折谢恩，只好写信给大哥。曾国藩回信说，帮办军务毫无实权，如刘典、吴棠等微品职衔者，李昭寿、陈国瑞等总兵级别者，都曾挂过这个头衔。故此不必谢恩，也不能推辞，权当没这回子事。以后公牍行文也别署这个头衔，会让人笑话的。

　　但是，此时湖北粮道丁守存却向曾国荃拨弄是非，说湖北"新湘军"组建，所需粮草由粮台筹集，但官文却不让给"新湘军"供给。原来丁守存因贪污公款被官文发现，敲诈他赔了家产才没参劾他，他想借曾氏兄弟之手报复官文。

　　曾国荃把这两件事合起来考虑，大为恼火，决定向皇帝告发官文。

　　曾国荃幕中无人，恰在此时，曾国藩长子曾纪泽来湖北。原来，曾纪泽也在父亲的两江幕中做文案，曾国藩北上剿捻时，未让儿子随行，因曾国荃做了湖北巡抚，便让曾纪泽去帮着九叔料理文案，来到湖北巡抚幕中。

　　曾国荃让侄儿为他拟稿，曾纪泽年方二十七岁，虽血气方刚，但受父亲熏陶，已知官场险恶，也知九叔鲁莽。所以当即提出官文是满州贵族，为太后皇上所宠信，要弹劾他不是小事，应该同父亲商量之后再说。

　　然而，曾国荃认为哥哥自咸丰八年（1858 年）复出后，胆子越来越小，反而办不成大事。因此，弹劾官文正好不该让他知道，免被阻挠。

　　曾纪泽只好按九叔提供的内容拟稿弹劾官文。此前曾读过不少名折，自己为叔叔拟稿，正可一试自己的笔锋。他关起门来，笔走龙蛇，写了一篇长达三千多字的长稿，列举了官文几大罪状：贪庸骄蹇、欺罔徇私、贻误军政、肃党遗孽、宠任家丁、笼络军机等。

　　奏折写好后，曾纪泽心里总感不安，拿给九叔看后。曾国荃大为满意，直夸："写得好！"曾纪泽仍坚持先给父亲看后再说，老九一拍桌子："老子就想同他们干一场，我就要让他们知道，曾九爷是不好欺侮的。这就发出去，今后有什么事，也省得牵连你父亲，由我一人负责！"他吩咐明天

就拜发 ①。

奏折发走后，曾纪泽把自己誊抄的一份，派人送往济宁州（此时曾国藩大营已由徐州迁往济宁）。

曾氏叔侄不甚明了弹劾官文的利害，也不善于具疏与人争辩。因此奏折过于草率，文字洋洋大观，语言未加斟酌，只图痛快。参劾内容虽是事实，但疏奏缺之中肯。

曾国藩接到曾纪泽的底稿，看罢知道闯了祸。其中涉及军机处和"肃党"，怕要引出乱子来的。于是，抓紧写信给九弟，让他忍隐、克己、修身而保自强，不要"在胜人处求强"，不要"因强而大败"。信中对儿子反复责怪，不该做出这种招惹是非的事。

正如曾国藩预料，曾国荃的奏折在清廷中引起轩然大波，尤其折中牵扯军机处，军机处"故意与鄂抚为难"等，立即引起军机处的不满。军机大臣胡家玉面禀慈禧太后，说曾国荃诬告官文，指责军机处，存心不良，所奏不合，要求拟旨驳斥。尤其说官文是"肃党余孽"，更是凶险之词，要求照例反坐，治其诬陷三罪。

慈禧只得派人去湖北调查。调查的钦差因到京师，把曾国荃的奏折内容全盘否定，那么曾国荃便是无中生有诬告大臣。慈禧拿着钦差的调查报告很是为难，这表面上是官文与曾国荃督抚不和，实质上是满洲贵族与湘、淮大将发生的矛盾。曾国荃背后站着一大排湘、淮大将，官文背后也有一大批满洲贵族。她既不愿意得罪满贵，也不想在此时开罪那些为她拼命的湘、淮大将。

正在她思考如何处理之际，忽然戏剧性地接到曾国藩和左宗棠的两个奏折：一折密保官文，是曾国藩上的；一折说曾国荃劾官文一疏，是当今第一篇好奏折，那是左宗棠上的。

---

① 此折在襄阳郭松林营中发出。

此时，左宗棠为陕甘总督、钦差大臣，督为"剿捻""剿回"的西北军务。左氏历来口笔皆不让人，毫不隐讳。他的奏折内容比曾国荃还要严厉十倍。以自己在湖广军中和地方多年的经历，历数官文的种种劣迹和陷害忠良、破坏"剿长毛"的罪行。要求太后、皇上严惩官文，以昭朝廷公正。

而曾国藩密保官文的奏折，是李鸿章为他出的主意。这样做可以息事宁人，缓和满贵对湘、淮的仇恨。

但是，远在西北作战的左宗棠，手握兵权，处于清政府不得不重视的地位，看到曾国荃弹劾官文的奏折，大感称心，于是在战场上给朝廷上了那篇语气凡厉的奏疏。

慈禧见到曾国藩的密奏，心里轻松了许多。她想：如果这时曾国藩与左宗棠一样，上疏要求严惩官文，他也正在剿捻的战场上，那可怎么处理好。

现在好了，她正可以居中调停。按照督抚同城不和的成例处理：把官文调入京师，以大学士掌管刑部，兼正白旗蒙古都统。曾国荃仍为湖北巡抚，双方皆未加指责。

官文调走后，湖广总督由李鸿章担任，因两江总督暂不能脱离，调其兄李瀚章暂署湖广总督。如此，让李氏兄弟从中捡了大便宜。

正当曾国藩为九弟平安度过险境而庆幸时，赖文光、张宗禹趁着清政府官场大战之机，轻而易举地突破由河南巡抚守卫的贾鲁河防线，昼夜急驰，挺进鲁西。曾国藩经营半年之久的河防大计，一下子便付之东流。

四十

幕僚们苦劝：不能拿血本同朝廷拼

官文既拿到好处，仍对曾氏兄弟不放手，他要用河防之策的破产报复。

他报复的办法，是在朝廷上下大造舆论，散布谣言，并指使、收买言官，上疏弹劾曾国藩。本来京师就有一大批曾氏兄弟的反对派，经官文老调重弹，认为曾氏兄弟及湘淮大将，占据了地方的许多高位，并非国家之福，规劝太后、皇帝，重视汉人宜防的祖训。当慈禧不以为意时，官文又拉拢一批满员，联合地方权贵，掀起反对曾同藩的浪潮。

这就是曾国藩不理解之处，为什么"河防大计"仅仅在一次战役中失利，就出现一群言官上疏弹劾，而皇帝也连下谕旨申斥的原因了。

就这样，十几天里便收到军机处寄来的多次御史的弹劾，尤其是阿凌阿等五御史的奏疏，措辞极为强硬，要求皇帝收回钦差大臣之命，罢免他的两江总督之职。

曾国藩反复检讨自己的剿捻策略，开始用的是重点突破之策，后来用的是穷追不舍之策，皆未奏效。最后经刘铭传提起、赵烈文调查、僧王实践的经验和教训，实行的"河防大计"，是完全正确的。

而且，前明对付李自成的流动作战，更有灭国的教训。明朝官军将领们，皆采取穷追猛打的办法，皆败在李自成手里，其中只有一个孙传庭用了围堵之法，很有效果。"河防大计"正是沿袭孙传庭的制敌之策，并没有错误。现在，朝野一片吵闹，不给他总结经验教训的机会。

况且，"河防大计"的初次失利，责任也不在他曾国藩，而是官文的破坏，上头和具体负责防卫的官员等。他们没受到一语责谴，矛头却直对他曾国藩一个人。

周全考虑之后，他再不像攻下金陵时成天胆战心惊，为防功高盖主一味自责，不顾一切地自我裁抑，自解兵权，让功劳最大的九弟辞官，不作一字辩解。

这回他要同攻击他的势力比画比画，哪怕是太后和皇帝，也要同他们动动真格的。

他先用以退为进的法子，假装有病，上疏朝廷，请开两江总督、协办大学士之缺。请求另简钦差大臣接替他"剿捻"，自己以白丁散员留营效力，还附上一片，以河防失败，剿捻无功，连一等毅勇候的封爵也请予注销[1]。

以前，多数奏稿都是幕僚们拟的，这回是他自己写成。

赵烈文、薛福成、汪士锋等人见曾国藩这回情绪极为反常，怕闹出什么大乱子来，也一反常态，不问可否，进入他的书房，抢看他的奏折。

汪士锋这个幕僚应该说说。据曾纪泽去南京两江总督府时所见，当时幕僚已过百人[2]。怀才士子、各地有衔无职的官员、有一技之长或无一技之长者"无不毕集"。其中，汪士锋较为特殊，也很突出，曾纪泽在南京见到他时，汪士锋已是年过花甲的老先生。他就是南京郊区人，对那里的一切十分熟悉。单是他的字号，就多得出奇，有汪鏊、梅村、晋侯、梅翁、芜生、振庵、无不梅翁等。他道光朝时中举，太平天国占领南京之后，他被裹挟进去，未及逃走，为之做事。把自己的见闻写在日记之中，太平天国《天朝田亩制》的落实情况及上层政策、领导人和士兵们的生活等，都有真实的记述，他定名为《乙丙日记》，是研究太平天国的重要史料。后逃离天京，至皖南绩溪的山中隐居五年。被胡林翼知道后，遣使迎入湖北省城，做了胡的幕僚。他在隐居和做胡幕僚期间，研究历史和现实，写了大量论著，所论多中时弊。太

---

① 《曾文正公家书》，同治五年九月十二日。

② 张立真：《曾纪泽本传》，辽宁古籍出版社，第32页。

平天国失败后，他返回原籍，做了曾国藩的幕僚。他的著作已刊的有《南北史补志》《水经注图》《汉志释地略》《汉志志疑》《续纂江宁府志》《同治上江两县志》及笔记、诗文集等。由于他的博学和老成，曾国藩对他也很重视，北上剿捻时，把他带在身边，信任不下赵烈文。

汪士锋、赵烈文看了曾国藩的奏折，一起劝说：如果朝廷像咸丰八年那样，来个顺水推舟，全部同意他的奏折所请，岂不失之过大？

但曾国藩认为，捻军一日不平息，朝廷一日不会安宁。自僧王死后，国家再无一支军队可以独任剿捻之事。因此，太后、皇帝不会因此而抛弃他。

但是，汪士锋、赵烈文等却认为，如今淮军的五六万精兵，天下无出其右，完全可以取代两万湘军。李鸿章兄弟在朝廷心目中，已成栋梁，如让李氏任钦差大臣剿捻，李鸿章其人也不会拒绝。

曾国藩却说，就是让李鸿章为钦差大臣，湘军水陆两支人马，也不会听任他指挥。如果朝廷真的绝情将他抛开，他也不会再留恋，挈眷回籍就是。他心里想：从他过去消灭长毛的功劳，朝廷会发下"温旨慰留"，让他任前线总指挥，直至把捻军镇压为止。如果朝廷下了"温旨"，便可挽回此前遭谴的面子。

但是，曾国藩这回真是想错了，还是他的幕僚们说的正确。他上奏后等了一个月，于十月二十一日（11月27日）等来了一通"严旨切责"，毫无让他留任钦差之意，更无"温慰"可言。

曾国藩接旨大为恼火，他给曾国荃的信中说："昨奉严旨诘责，愈无庸徘徊。大约一连数疏，辞婉而意坚，得请乃已，获罪亦所不顾"。[①] 他嘴上说打算向皇上"一连数疏"，申请回家养老算了，但心里仍不想离开战场。但他又估计错了，他的信才发出去，又接到朝廷上谕，令他把钦差大臣关防"赍

《曾文正家书》，同治五年十月二十三日。

送徐州"由李鸿章护理，休假一个月回任两江。

曾国藩见朝廷对他如此无情，干脆宣布自己既然不能胜任"剿捻"之任，不如连两江总督之任一同开去干净。

赵烈文、汪士铎、薛福成等幕僚见曾国藩与朝廷"将着"，不肯后退一步，这是拿血本与朝廷相拼。于是，一起苦苦相劝，胳臂怎么扭得过大腿？庸夫之怒，不过"免冠徒以头撞地，"即使碰得头破血流，到头来吃大亏的仍旧是自己。

十九天后，一道日递五百里的急谕又送到济宁曾国藩的行辕："曾国藩当体仰朝廷之意，为国分忧，岂可稍涉嫌虑，固执己见！着即懔遵前旨，克期回任，俾李鸿章专意剿贼，迅奏肤功。"寥寥数语，使曾国藩等看到了慈禧太后那愤怒的面孔。

在众人的劝告下，曾国藩不再坚持己见，只得吩咐收拾行李，回任两江。

另有史料说明，清政府当时确有彻底罢免曾国藩的决定，郭嵩焘就透露过这个信息，并为他大鸣不平①。当时，一批湘系大员也同时遭到严厉的处置，甚至被罢职回籍。如陕甘总督杨载福、陕西巡抚刘蓉、广东巡抚郭嵩焘、直隶总督刘长佑、湖北巡抚曾国荃等。这在中国近代史上也是轰动一时的政潮。

当刘长佑被罢回籍路过南京时去见了曾国藩，刘向曾说，他被罢是官文"密片所请"，而接他位者也是官文。曾国藩此前给郭昆焘去信说："近日厚（指杨载福，字厚庵）、霞（指刘蓉，号霞仙）、筠（指郭嵩焘，字筠仙）、沅（指曾国荃，字沅甫）次第去位，而印（指刘长佑，字印渠）复继之"，而"官相（指官文）倾有置直隶之信"，"思之悚惕"。②

---

① 《曾文正公书札》，第26卷，第23页。
② 《曾文正公书札》，第26卷，第23页。

实质上一个官文没有这么大的力量，还是慈禧太后为首的满洲贵族集团对湘系的再一次打击政策。借曾国藩剿捻无功加以打击，同时战场换将，任用李鸿章淮系力量，一面可以用新起的淮军镇压"捻匪"，更可以让湘、淮两系由联合到对峙，便于朝廷对这两个汉族军事政治集团的控驭。

李鸿章继任钦差大臣，挂帅"剿捻"开始一段放弃"河防"之策，以大兵团与捻军对阵，调动大军追剿，结果败得更惨。

郭松林部先在湖北安陆被捻军打败；半个月后张树珊部又在湖北德安被歼兵，张树珊被打死；不久，捻军又在安陆尹隆河大败刘铭传，不是鲍超及时赶到，刘军将全军覆灭；一个月后又在湖北蕲水歼灭彭毓橘部，打死统帅彭毓橘。从同治五年十二月，到次年二月，李鸿章的陆路追剿全盘失败，战斗力最强的淮军刘铭传部，几乎全军覆没。尹隆河一战，湘淮两军矛盾激化，鲍超的"霆军"被全部遣散。

追剿政策的全部失败，让刘铭传、潘鼎新等将领更加清醒，一致认为曾国藩的"河防大计"是唯一制胜的策略，共同向李鸿章建议。李鸿章的大败，不得不改弦更张。

此时，捻军大败湘淮军后，北起河南，转而向东，突破运河防线进入山东胶（州）莱（阳）地区。李鸿章纳取刘铭传"倒守运河"，即把军队从运河东岸转移至西岸防守，把捻军堵在运河以东，聚歼于胶莱海滨。此后，李鸿章拒绝任何建议，坚持"河防"之策不动摇。终于把捻军困于黄河、运河和大海之间的狭窄地带，使其马队无法施展特长。赖文光、任化邦的东捻军首先被歼。张宗禹领导的西捻军还军东救，恰好被围困在黄河、运河、徒骇河之间，也被歼灭于"河防"阵线中。

捻军的最后结局，仍败在曾国藩制定的"河防大计"。

四十一

他不光把幕僚当师爷

曾国藩的幕僚达百人之多，这至少在近代史上是独一无二的。幕僚在先秦之时留下许多传奇故事，战国时期的孟尝、平原、眷申、信陵四君，广置幕宾，贾谊赞他们"明智而忠信，宽厚而爱人，尊贤而重士"，留下千古佳话。汉武帝有统一宇内之雄心，即有《求茂材异等诏》，诏曰："有茂材异等，可为将相，及使绝国者。"此诏也，乃为后世求贤者之榜文。

"量珠聘妇"，是说用斗去量珍珠就能聘到美人。汉武帝用将相的高位招纳有异才之人，就等于"量珠聘妇。"

曾国藩虽然也可以向皇帝递疏，推荐他的幕僚，那幕僚得有成绩出来才能推荐，曾国藩本人却没有封官的权力，更没有用斗量的珍珠。那么，曾国藩靠什么能留得住那么多幕宾呢？幕僚们同他有一个共同目的，如赵烈文，一个秀才主动来投，为的是帮助曾国藩镇压太平天国农民起义，起义军是他们共同的敌人。但是，同样的社会背景，左宗棠咋就留不住幕宾？曾国荃的帐下都是野蛮的武夫，仗一打完，抢足了钱财便作鸟兽散了。

其原因恐怕就是贾谊赞美"四君"的那些话，即"明智而忠信，宽厚而爱人，尊贤而重士"。左宗棠缺少的就是这些。例如：左宗棠和曾国藩、郭嵩焘都闹翻脸了。尽管老左冠冕堂皇，说他与曾国藩争的乃国事，不是私人恩怨。国事还是私事先不论，左宗棠在就要被"就地正法"之时，曾国藩等上下其手，很不容易才救下他来，后来又是曾国藩向皇帝推荐，他才做了福建巡抚。可是，巡抚的帽子还没戴稳，便向皇帝上奏，曾氏兄弟、尤其是曾老九，攻下金陵城只顾抢东西，幼天王等人突围跑到了浙江，又欺骗皇帝说

"积薪自焚"。从曾国荃弹劾官文，老左在西北军营写折表扬这事看，左宗棠像是个无心的粗人。但是，曾氏兄弟在那么困难之时，老左又向皇帝写那样的奏折，到底算什么？你老左真是粗得不知局势如何了？你就不能私下告诉曾国藩一句？左宗棠围攻杭州等城，一下子跑几万、几千太平军。曾国荃围攻金陵，逃出一些太平军，左宗棠就向皇帝告黑状。

你就真的不同人家争私事，专门为国事而争？人家也再不敢跟你玩了！这样一个老左，怎么能有人愿在他的幕中遭罪！

郭嵩焘因洪天贵福问题劝说左宗棠，让他主动和曾国藩和好。但左宗棠则勃然大怒，训斥郭嵩焘不该公私不分，并说要说恩德，他对曾国藩恩德更大：曾国藩在长沙时，如果没有他老左护着，鲍起豹等人根本就饶不了他；靖港吃了败仗，我老左不去痛骂他一顿，他可能就真的活不下来了；他在江西被困时，不是老左在湖南为之提供援助，怕是早困死在那里了。我对他曾国藩的大恩，比他对我的恩德不知大了多少倍。让我向他们兄弟道歉，门儿都没有，他们兄弟不向我道歉，我老左将终生不会再理睬他们！

郭嵩焘见左宗棠只记得他对别人有恩，而全不顾别人对他的好，是个绝情断义的人物，从此便同他恩断义绝。此后也不断跟朋友说，左宗棠忘恩负义，居功自傲，是个小人。

相比之下，曾国藩与左宗棠正好相反，他也不像郭嵩焘那样怨恨左宗棠，他即使认识到了左宗棠的本性，也不去怪罪，而始终想着的是左对他的好处。

如果把人分为王道、霸道和怨道，那左宗棠便是霸道，曾国藩就是怨道。

怨道者总在检讨自己，原谅别人。这样的人以真善之心对待别人，把任何人都首先看成是真者、善者，真诚地与朋友交往，那么这样的人朋友便多，也处得长久。

曾国藩对待幕僚就如交朋友，而且以怨道对待幕僚，总认为自己对不起他们，例如起初的一些幕僚，郭嵩焘、刘蓉等人，完全是以亲友交他们，自己升了官，仍然把他们看成是平起平坐的朋友，而且总认为是自己对不起他们，自己升迁了，他们没得到升迁，只好和他们做儿女亲家，以此与他们永久地保持关系，以此补上对他们的不足。

所以，郭嵩焘、刘蓉也始终护着曾国藩，成为生死之交。郭嵩焘后来也升为广东巡抚，成了地方大员。但他不大会做官，不大会搞关系，锋芒在外，与两广总督瑞麟发生了尖锐矛盾，自己吃了大亏，被罢了官。他一定是受了曾国藩洋务思想的影响，对洋务产生了兴趣，到新成立的外事机构总理各国事务衙门上去"行走"做些事。后来成了中国近代第一任出国外交大臣，驻英和兼任驻法公使。还是由于他的锋芒太露，才做了两年驻外公使，便遭到官场上的特大打击，辞职返乡了。到国外两年，亲眼看见洋世界的先进之处，主张努力向西方学习，成为近代史上学习西方的先进人物，也是一位"孤独的先行者"。

刘蓉较早就离开了曾国藩幕，原因是曾国藩在江西干不下去，借父亲去世返回原籍，刘蓉在此时也回乡继办团练。后来入骆秉璋幕，去四川与石达开作战。石达开的部队覆亡后，骆秉璋官升总督，刘蓉也升任陕西巡抚。因剿捻失败被罢。刘蓉虽离开了曾国藩，但他们始终保持着密友关系，互相书信不断，思念不断，直到二人生命终结，刘蓉比曾国藩小五岁，但二人去世时间却相去无几，一个是1872年，一个是1873年。

恕道和交友都不能没有原则。最初的朋友和幕友李元度几次背叛曾国藩，尽管他想把李元度当成"天涯"的密友和知己，尽管他仍想挽救李元度，可是在对方不再回头时，还是不得不与之决裂。

总之，曾国藩首先把幕僚当作朋友，真诚地相知相交，永远都不想失去他们。

捻乱被李鸿章平息，朝廷明知用的还是曾国藩的方针大计。保卫王朝得有能战的武装，慈禧知道不能抛弃淮军，而淮军的领袖是曾国藩的学生，因此就不能抛弃曾国藩。所以，当捻军败后，慈禧又把曾国荃、郭嵩焘、刘蓉、刘长佑等都再予起用。官文做直隶总督时，因"剿捻"无功而被罢官，实因此人是湘淮的共同死敌，今后要依靠李鸿章就必须罢免官文，李鸿章可不是曾国藩那么坚持恕道的人。

官文被罢，直隶总督一职便由曾国藩接任，两江总督由浙江巡抚马新贻升任。

在交接班时出现一段闲暇，曾国藩便同他的一班幕友聊天、谈文、游乐，与幕友的交游是他的"天伦"之乐，是他感到最轻松愉快的时候。何况，在交游之中也办了该办之事。

这天，曾国藩又与赵烈文聊天。王夫之的遗稿由曾国藩出资在金陵书局印刷，赵烈文便同曾国藩闲聊王夫之著述的成就。他认为《读通鉴论》一书写得好，破除传统观点，提出个人的独到之见。但曾国藩却不那么认为。他说，王船山确称大家，但偏颇之处甚大，如论人求全责备，缺少宽容。如果让王夫之处置国家大事，天下就没有可用之人了。世界上的人，大凡能达到一定的水平者，才智相差无多，况且各有长短，用人者就该量才取用，不能求全责备。老天不会为贤主特别生出奇才来，就像山林中不会为好的工匠特别长出奇木一样。做官用人者应该知道这个道理，如果按照个人的理想，削足以适履，没有不出乱子的。历来文坛上的泰山北斗，在官场上却毫无成就，就因为不懂这个道理。

赵烈文听他的讲述，往往听得如醉如痴。曾国藩和他讲述自己的经历，自己的真实想法，自己的优点和短处，让赵烈文感到这位总督的真实动人。他也感受到曾国藩既是自己的幕主长官，更是自己的知心朋友。

曾国藩在军营里多与士兵在大厅里吃饭，士兵们很爱听他边吃边讲故事。但是，做了总督就不能再同大家一起吃饭，包括他的幕僚。这不是因为官做大了，而是由于他吃的太简单，连幕僚的菜单都比他丰富。他在饭桌上有个外号，叫"一品大员"，他喜欢一个人在书房吃饭，边吃边看书，饭菜多了，书桌上放不下，所以只吃一个菜。就是在厨房里吃，也不过豆腐、萝卜丝、菠菜汤、辣椒豆豉之类。

一天，赵烈文与曾国藩聊起《红楼梦》，那时候这本书仍在严禁之列。"雪夜闭门读禁书"是人的一大乐趣，似乎愈禁的东西，人们愈想知道为什么禁，反而成了被禁之物的无形广告。曾国藩建议赵烈文多读几遍，才能晓得这部奇书的真实旨趣。

也许那时候的人读《红楼梦》和现在大不相同，因为那时大清朝还在"同治中兴"年代，谈起来就甚为贴近，为何把此书列为严禁之列，更能激发人联系现实去想。

汉唐的人推崇的是先秦的"三代"，清朝咸同的人怀念的是康、雍、乾"三世"。曹雪芹在"盛世"之时预见大清王朝将会"忽喇喇似大厦倾，昏惨惨似灯将尽。"经过道光朝英国人的侵略，经过咸同朝的英法联军侵略，经过太平天国和捻军的农民大起义，人们再看《红楼梦》会怎么想？

赵烈文直言，清廷禁"红楼"，视之为"淫书"是别有用意，实质上是作为政治书而禁的。还认为当今的慈禧太后犹如贾府里的当家奶奶王熙凤，施行手腕，驾驭中枢，共专权诡密连军机处都无法知晓，尚矜矜自喜。殊不知威断在俄顷，蒙蔽在后日。当面唯诺，背后则恣肆欺蒙，毫无忌惮。一部《石头记》正是清王朝的写照，曹雪芹预言的大厦倾覆，油灯枯尽的日子已经不会太远了。现在，表面上似是"中兴"，内里只不过是个空架子，不管如何粉饰，也是没有用的。

从曾国藩的角度，他的看法自然与赵烈文有出入。他以为朝廷虽有时被满贵们蒙蔽，但大计把握得还明白。本朝皇帝也尚称勤政，非重病总要临朝，大乱之后能减免征赋；慈禧虽一女流，驾驭百官、处理国内外大计，亦称英明果断；事无巨细，皆躬亲决裁，并无雍阻，亦属难能可贵。

二人的立场不同，观点有异，但谈论起来，全然密友密室议论，毫无隐讳。这确是曾国藩的宽厚、忠信所致，是当时其他的幕主做不到的，也是他的品质所致，并非矫情笼络。

对于徐寿、华蘅芳、李善兰、容闳这几位幕宾，曾国藩看作是创办洋务企业的依柱和学习西方文化的信使。

他去直隶之前，为举办江南机器总局，亲自去了上海。容闳得知此事，驾驶新制的轮船来金陵接他，曾国藩带上幕宾，兴致勃勃地登上了自己工厂制造的轮船。近两百里水路，不到两个时辰便到了采石矶，又开一个多时辰，便到了上海下关码头。曾国藩意气风发地说："纯甫，这船比'黄鹄'号快多了，可以与洋人的船相比了吧！"

容闳回答："洋人的制造业日新月异，学不胜学。咱们的船只能同人家二十年前的差不多，人家现在的更好了。"

曾国藩鼓励容闳："我们中国人聪明，一定能超过他们的，要有志气啊！"

船一靠岸，徐寿、李善兰、华蘅芳等人早等在那里，曾国藩如见久违的老朋友那样，一一向他们问好。在他们的陪同下，曾国藩参观了江南机器制造总局。工厂里已装上了容闳买来的新机器，已初具规模了，弹药厂不仅能制造洋枪洋炮，还能自制火药、水雷，与安庆内军械所不能同日而语了。船坞还在建设之中，也能修理船只和制造大轮船了，从南京登上的那艘轮船就是这里的船坞造出来的。

参观之后，在工厂逗留两日，又由容闳送他回金陵。回来的途中，曾国藩告诉他，金陵、上海方面，他最挂念的就是这个机器制造局了。他参观之后认为还不成熟，轮船也远比不上外人的。他嘱咐容闳，这项事业是中国自强的根本，有容闳的心血，有徐寿他们的共同努力。再做下去一定会有很多困难，但困难再大，也要坚持下去。他说容闳是个留洋学生，认识一定比他们远，要赶上洋人，靠的就是有远见的人。

容闳听了异常感动，他从去英美购买机器、聘请洋匠，到办起江南制造总局，到现在已五六年了，确实遇到很多困难。本来想中途甩手不干了，但听曾国藩这么一说，便打消罢手的念头，坚决按总督"自强"的目标干下去。

对张裕钊、黎庶昌、吴汝纶、薛福成这般年轻幕僚，他既是良师，又是益友。他同这些幕僚议论国家大事，启发他们的爱国情怀，和他们一起讨论诗文，并以自己深厚的古文功底，传授他们诗文的各种知识，张、黎、吴、薛便成了历史上记述的"曾门四子"。在曾国藩的教育引导下，这四人以后皆成为各有专长的人才，甚或颇有影响。黎庶昌在郭嵩焘出使英国时，是参赞使臣，后来又兼法国、西班牙参赞。1879 年，代表中国参加在巴黎举行的，关于修筑巴拿马运河的国际会议。1881 年任出使日本大臣。任内，搜集中国已佚的古代书籍，辑刻成《古逸丛书》，共 26 种，1890 年任满回国后，继任川东兵备道。他能在古文方面作出有影响的事业，是赖曾国藩的栽培。他一生都推崇曾国藩的古文，永久怀念自己的幕主和老师。著有《拙尊园丛稿》《西泽杂志》《续古文辞类纂》等著作。

吴汝纶曾任冀州知州，因受曾国藩影响，成为古文大家，归宗安徽桐城派。后为京师大学堂总教习，赴日本考查教育。戊戌变法期间，对严复的思想极为称道，为严的著名译著《天演论》写序。他的论文被辑成《桐城吴先生全书》。

至于薛福成更是近代史上为大家熟知的人物，他青年时代便入曾国藩幕，直到曾国藩去世，又随李鸿章办外交。光绪五年（1879 年），作《筹洋刍议》提出变法主张，成为近代著名维新派代表人物，这都是受曾国藩的直接影响。在中法战争期间，任浙江宁绍台道，在镇海组织抗击法军，击沉法舰，击退法国舰队对镇海的进攻，在当时很有影响。1888 年任湖南省按察使，次年出使驻英、法、比、意四国公使，对英法等国的政治制度十分赞赏，是较早提出不仅学习西方的科技文化，同时要学习西方政治制度，建立君主立宪制度的先进中国人。

张裕钊的影响虽不如前三位大，但曾国藩却很看重他，他为人谨厚，跟曾国藩学习古文也最刻苦，也是中国近代史上的一位古文大家。

四十二

青出于蓝的另一个版本

前文述及，李鸿章跟随曾国藩学习多年，是曾国藩的关门弟子，在"书剑飘零旧酒徒"极为潦倒失意的情况下，投奔曾国藩，成为湘军的幕宾，受到恩师的特别惠顾。他在曾国藩帐下的表现，让曾国藩刮目相看，以为"有大过人处，将来建树非凡，或竟青出于蓝"，是可成大业的"伟器"①。

咸丰死后，中央发生了极大变故，慈禧和奕䜣联合执政，依靠湘军镇压太平军。曾国藩从困迫中解脱后，成了"东南之主"，李鸿章、左宗棠等也从曾国藩幕中跃出，成为苏、浙地方的封疆大员。

曾国藩派李鸿章去上海，秉承恩师编练淮军"以济湘军之穷"。李鸿章坐镇安庆，通过派人和通信的办法，征召庐州一带的旧团练，很快组织了潘鼎新、张树声、刘铭传、吴长庆等营淮军。

淮军在安庆组成，直接由曾国藩训导，曾"为定营伍之法。器械之用、薪粮之数，悉仿湘勇章程，亦用楚军营规以训练之。"② 当时的训练，亦由曾国藩为之制定了仿明代戚继光"束伍"之法，分营立哨。其薪粮、恤赏、修工事、营务章程、粮台制度，全是照搬湘军的一套。因此，史书皆谓湘淮"本系一家，淮由湘出，尤有水源木本之谊。"③ 王尔敏编写的《淮军志》详细记述了淮军的营制等，王定安编写《湘军记》，又把湘淮二军作了比较，首先认为两军在大的方面完全一致，是"淮由湘出"。那么，李鸿章则是由曾

---

① 薛福成：《庸庵笔记》，卷1，第12页。
② 黎庶昌：《曾国藩年谱》，第8卷，第146页。
③ 紫萼：《梵天庐丛录》，第4卷，第32页。

国藩出；而曾国藩谓"青出胜于蓝"，看到李鸿章的"伟器"，将来会胜过自己。这句话还有一层深意，李鸿章"才气不羁"，在幕中时可以"折之使就范"，而一旦脱幕而出，就不再是他可以控制的了。

曾国藩阅人之多，看人极准，他所预见之者，除少数者如李元度等外，全都极为准确。故朱孔彰为曾国藩写传时曰："文忠之初至长沙也，方提一旅以周旋，曾文正亟荐之，谓可大用，是何其知人之明也！及各位相将，谨事文正，交欢文篇，推美让功，称一时盛世。……中兴之烈基于此乎！"①这里说的是曾国藩对胡林翼的推荐之准。

李鸿章也是，他一旦脱离曾国藩的控制，便另来一套，出现另一个版本。

例如：曾国藩组建湘军的不变原则是"选士人，领山农"，即用知识分子为将，用朴实农民为兵。湘军成军时，有功名的将领就有三十多人，没有功名的也是"士人"。淮军则不同，李鸿章自己身为翰林，但却鄙薄知识分子，尤其是有功名的"士人"。他的原则是广收杂揽，兵将冗杂。淮军成军时，十三营中的十一个首领，仅有二人有功名，而且是初级功名，即一个举人、一个廪生。其余是团练头子、盐贩子、旧军兵痞、投降的起义者、土匪头子等。其知识结构比湘军将领差得很远。

至于淮军士兵，也不是湘军的"乡农"为主，多是困勇、游勇、散兵、降众等，成分更为复杂。

曾国藩对湘军将领和士兵的训练，看重思想品质，他的治军要领是"概求吾党质直而晓军事之君子将之，以忠义之气为主，而辅之以训练之勤，相激相劘，以庶已于所谓诸将一心，万众一气者，或可驰驱中原，渐望澄清"②。

---

①　朱孔彰：《中兴将帅别传》，第22页。

②　《曾文正公书札》，第2卷，第28页。

　　李鸿章则不然，他是以利益、子女玉帛诱使将弁为之卖命。他公开表明：
"天下熙熙攘攘，皆为利耳，我无利于人，谁肯助我。董子正其谊不谋其利
语，立论太高。"① 因此，淮军"自始至终，俱在贪图利禄，以骚扰民间为事"。
曾国藩看准了这一点，因此对他极不放心，从安庆去上海时，临行告诫他：
勿任性、勿傲慢、勿急躁、勿气盛，应把握治军之根本，要"深沉""从容"。
李鸿章表示了"手谕诲爱谆切，感佩无量。鸿章素性激直，从事师友贤豪间，
皆深知其戆而曲谅之"，"当奉为枕中秘"。②

　　但是，李鸿章一到上海，他便忘了老师的"枕中秘"。为扩大淮军实力，
他改变了湘军将帅返湘募勇的传统方式，认为"千里募军，殊为耽心"，而
采用就地取兵的便利方法，即采取改编原有的绿营防军、借将带兵、收编团
练、接纳太平军降将降兵等方式，迅速扩兵。其中，前江苏巡抚薛焕所部绿
营防军五万，以"就地陶洗"的方式，"遣去三万"，余者由原来的防军将
领统带，如况文榜常字营、梁安邦虎字营、刘士奇奇字营，都是淮军主力。

　　收编太平军的降将降兵为李鸿章所重视，在安庆投降的程学启是李鸿章
的一员猛将，也是他引诱太平军将领投降的榜样。后来，太平军将领投降淮
军，成为太平军死敌的吴建瀛、钱寿仁、骆国忠等，都成了淮军中最为凶恶
的杀人魔王，为李鸿章镇压太平军起了重要作用。

　　此外，李鸿章还利用洋将带兵，把原来的中外混合军"常胜军"留用，
由洋人军官统带。淮军的水师也是李鸿章到上海后，改编旧水师和由土匪组
成的"枪船"而成。水师兵勇除了绿营防军，就是土匪和游民，连素质很差
的淮军将兵都"厌弃之"，但李鸿章却要将他们"羁縻"改编。

　　李鸿章违背曾国藩的这些做法，曾引起非议，庆军的统领刘秉璋就曾
批评揭露。刘秉璋字仲良，安徽庐州人，咸丰十年进士，曾师事李鸿章，

① 周馥：《负暄闲语》，第 1 卷，第 42 页。
② 《李文忠公全书》，朋僚函稿，第 1 卷，第 9 页。

1862 年由李鸿章奏调入淮军幕，不久即统带庆军。刘秉璋是淮军将领中，除李鸿章之外的唯一进士，他对李鸿章的建军路线"殊不能相惬"，有过"愤激之议"。同治三年的时候，甘肃平凉道李季荃（李鹤章）因在淮军里不得志，写信给刘秉璋说，恨不读书成进士、成翰林，作为带兵的根本。刘秉璋回信戏之曰："带兵最合法有十等，一为粤捻投诚，次为土匪投诚，三为光棍地痞，四为行伍，五为不识文字，六为秀才，七为五贡，八为举人，九为进士，十为翰林。公本为六等，何必羡慕九十等耶？"①

据《淮军志》介绍，李鸿章到上海后的淮军将领有科名的四人：刘秉璋为进士、潘鼎新是举人、李鹤章是秀才、张树声为廪生。其他为团首者有：刘铭传、周盛波、周盛传、张树珊、张树屏、吴长庆；绿营防军者有：刘士奇、杨鼎勋；程学启是降将；郭松林是木工。这是最主要的将领，余者成份更加不堪。李鸿章特别器重降将程学启，说他是"沪军第一骁将"，"此公用兵方略为十余年来罕有之将"。

李鸿章特别重用叛将，而铭、盛、树、鼎吴淮军的四个"王牌"军，郭、杨二军也是他重视的两军。"论者常哂之曰：铭、盛、树、鼎犹鸟也而无翼，今得郭、杨以为翼，于是字飞矣，湘淮蜕之形始此。"② 这里是说，李鸿章有了铭、盛、树、鼎四军为主体，有郭、杨二军为辅翼，淮军完全同湘军中蜕变而出，独立成军，再不具有湘军那种重思想教育，重知识功名的"选士人，领山农"的特点。相反，那少有的几个有功名的刘秉璋、李鹤章等不被重用，因此他们不满意，淮军也就受到非议。

李鸿章由曾国藩的保举，成为江苏巡抚之后，也效法曾氏开府招幕，延揽人才，由于他的个人品质和权术，由于所在地的财富等因素，使李鸿章幕

---

① 刘声木：《苌楚斋三笔》，第 10 卷，第 3 页。

② 刘体智：《异辞录》，第 1 卷，第 28 页。

府也很庞大。既然他选将的原则与曾国藩不同，那么选择幕宾的原则也肯定有异。

李鸿章曾描述曾国藩幕"满堂豪翰济时彦，得上龙门价不贱。"[1] 显然，这是在哂笑老师的取才方向，他的选择标准与老师不同，是"取瑰异俶傥，其拘守文墨无短长者非熹。"[2] 就是说，他是故意与老师不同，老师喜爱的那些"拘守文墨"者，他不喜爱，避而不用。他的用人原则是实用主义，不看道德文章。

自然，我们不能因为李鸿章不选那些道学大家和古文学子及文章客就是不对。他当时面临激烈的战事，身居上等相对开放之区，使他的选幕标准重点在征收厘捐以实军用和通洋务以得洋器，这种实用也有它的正确性。

不过，同曾国藩相比，确实是又一个版本。

如李鸿章聘丁日昌、冯焌光专置军械火器；王凯泰、郭柏荫、薛书常、王大经、陈庆长等负责收厘捐；用周馥、钱鼎铭、凌焕、冯桂芬办理文案和营务。尤其丁日昌、王凯泰、郭柏荫三人，是李鸿章器重的人物，他们凭借条件和努力，为李鸿章的发展作出了巨大贡献，也依靠李鸿章成为一方大员。

例如：丁日昌原是曾国藩的幕僚，后去广东提督昆寿军营，1863 年由李鸿章专斩奏准前往上海，为李鸿章任理军械大器的购置和制造。第二年便升任苏松太道，不久又做两淮盐运使、江苏布政道，直升为江苏巡抚，后又升为清政府的船政大臣。王凯泰、郭柏荫皆于 1863 年由李鸿章奏准作为幕僚，为湘军的供给办厘局，保证了军饷供应，不久分别升任福建巡抚和湖北巡抚，郭伯荫还曾常任湖广总督。

曾、李二人都是洋务派的领袖，但二人的做法也不尽相同。例如在"用洋将"方面，李鸿章广聘多募，曾国藩则表示冷淡。李鸿章曾向清廷奏报："运军

① 《李文忠公遗集》，第 6 卷，第 13 页。

② 金天翮：《皖志列传稿》，第 17 卷，第 4 页。

由江南剿贼，入手本宜水而不宜陆，嗣因西洋火器精利倍于中国，自同治二年以后，分令各营雇觅洋人教练使用炸炮洋枪之法，传习日久，颇窥奥妙。"①

　　淮军各营皆聘洋将作教练，李鸿章还直接把部队交给洋人训练。如1862 年夏，李鸿章把原来苏巡的防营千余人，交给英国军官在松江的九亩地训练，练后改为"会"字营，又曾选拔六百名练勇交给法国军官庞发训练，在徐家汇和高昌庙训练后改为"庞"字营。训练淮军的英法军官皆有副将、参将的高级军衔，其待遇都高过清将若干倍②。

　　李鸿章在上海和苏南一带与太平军作战时，曾借助英国的军队，当时叫作"借师助剿"。曾国藩对此主张以孔子"忠信笃敬"对待，这是他处理洋人的总方针，即不能一味"媚夷"，也不能顽固地"抗夷"。既然上海居住着很多洋人，洋人必然要用武力防护，这是一个国际性的现实。就这个现实读"借师助剿"，曾国藩向李鸿章表示："阁下只认定会防不会剿五字"，又说："会防上海则可，会剿他处则不可。"③他的意思极为明白，镇压太平军是中国的"内政"，不能让洋人参与，如同洋人一起会剿了，也就等于让洋人干预了中国的内政。因此，只能"会防"而不能"会剿"。"会防"也只能限于上海，而不能进入内地。洋人居住在上海，太平军扰及洋人，自然得"防"；而洋人尚未居住中国内地，让洋人去内地"剿"和"防"，都将损害中国的利益。

　　李鸿章的特殊位置和他的思想，都与曾国藩有区别，因此李鸿章对待洋将和洋人方面，也是另一个版本。

　　前文提到，曾国藩的处理政务和人事，多用恕道，而左宗棠、李鸿章则多用"霸术"。"霸术"即恃强凌人，凡事自己说了就算，完全以威力逼人、压人，不讲道理，亦无原则可守。幕僚们为曾国藩做事，是心甘情愿，是因为他的人格让人服气。而李鸿章的幕僚是因为惧怕他，不敢不做，或是利益

① 《李文忠公全书》奏稿第 8 卷，第 35 页。

② 《李文忠公全书》朋僚函稿，第 2 卷，第 38 页。

③ 《曾文正公书札》，第 18 卷，第 19 页。

的驱使，才努力去做。

举个例子说：淮军受李鸿章"霸术"影响，往往不讲仁、悯，肆意杀虏，或离开营房入民居掠淫，使民怨沸腾。有个幕僚叫杨艺芳，是无锡人，平时为李鸿章所信任，他向李进言，约束将佐和士兵。李鸿章还没等他说完，遽曰："不必言，吾皖人皆当诛！"吓得杨艺芳战栗而出[①]。

"霸术"的李鸿章把他的将佐和士兵杀人抢掠，"视为应然"。当一仗打下来，各有收获，"每向夕无事，各哨聚会，出金钏银宝堆案，高数尺许，遇发饷时，多寡不较也。……其时米份极昂，石值银五两，各军克城，辄封存敌所囤米，据为己有，文忠出示收买，定价石银三两，出入一律，亦为成例定案，淮军统将，往往以此致富"[②]。

这个现象是很有趣的，就是说李鸿章认为他的手下将官抢的东西、占的地盘、所得物品，"视为应然"（赵烈文语），他可以公然出钱向他的将官购买抢得的粮食和物资。真所谓"盗也有道"，李鸿章实行"霸术"，也就承认手下以"霸术"抢掠占有的物品，"视为应然"。

曾国荃、鲍超部的纪律也差，也惯会杀人抢掠，曾国藩对他们是没法制止，而非"视为应然"。

赵烈文是这么说的：由于李鸿章的纵容，使淮军"剽掠无虚日，杀人夺财，视为应然。"（前引《能静居士日记》条）

---

① 赵烈文：《能静居士日记》，《太平天国史料丛编简辑》，第 3 册，第 383 页。
② 柴萼，《梵天庐丛录》，第 17 卷，第 3 页。

四十三

赵烈文笔下的整顿地方

前文提及，曾国藩幕中人极多，但真能为他做些大事的并不多。赵烈文入幕，跟随他二十多年，在军政大计上能为他出主意、做参谋的，赵烈文几人而已。

赵烈文很爱写日记，在曾国藩幕中他天天都写日记。他的书房名为"能静居"，那么他便是能静居士，他的日记也就叫《能静居士日记》。这部日记记载了曾国藩的许多言行，开始目的不过是想记下来他的所言所行，因为赵烈文十分佩服这位总督和大理学家。此后，《日记》留给后人，便是后人了解曾国藩的重要根据，研究历史的人称之为重要史料。

本篇主要从赵烈文的日记，看看曾国藩是如何治理三江地方的。

自然，作为幕僚，赵烈文不光是记述而已，他也是个重要参与治理者和出谋划策人。

曾国藩在"剿捻"无功后，清政府撤掉他的钦差大臣，补一个体仁阁大学士，于同治六年三月初六日（1867 年 4 月 10 日）回到江宁，还任两江总督。

实际上他在江督任上已有七年之久了。但是，这七年总在带兵打仗，没有给他治理地方的机会。如今，慈禧把他从战场上赶回地方，他虽然心犹不甘，而形势所迫，他也只能照办。既然曾国藩对儒学极度虔诚，是他坚持"仁心"和"恕道"的根源所在，因此他很体谅清廷的不容易，体谅慈禧的不好措手，也就安心地回任两江，打算好好治治地方，做个实在的地方父母官，在地方上为朝廷建一番功业。

还在回任的途中，他坐在船舱里，时而同赵烈文聊天，时而远眺舱外的景物，更多的时间还是闭目养神，或许是在谋划如何治理地方。当他睁眼看舱外时，见到"所过之处，千里萧条，民不聊生"，"目之所见，几无一人面无饥色，无一身有完衣。"①

战争给人民带来的创伤太重了！

曾国藩少年科第，十年七迁，立下治国平天下的志向，如通常的儒者那样，幻想"三代"之世出现。但是，一到地方他才知道，"三代"的想法太空洞了，那到底是个什么时代？谁也说不清楚。或可望恢复清朝前期的"盛世"，但"盛世"没见到，却因政治腐败，引发了罕见的农民大起义。不寻常的历史把他推向镇压起义的统帅地位，仗一打就是十几年，把他幼年立下的幻想，打得粉碎。现在，被战争蹂躏十几年的三江地方平静下来了，他要抖擞精神治理地方了。

他回过头和正在沉思的赵烈文商量，治理地方，该抓什么？从何抓起？赵烈文回答：应是一抓整顿官场吏治；一抓肃靖地方秩序。是的，他何尝不知，这两件大事抓不好，就什么也别想做。但又谈何容易啊！

曾国藩知道，赵烈文虽然知道抓什么，也知道该怎么做。但这位幕僚对大清朝的出路缺乏信心，官场的黑暗是个事实。回首办湘军的十几年，客居湘赣各省，吃够了地方官的苦头，更看清了官场的黑暗。他任江督后，几乎把三江原有的地方官一举革尽，全换上了自己的亲信，强调做官的标准是"能做事，不爱钱，不怕死"②。他认为同自己作战多年的将领、学生、幕僚和朋友，大体上可以做到这三个条件。但事实上并不是这样，他们到地方做了官，几乎没有一个是这样的人。即使是好人，一入官场，不久便与旧官僚同流合污，如彭玉麟那样能洁身自好者太少太少。

---

① 《曾文正公家书》，同治六年二月二十、二十一日。

② 《能静居士日记》，同治六年九月初七日。

　　赵烈文的日记记述了他和曾国藩的议论："凡能任事者，无不好名，无不贪财。"不为名利，能投身军中拼命者无几，冷眼看一看由湘军将领变成的地方官，他们感慨地说："安得有人乎？勇于事者皆有大欲存焉！"[①] 不用说湘军将领之多，他根本无法控制，就是他的弟弟曾国荃手下的大将，攻下金陵哪个不大掠大抢，闹得官场上无人不知。这些大将做了地方官，又如何能廉洁奉公？

　　还有，自己的学生李鸿章，他自到上海便全把他的临行教导忘在脑后，他就是以利益选将招幕，他手下的将领个个都如同虎狼强盗，由他们任地方官，其结果如何不堪闻问。

　　吏治的重要，问题的严重，非整顿不可，但究竟从何下手？他向赵烈文问计。赵烈文回答："整饬吏治，必先从江苏布政使丁日昌开刀！"

　　赵烈文接着说：丁日昌其人贪婪成性，任苏松太道和两淮盐运使，都是最肥的职位。"使若辈在位，吏治非江河日下不已。"曾国藩听后为难地说："你也知道我的苦心吗？丁日昌之流与少荃至好，我与少荃势同一家，丁虽是小人，他为少荃筹前敌财用，我又怎能忍裁治他的手下呢？"[②] 这就是说："李鸿章的亲信便是他的亲信，丁日昌虽贪鄙，但他对李鸿章极为有用。因此，丁再坏也不能裁治。"

　　连最明显的，离他最近的坏官都不敢轻易下手，又何谈整顿吏治？

　　因此，曾国藩非常苦恼。他向赵烈文诉苦，连自己管辖的"三吴吏治"都不能整顿，真是"负国负民"呀[③]！

　　总之，整顿吏治全部没有进行，曾国藩在两江任内一个贪官也没有去抓。同样，地方秩序他也不敢去"肃靖"，因为在三江两湖闹乱子的祸首也是湘淮官兵，尤其是被他遣散的湘军官兵。

---

① 《能静居士日记》，同治六年九初四日。

② 《能静居士日记》，同治六年九月十七日。

③ 《能静居士日记》，同治六年九月二十一日。

如果说整顿吏制曾国藩还闹出点动静，同幕僚商量计划，讲一讲吏治的重要性，把三江各地、各级官员排队比较，等等。而"肃靖"地方秩序，连这点动静也没闹，开始就被赵烈文阻止。结果，仅止于同赵烈文一个人商量，秘密讨论一阵子，由曾国藩秘密写了几封书信，作了一些善后性的安排，也就秘密停止了。

因为，事关湘军内部的反清组织"哥老会"问题。

长江流域在地方闹得最凶的是哥老会，又称兄弟会、哥弟会。这是一个成员极为复杂的反清反帝松散组织，参加者多是社会流民、遣散的士兵和破产的手工业者及农民。

由于曾国藩那次没能及时处理，他也处理不了，使哥老会一直发展下去，直到二十多年后终于发展成反帝反官的大型农民运动，即北方的义和团、南方的哥老会同时爆发。

后来的两江总督刘坤一就说：三江两湖闹得最凶的是哥老会，他们"半系军营遣散弁勇"。[①]

薛福成出使英法时，哥老会在长江流域展开反洋教运动，各国向清政府和出使大臣施加压力，要求自行镇压，不然将进行武力干涉。薛福成明知多是当年曾国藩遣散的湘军官兵所为，他为了维护恩师的名誉，既要求清廷下力气镇压，又强调是外国的传教士"无恶不作，平民受其欺压，积愤日深"，才迫使"哥老会散布揭帖，激发群众，事起则率党纵火，事毕则潜踪四散，今者教堂之衅，则又为从前所未有。"[②]他是以"过来人"的身份说问题，即在曾国藩处理哥老会时，尚未发生大型的举动，因此才没作镇压，如今洋教士入中华，组织教民"无恶不作"，才逼令哥老会起事的。

他生怕追根究源，查到当年是恩师的湘军大批参加哥老会，又未作积极

①　《刘坤一遗集》，第381页。

②　薛福成：《出使奏疏》，上卷，《处置哥老会匪片》。

处置，留下了隐患，毁了恩师的名声，当时已有人搜到湘军了。

美国公使田贝也说："秘密的会社是骚扰的根本原因。该项会社以长江流域最多，他们多是军营遣散的官兵，都是反对外国人的。他们同时也是中国官吏最恐惧的对象。"①

哥老会对社会的破坏性，在当时曾国藩已经看到。那时尚未发生薛福成说的反洋教运动，但为了生存，他们聚在一起四处抢劫、杀人，已构成地方的黑暗势力，破坏性很大。至于这股恶势力发展下去会怎么样，曾国藩也不会没有预见，只是想不到能汇集成十九世纪末年中国又一次浩大的农民运动，这次农民运动的矛头却指向了帝国主义。

历史的发展是这般有趣……

湘军后期，曾有两支军队发生哗变，一支是鲍超的"霆军"在金溪哗变；另一支是成大吉部在湖北镇压捻军时哗变。当时处理"霆军"哗变的就是赵烈文，他主动要求去安抚，拿着曾国藩给他的三十万两银票到了江西省金溪。"霆军"是由鲍超率领，去追击太平军余部的，听说湘军要被遣散，鲍超拿上抢劫的钱财回四川老家了，丢下他的部队不管，因此才发生哗变。后来听说他的军队不在遣散之列，他才回到金溪。

赵烈文到了"霆军"军营，那里是一片喧闹声。经过了解，原来是哥老会在那里鼓动。赵烈文知道事态严重，更不能揭开事实真相，只用好言相劝，强调湘军遣散只是传闻，并说即使遣散也不包括"霆军"，霆军战斗力强，功劳大，曾中堂一定会保着"霆军"的。霆军听到赵烈文说的有道理，最关键是有三十万两的银票发下去，三十万可不是个小数目。霆军得到军饷、得到曾国藩亲派的赵师爷的安慰，那次哗变也就平复了。

赵烈文回来向曾国藩作了详细报告，他们皆知霆军里有哥老会在活动，官兵中的哥老会人数还很多。哥老会在湘军的大量存在，是曾国藩遣散湘军

---

① 卿汝楫《美国侵华史》，第 2 卷，第 600 页。

的重要原因，但当时的霆军已归江西巡抚沈葆桢指挥，曾国藩也想保存这支已不归他指挥的部队，所以就没有遣散霆军。一是怕马上遣散他们会造反，二是霆军战斗力强，又听鲍超的指挥。只要不出大事，让鲍超回来指挥，将来有战事还能用得上，鲍超只会听曾国藩的，沈葆桢调不动这支部队，"归沈葆桢指挥"正好是保存霆军的一个最好借口，当时清廷只盯着曾氏兄弟。

后来，霆军在镇压捻军中的确又派上了用场。但是，在湖北尹隆河一战，霆军救了刘铭传的"铭军"，战后李鸿章却偏袒刘铭传，两军大起矛盾，最终还是遣散了霆军。这支军队本来纪律就很坏，抢掠成性，遣散后因鲍超称病回籍，更无人能善后。散后的官兵多进入黑社会，参加哥老会的更多。

曾国荃吉字营里哥老会成员也很多，曾老九不是曾国藩，他在招募军队时与李鸿章一样，以利益吸引兵员投入。他带兵打仗，就是在打下一城一地后，放任部队抢劫，靠抢劫发财，想发财的便大量投入吉字营。所以，他的部队发展很快，战斗力也很强。部队能够坚忍地盯死一个城镇，直到攻克为止。实际上曾老九就是以劫城相号召，部队盯着的是攻陷之后能抢劫的财物，就像猎人不顾危险盯着猛兽不放的原因是一样的。哥老会本也多是无业游民、破产的农民和手工业者，他们见跟着曾老九可以抢劫、可以发财，才参加他的吉字营。曾老九明知谁是哥老会，也照样让他们参军，照样保举他们做官。当时许多人知道这事实，把曾国荃指为"哥老会首"。

在裁撤吉字营时，曾老九拒不执行命令，清政府曾派官员向他施加压力，派来的人说，再不裁撤就到吉字营中清查哥老会了。曾国藩听说要查哥老会，赶紧让弟弟裁撤部队，吉字营最早裁撤，直至全部解散。曾老九解职回了老家，他的部队中的兵很多发了财，成了财主。没发财的多数参加哥老会，成了强盗。

当时的哥老会还没有去反对洋人，只会抢劫，官府和平民都抢劫，杀人越货，使地方秩序大坏，人心惶惶。

曾国藩"肃靖"地方，首先就得去清查、镇压哥老会。那么，清查出来的肯定多数是被他遣散的湘勇。镇压散兵游勇他也在所不惜，但是赵烈文一再提醒他，如今攻击湘军的舆论正炽烈，抓了湘勇参加哥老会，这个口实无论如何也不能让攻击者抓住。

曾国藩同赵烈文商量对策：第一，把追查哥老会的责任全交给地方官，凡是由湘军升任的官员一律不许参与查拿之事。这是怕更深地牵连到湘军，引起被遣散湘军的众怒。第二，查拿哥老会时，不提哥老会，只问其有无罪名，避开组织，把会员当作一般匪案处置。第三，凡是被保为军官的哥老会，都应尽量秘密进行，令其自悔。

他写信给湖南有关方面说："湘邑不准擅杀一人，讼狱之权当操之邑候，局绅不得擅断一狱"。他给弟弟曾国潢写信说："哥老会之事，余意不必曲为搜求"，"大凡已被保为军官的哥老会，总须以礼貌待之，以诚意感之，如有犯事到官，弟在家常常缓颊而保全之。即明知其哥老会，唤至密室，恳切劝谕，令共自悔，而贷其一死。"[1] 他还公然写信给湘军县令："哥老会一案，弟有告示，但问其有罪无罪，不问其是会非会，严禁诛累诬扳之风以靖民气。"[2]

曾国藩听信赵烈文的劝告，不去追查哥老会，其势力越来越大，三江两湖的哥老会以湖南最多，而湖南一省中，正好又是湘军招募的集中地湘乡、湘潭、长沙、湘阴、宁乡、益阳等地最多，而其中又数他的老家湘乡最集中[3]。面对这个事实，曾国藩又惊又怕。他常说："我乡会匪勃发，各地被扰。这些无业游民，逐风而退，剿之而不畏，抚之而无术。纵使十次被灭，而若有一次得逞，则桑梓之患，不堪设想，殊以为虑。"所以，他不厌其烦地告诫曾国荃、曾国潢和家人，让他们在乡下夹起尾巴做人，多积些阴德，免得

① 《曾正公家书》，同治五年八月初十日。
② 《曾正公家书札》，第 26 卷，第 17 页。
③ 《曾文正公书札》，第 31 卷，第 29 页。

遭到不测。他预计，若是哥老会起事，首先攻击的是他们曾家，所以让曾家人随时准备"避乱远出"。

　　家里一听非常恐慌，向曾国藩讯问办法，曾国藩不愿自己的家属跟着他，也是怕受累，但经赵烈文劝说，还是把他的家眷子女接到了南京，避离湖南。连自己的家人老小都顾之不及，何谈"肃靖"地方。

四十四

陛见之后，才知幕僚所论不虚

直隶总督在清朝地方的八个总督中是最重要的一席，在曾国藩"剿捻"失败后先令回任两江，不久又让他任直隶总督，他感到很不安，同赵烈文议论此事。

他说：鄙人"北征"无功而替，回任两江又无政绩，为什么还让我任职直隶，还是拜折辞谢，免得将来进退维谷。

赵烈文思之再三，也认为这次调动，违反常规。曾国藩接着说："此前我无论保举还是参劾的，朝廷一律未动，这该如何理解？为什么调我任职直隶？"

赵烈文只能安慰他：自"北征"回住的一年中，由协办大学士升为体仁阁大学士、武英殿大学士，又加云骑尉世职，说明朝廷愈加信任，毕竟没有忘去"剿长毛"和"剿捻"的功劳，由两江调职直隶，还是顺理成章的。

曾国藩心里疑虑重重，但又不敢轻易辞谢。由于凡是升往直隶总督的官员，都要入京陛见皇帝，他要赶在元旦前陛见，同治七年十一月八日（1868年12月21日），他冒着严冬酷寒，顶着凌厉的北风，率领赵烈文等一班幕僚由江宁启行。

北行迟滞，曾国藩边行边沉思：离开北京17年了，如今地方兵荒马乱，不知京师景象如何？大清朝在如今的太后和小皇帝手中，不知是兴是衰？他忆起数月前同赵烈文的一次谈话，那天接到京师一位朋友的来信，信上说：北京作为一国之都气象却糟透了！衔上乞丐成群，公开的抢案天天发生，市民吃了上顿无下顿，有些妇女没有裤子穿。怕是大变乱不会久了！曾国藩向赵烈文征求意见。赵烈文说：国家安定久了，势必要走向纷乱。纷乱在下面发生，如长毛和捻匪，国家有能力去征服；纷乱在上面发生，中央政府会先烂掉，以后国家土崩瓦解，这一天的到来不会太久了。这时"抽心一烂"，"根本颠仆"，是无可救药的。

曾国藩提出，听说恭亲王年轻而"聪颖"，能否挽救时局？赵烈文回答：恭王的确聪颖，但不过是小聪明。他掌握的总理衙门成为国家中枢，但只会仰仗外人，曲为弥缝。至于国立何地，己立何处，如何立志，却全无理会，不是个治国的大材料。他无力扭转大清王朝"抽心一烂"的结局。

同治七年十二月十三日（1869 年 1 月 25 日），曾国藩一行到达京师。当晚由吏部接至北京东安门外金鱼同贤良寺寓居，并传达谕旨："赏曾国藩紫禁城骑马，明日养心殿召见。"曾国藩感到殊荣和惶恐，出京 17 年，这次重来，已非昔日可比。无论是年轻的太后、年幼的皇帝，他都未曾见过，也不知他们会向自己提出什么问题。

翌日卯初，他便来至景远门外，由内廷官员引入，来至乾清门。有军机大臣文祥、宝望、沈桂芳、李鸿藻迎接，把他引入军机处。正在寒暄，恭亲王奕䜣在侍从的陪同下，大步来至军机处门外，大家一齐出迎。恭亲王对曾国藩久有推荐、依畀、保护之恩，于是赶紧趋前拜见，奕䜣双手扶住，口称："老中堂免礼！"拉着他的手一同进入军机处。

奕䜣极尽温渥，恳切称道："这些年老中堂转战沙场，备尝艰辛，祖宗江山，实赖保卫，咸朝文武皆对老中堂崇敬感激！"时过不久，诸王爷及六部九卿皆至军机处，如众星捧月般簇拥着这位一等侯爷，曾国藩热血沸腾，过去的辛酸委屈，一时化为乌有。

已正（上午十点），镇国将军奕山把他从军机处引向两宫和皇帝听政之处养心殿。曾国藩叩拜了两宫和皇帝。之后是两宫的问好，再后是慈禧的问话。曾国藩这些天一直在心里打腹稿，准备着这时的问话，心里很是紧张。但是，慈禧问的全是家常，如"你兄弟几人？""出京多少年了？""曾国荃是你胞弟？""一路上安静吗？"曾国藩认真地一句句回答，老等着问正经事，可偏偏一句也没问，好些天背熟的一词一句也没用上。

后来又是三次陛见，每次都是有一搭无一搭地问，漫不经心，不着边际。四次接见下来，曾国藩感慨良多。太后、皇帝"同治"天下，原来如此而已！做了八年龙庭的皇帝，接见大臣竟一句不吭，简直是个摆设，不要说与十二岁亲裁大政的康熙无法相比，恐怕连前代多难之主，英年宾天的咸丰也难能相提并论了。慈安完全一个阁中妇人，不必多说。慈禧号称"专断"，四次接见他，皆一人发问，专断是专断了，但连续接见，所论何事？难道接见一位首席总督，真的是无话可说，无国事可问了？回去细细琢磨，似乎提到直隶练兵之事，难道让他来直隶编练军队，拱卫京师吗？但也只是漫不经心地一提而过，并不像让他练兵。

陛见之外，朝廷还设国宴招待，把他安排在汉大臣首位。接下去便是名目繁多的宴会，有王爷专设之席、大学士专设之席、直隶京官席、三江两湖各省专设席、几科同年席、众多的旧友专席等，花天酒地，让这位每餐只吃豆腐、辣椒小菜的曾大人无法享受啊！

尤其是太后、皇帝举行的春节大典、元宵大典，吃的是满汉全席、百全大宴，不亚于乾隆帝的"千叟之宴"。太后的"春帖子赏"、皇上的"元日御赏"，都未让他激动，只有悲凉。仿佛真的进入了《红楼梦》中即将垮台的贾氏府第！

元宵一过，他在京师再也待不下去了，只觉通身无力，像一只泄气的皮球，再待下去就真的坚持不住了。于是，赶紧离京，奔向保定住所。一路巡视永定河设施，七天后到了保定，接任直隶总督，那天是同治八年正月二十七日（1869年3月9日）。

到达保定后同赵烈文谈他陛见和接触清政府核心人物的体会，认为赵烈文洞若观火。他说："两宫才地平常，见面无一要语；皇上冲默，亦无从测之……恭邸（指奕䜣——引者）极聪明而晃荡不能立足；文柏川（文祥）正派而规模狭隘，亦不知求人自辅；宝佩衡（宝鋆）则不满人口。朝中有特立之操者尚推倭艮峰（倭仁），然才薄识短。余更碌碌，甚可忧耳！"①且直隶吏治形势之坏，有同于江、淮。清王朝就是一艘风雨飘摇的朽船，只会一天天沉没，再没有什么"中兴"的可能了。

前途暗淡，国运衰微，"中兴"之望破灭，使这位"中兴"名臣心身一下子颓萎了。长期与农民起义军作战，已使他心力交瘁。那时候还有一种潜力在支撑着，使他尚能勉为其难。但是，自从北京之行，陛见回保定后，似乎自己也如同一枚腐心的萝卜，"根本颠仆"了。先是眼睛昏暗，视物如隔迷雾，接着疼痛难忍，吃药针灸无作用，不久右目全盲，左目仅余微光。后来又出现眩晕，耳鸣头痛，日夜惶惶，无法办公，只得具疏请假。皇帝准假，下旨问疾，让他好好治疗。然而，天津突然发生教案，又把他推进了民族斗争风浪的旋涡之中。

---

① 《能静居士日记》，同治八年三月二十八日。

四十五

天津的官员一律停职，让幕僚调查教案

同治九年（1870年）发生的"天津教案"是震惊中外的大事件，此后教案发生的频率增高，规模也增大，很让清政府头疼。

随着西方侵略者进入中国，传教士也随之而来。第二次鸦片战争发生，中法"西林教案"是导火线之一，结束这次战争的《天津条约》和《北京条约》，对西方传教士来华有了明确的条文。此后，西方的教会、医院、教堂、教会学校、教会慈善组织在中国大规模开办起来。

这些组织在传播西方文化等方面，不无积极作用。但是，也有消极影响，尤其是这些组织是伴随着侵略战争到来的。随着中国反侵略斗争的日益高涨，反"洋教"运动也随之兴起。天津教案发生之前已发生了江苏"青浦教案"、江西"南昌教案"、贵州"贵阳教案"、江苏"扬州教案"、广西"西林教案"等，天津教案比这些教案的规模都大，后果也更严重。

第二次鸦片战争后天津成为通商口岸，西方各国纷至天津进行贸易，同时也开展教会活动，盖教堂、设教会、开育婴堂、办教会医院和教会学校。广大天津人民对西方侵略者进攻天津极为仇恨，自然也对他们的宗教活动产生仇视，在民族冲突中，自然不去分析哪些是侵略活动、哪些是文化传播、哪些是慈善活动了。

同治九年五月（1870年6月），法国天主教育婴堂收养的中国婴儿突然死亡三十多名，尸体外运的时候被市民发现，大家怀疑其中原因。正巧又有风传，天津周围各地不断发现幼儿被人用药迷倒拐走的事件，传说都与教堂有关。

　　五月十二日（6月19日），一名叫作武兰珍的拐骗犯被人抓住审问，武犯承认是把迷药放在熬制的红薯糖里，哄骗儿童，迷倒后拐卖。人们逼问迷药的来源，武回答是天主教教民王三所授，王三是开药店的商人。

　　群众闻听武兰珍迷拐幼儿与天主教有联系，就自然而然与法国天主教育婴堂死亡大批婴儿联系起来，此事很快哄传开来。愤怒的群众把武兰珍扭送天津知府衙门，去见知府张光藻。张讯问武兰珍和一干证人，其中有人说，亲见法国育婴堂抛弃幼儿尸体，胸膛被剖开，心胆俱无，眼珠也被挖去。

　　武兰珍则供认拐出的儿童交给了育婴堂，由给她迷药的王三给银洋五块。

　　张光藻问毕，宣布带犯人找洋人对证，并警告围观群众不许轻举妄动，做好出现难以收场的过激事件的准备，免得个人吃亏，并给政府造成困难。

　　随后，张光藻约天津道周家勋一同向法国天主教育婴堂发出照会，让他们交出王三，但遭到了拒绝。

　　五月二十三日（6月21日），张光藻、周家勋押着犯人，带人证到育婴堂门前要求对质，要求武兰珍指出王三来。结果，育婴堂里没有王三其人；武兰珍也被法国传教士和教民问得张口结舌。天津府、道官员只好向法国人赔礼道歉，讪讪告退。

　　中国官员走后，围观群众与教堂人员发生口角，进而互殴。群众越来越多，开始实行向教堂扔石头、垃圾，高声谩骂。

　　离教堂不远的法国领事馆领事丰大业暴怒，派人找三口通大臣崇厚，让他派兵镇压，崇厚不得上锋指示，无权派兵。丰大业则率秘书西蒙和军队到崇厚衙门，逼迫崇厚派兵。争论之间，丰大业拿着枪向崇厚开枪射击，幸未击中。这时，天津知县刘杰闻讯赶来，丰大业又向刘杰开枪，打伤刘杰的随从高升。

　　枪声引来了很多群众，大家见丰大业蛮横无理，开枪伤人，便一拥而上，混乱中把丰大业和西蒙殴毙。随后冲进法国教堂，打死打伤传教士多名，放火点燃了教堂和育婴堂。接着又冲入法国领事馆、洋行，先后打死二十名外国人。英国和美国教堂，也被拆毁。

教案发生后，英、法、美、俄等七国，立即向中国提出联合抗议，并调集军舰进行战争威胁。法国驻北京公使罗淑亚向清廷示威，扬言要对中国发动一场大的战争。崇厚为逃脱责任，向清廷上奏，声称"愚民无知，莠民为乱，地方官失职"。清政府害怕与各国决裂，以总理衙门名义向各国发出照会，表示严惩肇事凶手，公正处理案情，先将失职官员交部议处，以期平息各国的情绪，但法国公使极力煽动，各国公使不肯罢休，进一步威胁清政府，不给满意的行动，军舰立即进攻大沽口。

清政府一边向各国表示诚意，一边发出上谕：令直隶总督曾国藩立即前往天津调查处理。

曾国藩这次病得很严重，连寿木都已准备妥当，况且正在病假中。幕僚们劝他以重病之身难以胜任，请朝廷另派大臣前往。但他不肯疏辞，天津是他的职守范围，决定"力疾受命"。

临行前给儿子曾纪泽、曾纪鸿留下遗嘱，交代后事，一旦发生不测，自己的灵柩返南，谢绝一切，概不许收礼；所留遗稿、古文，绝不许刻印等[1]。

留书之后，便率赵烈文、薛福成、吴汝纶等，冒着七月酷暑，扶病登程。

曾国藩到天津处理洋教案，天津官员士绅以为定能以强硬手腕制服洋人，为天津人民主持正义，大家熟悉他的《讨粤匪檄》，文中有明确"友洋教"的内容，"粤匪"信奉的即是洋教，被曾国藩坚决镇压了。

所以，曾国藩一到天津，早有官员、士绅和许多百姓前来迎接，与案情有关的人则拦轿鸣冤。曾国藩见大家对他如旱苗思雨，便停轿倾听，官绅们你言

---

[1] 《曾文正公家书》，同治九年六月初四日。

我语，把洋教士如何欺压百姓、如何虐杀中国儿童、丰大业等如何枪击中国官员等情况一一讲述。更有一帮举人秀才跪着诵读《讨粤匪檄》，声称天津人民的反洋教便是遵檄文之大义，"以旁侠之举"，"入圣人之道"的义行。

人多拥挤，天气闷热，幕僚见曾大人汗如雨下，赶紧催着轿夫打轿，快速离开人群。

进城后，他谢绝一切邀请，带着幕僚住进了文庙。则才安顿好，崇厚来访。崇厚是满洲贵族的少壮派，以"知兵"为清廷依重，同治初以举人身份任三口通商大臣，署直隶总督，当时他才三十几岁。后创设北洋机器局，并在天津组织洋枪队，参与镇压捻军。

崇厚介绍了案情，观点与天津市官员完全不同，认为纯属百姓无知起衅，挖心取红之说亦属无稽。洋人的育婴堂收养孤病儿童，是慈善行为，死亡儿童都是流行病，教会医院皆努力为之医治。教案发生，是有人借故制造谣言，煽动反对洋人洋教。还说，不少强盗混入，趁乱劫掠教堂、医院，杀人劫货。

曾国藩在两江任内曾处理过扬州教案，案情虽小，但性质和天津教案一样。他认为大的方面是天津官员和百姓说的对，是洋人侵略所致；而具体案情，崇厚也并没有错，不可能有挖心肝、眼珠用于制药等行为，西方医学发达，这些舆论系反洋教者故意制造，无知百姓传闻。

但是，他讨厌崇厚一味替洋人说话的谄媚态度。

于是，他当即向崇厚命令：天津的官员一律停职，等案件处理完再说。让崇厚负责维持秩序，不许让事态再扩大，并配合调查案件。

曾国藩则向幕僚分派任务："由吴汝纶去调查育婴堂的问题；薛福成去进一步审问武兰珍，务必找到受教堂保护的王三；由赵烈文调查水火会的问题，并捉拿趁火打劫、杀死洋人的强盗。"这三桩事，数赵烈文的任务艰巨，他还是表示尽量完成。

两天以后，吴汝纶和薛福成调查完毕，前来交差。

吴汝纶说："育婴堂里收留的一百多个儿童，全是无父无母的孤儿，无一人是被拐卖进堂，全是在乞儿堆中，或在天津郊区收容进堂的。儿童们都说堂里有饭吃、有衣穿，还能学习识字、唱歌。还说近来许多儿童得了流行病，育婴堂忙着抢救、医治，有的来不及抢救就死了。人死后，传教士为死亡儿童洗脸，用手把眼皮合上。从没见过挖眼珠、吃心肝的，有的动手术治疗，开刀后因医治无效而死亡，不是开膛破肚取心胆。吴汝纶调查了开刀治愈的儿童，见刀口缝合得很好，病儿欢快地玩耍。因此，育婴堂害死儿童之说纯属有人造谣。"

吴汝纶还谈了自己的感受，本来对教堂很反感，但经过接触传教士、医生和教会学校的老师，他们个个和蔼、文明、礼貌，不像是杀人、杀小孩的魔鬼。

薛福成把审问武兰珍的经过叙述一遍。

他说："武兰珍开始不肯去找王三，经过劝说，告诉他事关中国和外国，弄不好会引起战争。你不去找王三，讲不明关系，就得先杀头平息事件。武兰珍害怕，很快便领着我们找到了王三。"

曾国藩问："王三是个什么人？"

薛福成说："一个无赖。先后审他好几次，尽是胡说八道。好不容易才交代，迷药是他自己弄来的，他和武兰珍勾结一起拐卖儿童，与教堂、育婴堂毫无关系。事发后借教堂之名，是想逃避罪责。"

赵烈文的任务虽然艰苦，经他明察暗访也查明了水火会的来龙去脉，和湖南的串子会、哥老会一样，没有政治目标，多是当地土匪组成。在天津教案中，煽动群众，反对洋人，给他们造成抢劫的机会。在天津街头，也是他们带头殴打丰大业等人，冲击教堂、育婴堂也是他们在群众中煽风点火。并且，有几个人夜入教堂，杀死传教士，劫掠了金银财物。并扬言：谁敢告密，就杀掉谁。

曾国藩问："领头的是谁？"

赵烈文回答："领头人是徐汉龙，刘矮子、冯瘸子、瓦刀脸、二杆子、小太岁都是骨干。除徐汉龙有名有姓之外，后面几个都是外号，真实姓名尚不知。这些人都是天津知名人物，平时充好汉，市井中无人不知。抢劫杀人一定是这几个人所为！"

有幕僚们的调查，案情基本清楚了。现在需要尽快抓捕凶手，免得他们潜逃。

曾国藩下令天津巡捕立即捕拿了徐汉龙等八个杀人凶手。同时逮捕了冲击教堂、育婴堂、领事馆，打死丰大业和西蒙的疑犯三十余人。

经审讯，徐汉龙等八人供认不讳，或杀人或抢劫杀人。但那三十多名疑犯皆喊冤屈，不承认杀了洋人，看样子都没说假话。

天津教案的结局是什么？曾国藩在来津之前就已经有了定论：教案关系国际纠纷，朝廷让他持平办理，以顺舆情而维和局"。官员去办教案，不过是朝廷的替罪羔羊，无论如何也做不到"顺舆情"，弄不好他这一生的努力，都要化为乌有，成为"舆情"的众矢之的。

结果真是这样，历史上给他的定论是"名毁津门"。这个定论，谁去处理都会一样得到。

要想取得舆论支持，就是不惜同洋人决裂，但清廷不允许他这么做。同七个国家决裂，要打大仗，当时他手中已无军队，即使有充分的兵力，也不好玩硬的。甲午战争时，李鸿章有淮军在手，有不弱于日本的北洋舰队，光绪皇帝逼着他同一个小日本作战，他都不肯与之决裂。现在曾国藩一个光杆司令，要同七国决裂，而且清政府给他唯一的命令是惩办滋事者，维持和局。

要维持和局，不得罪洋人，那必然得罪天津百姓，清议的舆论也难平服。

当时的天津人情汹汹，犹如一堆干柴，遇上火种便会腾腾燃烧。如果他惩办滋事者，就是向干柴堆上点火。火一旦燃起，就很难控制，会使事态扩大，也会引起洋人武装干涉。

朝中的清议派攻击崇厚是卖国贼，说天津的反洋教、杀洋人是"义举"。醇郡王奕、内阁学士宋晋、翰林院侍读学士袁保衡、内阁中书李如松等纷上奏折，要求皇帝下旨讨伐洋人洋教，惩办媚外的官员。

因此，曾国藩前后左右都为难，怎么处理都无好结果，四面都是悬崖绝壁。如果让他到战场上与洋人拼命，像以后的李鸿章、从前的林则徐，他宁可拼死，宁可失败被罢官，也能有个如林则徐的爱国名声。现在，就连做林则徐的机会也没有。

他有一班能干的幕僚，可再能干也没有用。同罗淑亚争辩是他的长项，那个洋大人辩不过一个大理学家。但辩论赢了有什么用？又不是开辩论会？当对手不想辩论时，马上就拿七个国家的抗议压他，拿大沽口外的舰队压他，中国的皇帝和太后不让他激怒洋人，只让他和平解决。罗淑亚看准了他的弱肋，专往那里挥拳。

曾国藩只能听朝廷的，不敢同洋大人决裂。他的态度一明朗，国人立即传出来叫骂声，"卖国贼"的帽子马上戴到他的头上。原来的亲朋好友也纷纷来信指责，他说："敝处六月二十三日一疏，引起物议沸腾，至使人不忍。"①"诟骂之声大作，卖国贼之徽号竟加于国藩。京师湖南同乡，尤引为乡人之大耻。"②

京师虎坊桥长郡会馆、教子胡同湖南会馆等处由曾国藩所题的匾额，被愤怒的士子当众砸毁，把凡有曾国藩之名处尽行刮掉，口吐、脚踏以解其恨。

王闿运等名士，李鸿章等弟子，曾纪泽等亲属，都为曾国藩担忧，深虑其一世勋名将毁于众谤之中。连多年不与他通书信的左宗棠也通过总理衙门

---

① 《曾文正公书札》第 33 卷，第 8 页。
② 《曾胡谈荟》，见《国闻周报》，第 6 卷，第 38 页。

转达他的忧虑。

　　总之，当时朝野上下一片咒骂声，曾国藩本已病重，经大家一骂，他只求早死。

　　赵烈文等幕僚见曾国藩已无生存之意，天天守护在他身旁，服侍劝慰。曾国藩连话也不想再说，只是复自语"内疚神明，外惭清议"①，后悔在剿捻无功后，没有"退处深山"，以后重回两江和莅任直督，"皆系画蛇添足"。

　　曾国藩的病情已朝不保夕，再难坚持下去，只得上奏请求另派官员前来办案。清政府同意了他的请求，派号称"洋务能员"丁日昌秉津。因丁日昌从苏州到天津需要一些时间，又加派工部尚书毛昶熙先行赴津。

　　此时，如同过街老鼠一样的曾国藩，希望清政府能为他解释，免得太难堪，让他能回得去两江。不料，慈禧为推卸朝廷的责任，竟然指责他"文武全才惜不能办教案"②。于同治九年八月二日（1870年8月28日）下令曾国藩回任两江，由李鸿章接任直隶总督，复查天津教案。

　　丁日昌接到去天津的命令后立即上疏曰："自古以来局外之议论，不谅局中之艰难，然一唱百和，亦足以莹听而挠大计，率之事势决裂。国家受无穷之累，而局外不与其一祸，反得力持清议之名。"他一到天津便大张旗鼓为外国传教士修教堂，严刑审讯在押之人，悬赏缉拿"凶犯"，直接向洋人赔礼道歉。京津人见丁日昌如此，四处张贴告示，揭露他在苏州布政使任内的贪污丑行。丁日昌全不理睬，仍然大刀阔斧惩办"凶手"，抚慰洋人。并力劝曾国藩放宽心，安心养病，莫把清议和辱骂当回事。

　　李鸿章到了天津，几乎全部维持原判，而对天津官员的判决比原来的还重。曾国藩以为判决太重，为他们筹集一万五千两银子，以求补救。

---

① 《曾胡谈荟》，见《国闻周报》，第16卷，第38页。
② 《曾胡谈荟》，见《国闻周报》，第6卷，第38页。

四十六

幕僚们上下其手，调查刺马案

天津教案的结局是李鸿章、丁日昌给画出的句号。这个句号既在曾国藩预料之中，又让他有了新的收获：一切都不能违背洋人的意志，惩凶、赔款、惩办当事的地方官，谁也不能改变。这些，李、丁二人痛快去做了。他新的收获是：李、丁二人痛快去做，做了也就做了，不理睬任何舆论，结果反而顺理成章地结案。

李、丁二人确有他没有的气质。百姓点灯，州官放火。不让点灯，一把火烧光，让你去骂个够。

曾国藩有了新的收获，不想去死；身体一下子康健起来。也许是他生命的回光返照吧？

慈禧对他就像一张纸揭过去，像没发生任何事，让他轻松回南京做总督，同时交给他一个新任务——调查解决两江总督马新贻被刺案。一件事突然想明白了，身心便轻松。天津教案案结后，曾国藩仅仅存活了一年半不到，这期间他身体状况已极坏，很难再躬亲做事。

所以，调查刺马案就是他的幕僚去做的，他不过问问而已。没有幕僚的行动，他什么也做不了。

薛福成提议：去摸摸慈禧的底牌。

总督被刺，是大清朝二百多年来第一次发生，这是一桩大案。随上谕寄来江宁将军魁玉上报的案情：同治九年七月二十六日两江总督马新贻检阅武生月课后回署，在箭道上被一男子用短刀一刀刺死。刺客并不逃跑，束手就擒，自称张文祥。审讯供词支离，难以定案。

马新贻曾是曾国藩的随员，又是他的治下，对他比较了解。

马新贻字谷山，山东菏泽人。与李鸿章、郭嵩焘同是道光二十七年进士。以知县分发安徽，任建平知县。从咸丰三年开始与太平军作战，因功历任知州、知府、道员，同治二年升为按察使。此时曾国藩坐镇安庆，与他接触甚多。同治三年，接替开缺回籍的曾国荃，升任浙江巡抚，当时曾国藩迁升两江总督，浙江军务由曾国藩统辖，马是他的属下。他多次去南京向曾问计，给曾留下精明强干的印象，在巡抚任内他仿效总督，奏减浮收，复兴书院，修筑海塘，颇具政绩。未满三年便升任闽浙总督。同治七年曾国藩调任直督，马新贻即迁任两江兼南洋通商大臣，那年他才 47 岁，是当时最年轻的总督。

马新贻迁升两江，曾国藩有些想法：此人并无殊勋，两江总督位高权重，让一个并不出名、亦无实绩的人接任，曾国藩以为是朝廷有意贬低自己。然而，转眼招致杀身之祸。

曾国藩招集幕僚分析此案。

大家皆饶有兴致，纷纷发言。

"一个封疆大员会在光天化日之下，被一个流浪汉一刀毙命，所杀地点是刀枪林立的校场，没有内线的预先安排根本做不到！"吴汝纶思维快，也敢说话，他首先提出重大疑问。

赵烈文向来沉稳，思虑也深些，他说："此案之奇，官场仅见。但朝廷的处理，亦让人费解。案发已两月，却不见有催办的谕令。"

大家七嘴八舌："天津教案，朝廷急如星火，一日一旨，或一日数旨！""总督被刺，亦属大事，为何朝廷如此冷漠？"

薛福成提议："要知朝廷的态度并不难，可恭请陛见，去摸摸慈禧太后的底牌，再作计议。"

曾国藩思考后，又经大家的讨论，认为薛福成的意见可行。

大家总的看法是：慈禧不急，我们缓行。

曾国藩以等待李鸿章来津交结，逗留天津，等待朝廷训示。八月四日（8月30日），朝廷令返往两江，九月二十三日接到入京陛见的上谕，其间朝廷再无一谕提到刺马案。

曾国藩接到入京陛见的上谕，带着幕僚、坐上绿呢大轿，缓缓北去。

入京后正值他的六十大寿。慈禧未接见他便布置庆祝他的一甲子寿辰。说也奇怪，不久之前大家一起痛骂他，现在又都欢天喜地捧着他。皇帝、太后亲为题词、送匾，赞扬他镇压起义的业勋。军机处、湖南同乡、同年等又分别在法源寺、湖南会馆等处为他设盛宴祝寿，那些被砸的匾额又都重新换过。御赐的蟒袍等等，众人送的寿诞礼物，堆满了他的居处。

祝寿之后，两宫太后和皇帝接见他两次。皇帝照样像个哑巴，一语未发。慈禧只是问了些身体、病情琐碎之话。关于刺马案，只说了无关痛痒的两句话：一句是"马新贻这事岂不奇哉？"另一句是"马新贻办事甚好"。曾国藩竖起耳朵想听下文，但慈禧再不说话，他只好跪安退出。第二次接见连马新贻的名字也未提，只问他何时启程而已[①]。

接着又是慈禧的万寿节，曾国藩随班祝贺，又见了慈禧几次，她仍不再提起马新贻之案，只好离京南下。

一路上他与幕僚们反复讨论慈禧的那两句话，到底何意。

薛福成说："千万别往深处想，只能说明太后对刺马案并不关心。只要不给她找麻烦，案子查得怎样，都无关痛痒。"

赵烈文也说："或者慈禧太后对刺马案另有隐情，她没有查到底的意思。"

---

① 张道贵、丁凤麟：《近世文史资料·张文祥刺马》，岳麓书社，1986年版。

吴汝纶则说："糊涂结案就是朝廷的旨意，查清楚了反而麻烦。"

说得大家大笑，曾国藩也露出轻松的笑容，心里有底的轻松笑容。

他们启程日期是十月十五日（11月7日），闰十月二日（12月12日）到达南京，离马新贻被刺已半年之久，朝廷令他接案调查也过去四个多月。

彭玉麟的调查结果

彭玉麟在曾国藩剿捻失败，由李鸿章接任剿捻时，他无意官场，便回到湖南故乡。曾国藩这次回任两江，又招他前来，暂做他的幕宾。早在接案之初，就命他先为调查此案。

曾国藩返回江宁，彭玉麟把江宁将军魁玉、漕运总督张之万的会审供词，及自己调查的情况向曾国藩和赵烈文等作了汇报。

张文祥是河南河阳（今孟县）人，道光二十九年（1849年）贩卖毡帽到了宁波，结识了同乡罗法善，娶其女为妻，开小押店为生。咸丰十一年入太平军李世贤部，转战皖、赣、闽、粤各省。兵败后曾投清军，因无保人未果，又回到宁波，妻已为吴炳燮所有。由龙启云帮助，仍开小押店为生。同治五年正月（1866年2月）浙江巡抚马新贻至宁波，张文祥递状控告吴炳燮霸占其妻，马以其妻正式改嫁为由不准其状。张告之龙启云，龙说从前做海盗时曾被马派兵追捕，怂恿张刺马泄愤，张遂生刺马意图。不久，张的小押店又被马新贻勒令关闭，理由是违禁私开，使张更加愤怒。后知马调任两江，跟进南京，待机刺杀。又得知马新贻每月二十五日考课武弁，遂找到了这个刺杀机会。同治九年七月二十六日（因二十五日下雨停课），才得手行凶。这个供词上报后，刑部批示"不足以成信谳"，待曾国藩和兵部尚书郑敦谨至江宁，会同审理[1]。

---

[1]《清实录》，第296卷。

就是说，魁玉和张之万的这个审理报告未被批准，让曾国藩再行调查审理。

彭玉麟的调查结果是：

张文祥是河南汝阳（今汝南）人，原籍河南光州，与其友曹二虎、石锦标入捻军，张文祥是个兵目。马新贻为安徽合肥知县时，办团练与捻军作战，一次兵败被张文祥活捉。张文祥等欲投清军，与马新贻结为兄弟，随之逃往清军营。后张文祥升为营官，四处作战，为马新贻争得不少战功，步步升迁。当马升为安徽布政使时，曹二虎把妻子接至马的官署里居住。马见曹妻貌美，顿起歹心，设法骗奸。张文祥侦知奸情告知曹二虎。张、曹正在商量如何办时，马新贻先下手杀了曹二虎。他使的是借刀杀人之计：派曹去寿春领军火，密令寿春镇总兵徐周以曹"通捻"为罪名杀了曹二虎。张文祥逃脱，誓为曹二虎报仇，一直暗随马新贻，后来终于杀了他[①]。

彭玉麟的调查结果与供词完全不同，案子还得调查，曾国藩令幕僚再去调查访问。

薛福成的调查结果

马新贻是个回子（即回族人），信伊斯兰教。马父是菏泽的回人首领，与甘肃回王素有联系。马与太平军、捻军作战，其军火多得回王资助。故此屡立战功，升迁也快。马对回王感恩，一直想报答。马有一个亲兵叫徐义，原与张文祥都是太平军李世贤部战士，李世贤兵败后，徐义投降了清军，成了马新贻的亲兵，张文祥则逃亡浙江宁波开小押店。一次，张在杭州见到徐义，徐密告他：马新贻与甘肃回王有联系，回王打算东下讨中原，浙江一带将由马统辖，二人认为马新贻是个坏了良心的人。后来，马新贻下令取缔了

---

① 金天羽：《天放楼续文言》。

张文祥的小押店，张的生计被断，联系到马新贻的私通回部，便计划杀了他，一是为国除害，二是泄己私愤[1]。

赵烈文的调查让曾国藩心惊

张文祥是湘军鲍超部的士兵，因作战勇敢为鲍超喜爱，被选为哨官。鲍超的部队中有哥老会组织，张文祥便是哥老会头目。"霆军"在江西金溪哗变时，就是哥老会煽动，哗变后张文祥逃至天目山躲进寺庙里。寺庙长老是一个隐身的天地会首领，仍指挥天地会活动，张文祥便入其伙。后来，马新贻在宁波、台州剿匪，镇压了这伙天地会，张文祥逃回天目山，受长老之托，杀马新贻为天地会报仇。这些情节与湘军联系起来，如果审出结果，深追下去又会审出湘军的哥老会。曾国藩听了吃一大惊。

吴汝纶说的更离奇

同治八年二月，马新贻与法国天主教江南教区主教郎怀仁有了联系，一个州高龙鞶的教父认出马新贻在与小刀会作战时负过伤，在董家渡医院疗伤时参加了天主教。同年十一月，安庆发生了教案，法国驻华公使罗淑亚来南京与马新贻交涉，马对罗极为友好，一切照法人的要求办理。事后与安徽巡抚英翰联衔布告，并勒石树碑保护天主教。南京等地的天主教堂都有清兵保卫，皆出马新贻之命。同治九年三月（1870年4月），南京发生反洋教运动，头面人物是陈国瑞，当时的江苏布政使梅启照也暗中支持陈国瑞。陈国瑞带着军队在大街小巷发传单，攻击洋教士，传单就是在布政使司印刷的。

马新贻对陈国瑞、梅启照反感，派兵去抓陈国瑞，陈因此逃离南京，往

---

[1] 邓之成：《骨董琐记全编》。

扬州到天津，一路接纳不少反洋教者。他们一起在天津参加反洋教活动。天津教案发生，法国传教士和公使罗淑亚都向曾国藩提出惩办陈国瑞。当时曾国藩感到奇怪，极力反驳，陈国瑞才未被惩办①。

所以，南京城里流传着马新贻是为反洋教者所杀，是反洋教者与张文祥合谋而为。

吴汝纶还说，有人说马新贻是被江苏巡抚丁日昌杀的。原因是丁日昌之子丁蕙蘅与人争一妓女，致伤人命，马新贻革去了丁蕙蘅候补道员的官衔，还判他出一万两银子给死者家属。丁日昌恼羞成怒，花了三千两银子买刺客杀了马新贻，这个刺客便是张文祥②。

薛福成见吴汝纶说的起劲，也抢着说："还有人传马新贻是被七王爷派人杀的，马新贻支持洋教，醇亲王反洋教，所以杀了他。没有醇亲王的内线，张文祥就进不了马新贻由教回署的箭道。张文祥供词中有'养兵千日，用兵一时'之说，他是谁养的兵？"

幕僚的这些调查结果，情节纷纭而离奇，张文祥可以是漏网的发逆，私通海盗，挟嫌泄愤；可以是马新贻富贵背友，帷薄阴私，张文祥为友报仇；可以是马新贻私通回匪，阴谋反叛，又得罪张文祥，张以卫清廷、泄私恨两个动机刺杀之；又可以是哥老会匪、反洋教者或是被丁日昌收买、或是受醇亲王指使……

因与湘军有了联系，曾国藩在审问张文祥时，重点提问"养兵千日，用兵一时"是何意。张文祥或供因龙云诸人帮我；或供"马总督系回教中人，闻其与甘肃回首勾通，伊起意刺杀，实系报效清廷③。

曾国藩已知慈禧并不愿此案审得明白，况且情节离奇也难审得明白。故

---

① 孙衣言：《马端敏公神道碑》；高龙鞶：《江南传教史》。

② 王闿运：《湘绮楼日记》。

③ 邓之成：《骨董琐记全编》。

此上奏："也经熬审二十天之久，该犯屡次绝食，现已仅存一息，奄奄待毙，倘旦殒命转显幸逃显戮，自应迅速拟结"，仍照张之万等审出的原供词拟其罪名，比照谋叛罪上报。实际上他根本未加"熬审"，不过是把人证十八人点一过而已，在奏报时对案中疑窦，不昔只言片语[①]。

朝廷接后奏报，更不作深究，便草草批准成谳。于同治十年二月十五日（1871年4月4日），张文祥被凌迟处死。

薛福成在日记中写道："或谓必有指使之人，或有以帷薄事疑马公者。盖谓文祥奋不顾死，非深仇不至也。"[②]

案发不久，上海、南京等地便编出了"刺马"戏，把马新贻演成忘友背主、勾结洋人、出卖朝廷的坏蛋；而张文祥则被描绘成一个大英雄。演戏多时，政府也没有干预。而马新贻的身后事典却极为隆重，恩加太子太保，入贤良祠，以总督阵亡议恤，在南京、安庆、杭州、菏泽建立专祠。对这些刺马案的奇怪现象，有人解释说，清政府并不想为马新贻加这些厚典，原因是怕洋人干涉，造成外交上的麻烦。有人传言，当时甘肃、新疆的回事未平，若不如此厚衅马新贻，又怕引起回人的不满，惹出麻烦。

总之，有清一代空前绝后的刺杀总督案草草结案，连结案的曾国藩或调查此案的赵烈文、薛福成等幕僚们，都不知道到底发生了什么事。从而，也就给中国历史上留下了没被解开的一大疑案。

① 《曾文正公日记》，同治十年正月二十七日。
② 薛福成：《庸庵笔记》，第4卷。

四十七
让幕僚容闳实现派留学的志愿

清政府说曾国藩是"中兴名臣"，主要是因为他从办练起家，最后镇压了太平天国农民大起义，救了清政府。而研究历史的人认为曾国藩是近代值得一说的人物，主要是因为他为社会的进步做了些事业。

奏派留学便是重要的一件事。

前文已述，向美国派遣留学生是容闳的一个志愿。他努力多年皆成泡影。后来投靠了曾国藩，向他提出了自己的想法，曾国藩马上认同了此议。但是，当时忙于作战，没能顾及这件事。曾国藩让他帮助建设机器工厂，派他去美国购买机器，在上海办起了江南制造总局。

随着大型兵工厂的建立，急需大批具有科技知识的人才，如造船、炼钢、制造各业都需要，这些人才在当时没有现成的。同治六年（1867年）曾国藩向容闳请教办法，容闳建议在江南机器制造局设立一所兵工学校，聘请外国人，一边翻译西洋科技书籍，一边教授中国员工学习新技术、新知识。

这是曾国藩在容闳的帮助下，建立的第一所新式学校，译出了一批西方的科技书，也培养了一批新的科技人才。容闳看了很兴奋，在书中写道："于江南制造局内附设兵工学校，向所怀教育计划，可谓小试其锋。"[①]

不久，容闳又向丁日昌提出他的教育计划，由丁日昌上奏清政府，其中主要是派留学问题。有关派留学之目的、人数、方法、管理、经费等都很详细。这个奏章是由丁日昌交给总理衙门文祥上递的，当时正碰上文祥丁忧回

---

① 容闳：《西学东渐记》，第 121 页。

了老家，而再无下文。

同治九年（1870 年），曾国藩调任直隶总督，容闳作为幕僚和译员，随行到了天津。曾国藩几次与法国公使罗淑亚谈判，中国的翻译便是容闳。处理天津教案期间，容闳依据将来与洋人接触的机会越来越多，没有识外语、通洋务的人才是不行的，动员曾国藩上奏派遣留学生。后到的丁日昌也同曾国藩谈及此事。曾国藩同意了容闳的要求，答应马上同李鸿章联名上奏，请求旨准。容闳听了说："乃喜而不寐。"[①] 这年冬天，清廷批准了曾李二人的合疏。

第二年七月（8 月），曾李二人再度上奏了派遣留学生的章程十二条，主要内容有：

（一）与美国政府接洽，清政府向美国派遣留学生，一切经费由中国支付。

（二）在上海设立"留学出洋局"，派有关人员负责，选出幼童在局中培训，准备出国。

（三）出洋幼童在 12 至 13 岁间，先派 120 名，分四批派出，留学期限为 15 年。

（四）留学生学习专业由中国政府决定，归国后同样由中国政府具情录用。

（五）幼童出洋去了美国，听从中国方面约束，学习洋文同时也学习中文。

（六）拨留学住费 120 万两，由江海关分年拨出[②]。

这个奏稿是容闳与曾国藩共同商定内容，共同拟定的，李鸿章不过跟着签名会衔上奏罢了。曾国藩在奏稿中一再强调派遣留学，是"徐图自强"的

---

① 容闳：《西学东渐记》，第 125—126 页。
② 《曾文正公奏稿》，第 4 卷，第 945 页。

必备条件，不容迟疑。他说，如今我们办工厂、制洋器皆取自西洋之长，购之西洋之器，我们花了大笔钱财先就"力有不逮"，更重要的是全恃外人之器，其中奥理则不能遍览久习，"则本源无由洞澈，而曲折无以自明"，那是很危险的。

同治十一年一月（1872年2月），曾国藩与李鸿章再次联衔上奏了派遣幼童出洋的具体落实情况。任命陈兰斌、容闳为正副委员，常驻美国，管理中国在美国留学生事务；幼童出国之前先在上海培训，由刘翰清负责；留学生的年龄扩大至12至20岁（批准时又改为12至26岁）。

曾国藩上奏派遣留学期间，即派员四处招生，但因当时风气未开，招生工作极难进行。幼童父母都不愿把孩子送到遥远的大洋彼岸去，大都认为几万里的海路是难以过去的。

曾国藩派人到城镇和乡村作动员工作，访问了许多家庭，宣传出国留洋对国家、对孩子的好处，并说经费全由国家负责。家长们"有的申请了，可是有人散布流言，说西方野蛮人会把孩子活活剥皮，再把狗皮接种到他们身上，当怪物展览赚钱，因此报名的人又撤销"[1]。

一般知识分子也都把科举作为进身阶梯，把读学视为不耻，更把留学"斥为非类"。由于招生的儿童年龄小，父母不愿让自己的幼子离开，出国前还要家长"具结"，条文上写的是"生死各安天命"，就更让孩子父母害怕了。

招生工作困难重重。尽管曾国藩把身边的幕僚都派出游说，报名者仍是不多。不得已，只能派容闳返回家乡招生，又去香港的学校中招揽。

第一批留学生大部分是容闳的同乡，再就是有特殊条件者，如邝荣光其父在澳门工作，见过世面，政府出钱派儿子去美国留学，他是求之不得的。唐廷枢和容闳自小在香港一起读过书，思想开放，也自愿送儿子唐安国赴美。李恩富的堂兄在上海经营茶叶生意，说服了唐恩富的家长。

---

① 刘真主编：《留学教育》，第1册，第83页。

近代著名科学家詹天佑一家并不知有留学招生一事，一位在香港做事的邻居回家告诉了其父詹兴洪，劝他送子出国留学，詹兴洪不干，希望儿子走科举正途。这位邻居却说出国留学前途远大，主动提出，如果詹天佑出国留学，就把女儿许配他。这样，詹天佑之父才愿意送子留学，当年詹天佑才12岁。

为了做好幼童出国前的准备工作，曾国藩拨款设立了"出洋预备学校"，设有正副校长，中西文教习。幼童先在该校受教育半年，学习简单的英文、中文，了解国外的各种情况。学校要求极为严格，学习不努力的还要体罚。第一批留学生在这里受训后，基本完成预备科的学业。

同治十一年（1872年）夏天，经过考试合格的第一批幼童30名，在上海出洋，正式揭开了中国学生出国留学历史篇章的新页。遗憾的是，为第一批留学生出国作过努力的曾国藩却在数月前辞世，没能亲眼看到这一天。尽管如此，中国留学史上毕竟留下他努力的印迹。

容闳要先去美国，安排留学生的食宿、读书等具体事务。临行前，曾国藩与容闳进行了长谈，谈到留学生归国，中国有了各方面的人才，外国就不敢欺侮我们了。他俩都不知，这是他们最后的交谈，也是永久分别前的交谈。

据说，容闳到美国定居时，终生珍藏着曾国藩给他亲笔的墨宝，西方友人曾想出十万美金买其一个条幅，容闳总是毅然拒绝。

中国的留学运动从曾国藩和容闳这里开始，从那时中国便有了自己的近代科学家、外交家、军事家。中国产生了一大批具有新型知识结构和新思想的知识分子，对中国的维新运动、革命运动和文化、经济建设，都发挥了很大的作用，有些影响则是曾国藩所始料不及的。

四十八
给幕僚留下造铁甲舰的遗愿

同治十年八月（1871年9月），秋高气爽，日丽江阔。曾国藩会集幕友、门生，兴致勃勃地踏上停泊在下关码头江面上的"威靖"号轮船，开始了为期两个多月的军事检阅活动。阅兵过程，他要亲自坐一坐江南制造局新制的轮船，游览江南秋景，散散长期郁积在心里的闷气，同时视察江南制造总局。

八月十二日（9月26日），先就近检阅了江宁防军。第二天乘轮船东下，先后巡阅了扬州、清江浦、镇江、丹阳、常州、常熟、苏州、松江等地。十月七日（11月19日）到达上海，视察了江南制造局的各种机器和船坞。十五日（27日）改乘"测海"号轮船回江宁。

一路上曾国藩总是和徐寿、李善兰、华蘅芳、杨国栋几个幕僚说个不停。作为两江总督，是军事与民政合一的地方大员，阅兵是必须进行的，这表示首先重视军国大计，使一方安靖，让皇帝在龙庭上坐得安心。但是，曾国藩对军事方面已不热心。长毛和"捻匪"被他和李鸿章平定了，一时半会再不会发生大的农民起义了，经过20年的征战，民间的武气也消耗得像个没气的皮球。军事方面主要看李鸿章淮军的作为，他的手中已无可战之军了，余下的不过是个仪仗队罢了。

这次名义上是阅兵，实际上是看看工业制造，这才是他最后关心的事业。

天津教案发生，他受够了洋人的气，法国公使罗淑亚动不动就要开炮攻击大沽口，拿他们的轮船压迫他就范。慈禧太后为什么害怕与洋人"决裂"，怕的也是他们的铁甲舰。没有大轮船，洋人怎会不远万里到中国要威风。

"夺洋人之所恃"，是曾国藩十年前立下的一个志愿。安庆内军械所那么简单，一部机器也没有，他硬是鼓励徐寿他们造出了一只小轮船"黄鹄"号。

"雪村，我这是第三次坐你们造的轮船了，一次比一次好啊！"想到此处，他笑着对徐寿说。第一次是攻下金陵之后，曾国藩从安庆坐"黄鹄"号小轮船去的江宁。第二次是同治七年去直隶之前，容闳驾驶江南制造局造的"惠吉"来上海。后来，江南制造局又相继造出威靖、操江、测海三艘轮船，名字都是曾国藩起的①。

徐寿见曾国藩很有兴致，向他介绍说："黄鹄"号，只是一次试验罢了，"惠吉"号还是明轮，虽然长度和吨位不小，但仍是一只旧式船。现在坐的"威靖"号就不同了。它长度是二百零五尺，六百零五匹马力，一千个吨位，配备了十五门大炮，而且是当今真正的轮船（暗轮），比前头那几艘轮船先进多了。

黎庶昌打趣地说："雪村兄，你的记性还这么好，连船上有几个螺丝也记得吧！"

"怎么不记得，这是老中堂最关心的事业，就是把我的生日忘了，也不能忘记老中堂的事业呀！"徐寿饶有兴趣地说。

华蘅芳说："每艘轮船下水的日子我不忘，我的生日也不能忘，二者都不能忘！"

吴汝纶说："还有你太太、儿子的生日也不能忘吧？"

徐寿听了大笑："轮船比他的儿子、太太都重要，他忘没忘我不晓得，反正我的儿子和老婆的生日我早忘了！"

---

① 《江南制造局记》第 3 卷，第 55 页。

曾国藩听了又感激又兴奋:"这不光是我们的事业,更是国家的大业!"说罢似乎想起了什么,脸上也露出一丝凄苦,接着说:"当年我和润芝(胡林翼)同在九江南门码头上,见着洋人的轮船狂傲的样子,润芝气得吐了血!"

吴汝纶义愤填膺,大声说:"洋大人有啥神气的,我们早晚超过他们,以慰胡老中堂在天之灵!"

曾国藩问:"雪村,我们造的轮船与洋人的相比怎么样?"

徐寿回答:"听制造局的洋匠说,英、法、德等国正在造船上酝酿一场技术革命,将来会发生巨大的变化,但现在他们的技术还不行。"

李善兰也说:"广州这两年向英、法购买的几艘船,技术不比我们的好。"

华蘅芳接着说:"两广总督瑞麟向英、法两国买了七艘船,实名飞龙、镇海、澄清、绥靖、恬波、安、镇涛,其中英国三艘、法国四艘,技术都比我们的'威靖'差。"

徐寿说:"福建买的长胜、福源、福胜、华福宝四艘船,归船政衙门和总督部堂调用,技术也一般。其中福胜号在澎湖遇风撞在礁石上,毁坏得完全不能使用。"

徐寿等人说的是对的,"威靖"号用的就是外国的造船技术,这时英、法等国的技术仍未发生太大的变化。等到曾国藩死后十几年,英、德的技术才发生根本性变化,相继造出铁甲大战船和轻重型巡洋舰,李鸿章北洋舰队的十几艘战船便是英、德两国制造的铁甲战列舰和轻型巡洋舰及装甲重型巡洋舰。在曾国藩巡视江南制造总局时,外国的造船技术尚未发生革命,他们的技术人员来局制造的几只军舰,同他们本国的差不多,一些史书的记述是有失误之处的。

曾国藩对"威靖"号的各种性能都表示满意,但他猛然发现脚下踏的都是木头板,认为这一点没有变化。发问:"如果打起仗来,木头板如何能挡得住火炮的轰击？"

这个问题太明朗不过，如果开花炮弹落到了船上，要么炸个大洞来，还会燃起大火来。木板船要防止漏水，都用油脂浸过，自然更易点燃。可是，铁甲战舰的技术尚未有，中国更造不出铁甲战船，徐寿他们如何能回答得圆满。

船到上海后，曾国藩一行由上海道兼制造局总办秦世泰陪同，参观了制造局各厂，并一一参观了"测海""操江"各舰。曾国藩再度向徐寿等人说，要尽快造出铁甲舰来，并说中国如果能有五十号铁甲大舰，就敢同洋人在大海上争高下了。

第二天，曾国藩宴请制造局里的译员和匠师，其中有英国人傅兰雅、伟烈亚士，美国人林乐知、玛高温、科尔等。宴会上，曾国藩一一慰问外国人，感谢他们为江南制造局做出的努力。曾国藩许久没有像今天这样高兴了，因此宴会显得热烈而轻松。

傅兰雅等外国人由于一时高兴，竟问曾国藩对外国人、对外国传教士的看法。在座的中国人都为此捏着一把汗，生怕触动曾国藩的伤心事。但是曾国藩却高兴地回答这些问题。

他爽朗地说："中国、外国都是一家。大同世界天下人都是一家，不该有侵略和欺辱。耶稣教劝人做好事，不做坏事，也是好教。真正的外国朋友、外国传教士只会帮助中国人，不会欺压中国人。那些仗势欺人的外国人和传教士，不能代表兄弟国家和真正的传教士！"

曾国藩的回答博得外人热烈的掌声，大家赞扬曾大人的开明，认为比"清议派"高明得多，并表示要与中国朋友精诚团结，为制造局真诚效力。

曾国藩接着说："我已向制造局徐寿他们下了死命令，要他们一定造出铁甲舰来，希望外国朋友们帮忙，献智献力。"美国人科尔当即表示："不仅战舰，包括机械、枪炮都能造出好的来，不会比英国人、法国人的落后！"

曾国藩听了大为高兴，举杯表示对他的谢意。

曾国藩又进一步了解制造局的情况，科尔和傅兰雅等反映，制造局的效率太低、浪费太大。局中工人一千多，设备齐全，经费也充足，如果在外国，这样的条件，工作效率最少能提高三倍。而制造局的枪炮武器产品，成本又比国外工厂多七成，造一支枪、一座炮，比向外国购买花的钱还要多。造轮船虽然没有造枪炮浪费那么大，但不会比买船节省经费。因此，他们认为，这样下去，中国还得走上向外国买船这条路。

曾国藩问："中国的工厂办得为什么不如外国？"

他们干脆回答："这是个经营体制问题。外国的工厂是私人经办的，经费自己出，产品自己卖，包括枪炮武器也是这样的。只有利润才是办厂人的兴趣，赔本的买卖谁也不会做。工厂的成本自然就会下降，效率自然会上升。"

曾国藩一听就明白，但是办工厂的体制，尤其是军工厂的体制谁能改变得了？军队要枪炮、战船是为朝廷打仗的，国家不出钱谁出？国家出钱办工厂，产品如何能拿出去卖？产品不出售，哪有利润可言？

造船不如买船，那么办造船厂不是自找苦吃吗？但是中国不设厂自造，一切都靠买外国的，中国还有自强的一天吗？自强就得独立，造战船为的是抵抗外人的侵略，但战船总要向外国买，这不是自相矛盾吗？哪有既准备同人打仗，又要花钱买对方的拳头、棍子的！

曾国藩越想越苦恼，几天来造铁甲舰的兴奋一下子烟消云散了。他只觉浑身乏力，赶紧乘轮船回到了南京。

四十九

办洋务的小幕友成了他最好的女婿

曾国藩共有五个女儿，前四个嫁的女婿都不怎么样。长女曾纪静，嫁给同乡袁秉桢，很不长进，一生未见有出息。二女曾纪耀，嫁给同乡陈济远，陈有隐疾，不能生育。三女曾纪琛，嫁给罗泽南的儿子罗兆升，品行极坏，吃、喝、嫖、赌占全，就是不会干正事，是最差的一个女婿。四女曾纪纯，嫁给郭嵩焘之子郭刚基，身体极差，二十出头就死了，曾纪纯成了年轻寡妇，还常受郭嵩焘的姨太太虐待。

小女曾纪芬嫁的女婿最好，后来是中国一位著名民族企业家，官至巡抚。曾纪芬的家庭幸福，寿命也长，她是1852年生，1941年寿终正寝，活了90岁，给自己起了个"崇德老人"的号，并有自订的《崇德老人年谱》一书。前四个姐姐都不幸福，寿命也短，大约都活了三四十岁。大姐、三姐死年不详，二姐活了38岁，四姐活了35岁。

曾国藩常为前几个女儿感到苦恼和自责，女婿都是他给选的，他自责说，不是给女儿选女婿，而是为女儿选公公，因此才坏了事。

由于小女儿的命运好，前几个女婿太差劲，相形之下，社会上的文人就说三道四，小女儿的择婿也就有点渲染了。

有一天，大约就是前文写的曾国藩去江南机器制造局视察的某一天，制造局译员傅兰雅和洋人工程师向曾国藩推荐一位年轻人，说这位青年资历虽浅，见识却很高，是制造局中少有的。时因制造局管理腐败，认为若是有这个青年人的头脑，制造局将会大变样。

曾国藩正为管理问题感到苦恼，一听说工厂里有这样的管理人才，当即要见见这个年轻人。

不大一会儿，走进一位十七八岁的青年，向曾国藩一鞠躬："卑职见过老中堂大人！"

曾国藩正在打量这位青年小子，傅兰雅也跟了进来，向曾国藩介绍："曾中堂，这位就是聂仲芳先生，将来一定可以成为贵国一位大企业家，他很有经营方面的头脑和才干！"

按中国规矩，既已介绍过，人也进门了，就不能进来抢话说，何况对一位总督大人来说。但曾国藩知道外国没中国这些礼数，自然不会怪罪傅兰雅，尤其是他一见叫聂仲芳的青年人，不知为什么，只觉眼前一亮，心里也顿时感到特别舒畅。曾国藩特别相信心灵的感受，他不信天命鬼神，但心灵感受他信，看面相他也信。因为人的心灵世界大多能表现在面貌上，尖嘴猴腮的人，十之八九不是好人，是好人也没出息。尖鼻薄唇鹰眼的人，大多心怀鬼胎，心术不正。相貌堂堂、口鼻方正者，大多是光明正大之人。

聂仲芳更非一般，五官头脸和体态简直挑不出毛病，是英俊美少年，天真活泼而又不失稳重文雅，任何人见了都会喜欢。

如此完美的青年，曾国藩阅人之多，也极少见到。彭玉麟是个美男子，但太过冷峻，可能是青年时遭受过婚姻问题的打击，会看相的就说彭玉麟是一老僧转世。

曾国藩真正是喜欢上了这个孩子，聂仲芳的确还是个孩子。

便十分亲切地问："聂仲芳，你这么年轻就得到傅兰雅先生的称赞，了不起啊！"

聂仲芳谦虚回答："这是傅先生对年轻人的抬爱，我什么本事也没有，只是愿意向他们学习而已，老中堂大人莫要见笑。"

曾国藩更加喜欢，这不是王闿运那样的目空一切的青年。接着问："你是哪里人，父亲做什么的？"

"卑职湖南衡山人，父亲聂亦峰，在广东高州做知府。"

"你是聂亦峰的公子？"曾国藩很惊喜。

"老中堂认识家父？"

"你父亲是我的老朋友呢，你父亲身体还好吗？"

聂仲芳听说曾国藩和父亲是朋友，赶紧下跪，口称："老伯受侄儿一拜！"

随后，曾国藩说傅兰雅那样称赞你，我想同你好好聊聊，约定明日再见面。

第二天，聂仲芳去了曾国藩的会馆，接着昨天的话头聊下去。曾国藩讲了他和聂亦峰的朋友经历，道光年间同是长沙岳麓书院的同窗，说聂父诗文具佳，人品也好。但道光年几次会试未中，直到咸丰二年才高中二甲第八名，外放个知县。

这些，聂仲芳都知道，他心里说，同年同窗，眼前的曾大人已是大学士、总督，父亲还是个从四品的知府，相差十万八千里。

曾国藩不想让这位青年有折辱感，赶紧扭转话题，问他为什么跑到上海干洋务，父亲是什么态度。

聂仲芳回答，广州是个比较开放的地方，他的几个内亲在机器局做事，姐丈在上海机器局做事，他是跟姐丈来的。父亲常受亲属的耳濡，也认为考个进士也无多大用，中国不缺官，缺的是懂得时务，又有真本事的人才，所以也支持他从事洋务制造和管理。

曾国藩听了十分高兴："你的父亲和亲人说的对，你的职业选的对，中国是不缺官，你年纪轻轻，就被洋译员和工程师看中，将来一定比我们有出息，就在我这里好好干。"

随后他们讨论了制造局的管理问题。聂仲芳的看法和洋匠师完全一致，认为关键是体制问题。

聂仲芳还说："我们的工厂成本高、效率低，向西方买一支枪，只花十两银子，造一支同样的枪，却要花十八两银子。"威靖"号轮船用十二万两银子才造成，美国只要九万两银子，真的是制造不如购买。"

问题又回到原处，那个关键的"体制"问题，谁能解决得了？

但聂仲芳却说："伯父不必忧虑，事是人办的，解决的办法总会想出来的，到时候一定会有人来解决！"

他说此话时只是顺口安慰曾国藩，他自己尚不知道不久的将来，他就是解决体制的人之一，不然他就不会被称为著名民族企业家了。

曾国藩又一次细细打量一遍这个朝气蓬勃的英俊少年，轻声问道："仲芳，你父母给你定亲没有？"

年轻人没料到有此一问，面带羞容地回答："没有。"曾国藩听后，脸上一亮，兴奋不已。过了好大一会又问："你的名字叫什么？"

"聂仲芳。"青年人回答着，不明白自己没有定亲的事，为什么会让曾大人如此兴奋。

接下来应该都是一连串的喜剧情节了。

首先是曾大人回署后同夫人欧阳氏议女儿的婚事。由于前几个女儿婚事都很不幸，小女儿的婚事就很慎重，曾纪芬是 1852 年出生，今年已是 20 岁了，这个年纪在当时已经是一个老姑娘了。据记载，曾纪芬的身体很健康，长的也是五个女儿中最漂亮的。因为是幼女，父母特别宠爱，养成的性格也比姐姐们都活泼些。

聂缉椝（椝，亦写成槼，规的异体字）是 1855 年出生，应比曾纪芬小三岁。

曾国藩愧疚于几个女儿的婚事都是自己作主，根本没经过夫人和女儿，结果都很糟，因此这回认真地同夫人、女儿一同商量。

一家三口坐在一起，商量小女儿的婚事，这是第一次，前头的无论儿子、女儿都没有商量过。在曾纪芬的印象里，姐姐们出嫁也都极为草率，父亲一次也没来家。婚后的姐姐们都不幸福，大姐总是以泪洗面；二姐郁郁寡欢；三姐多在娘家住，对丈夫的品行伤透了心；四姐的命更苦，早早守寡，受小婆母欺侮还不敢说出口。自己见此光景真的不想再出嫁，既然父母同自己商量，就得选个好的。

当母亲说要为她择婚时，她干脆提出要品行好、学问好、家境好、公婆好、体质好的"五好"条件，她这是从几个姐姐那儿总结出的血的教训，如果嫁出去像姐姐那样，那不如不嫁，一辈子守在父母身边。

既然连女儿本人都说开了，曾国藩也不再遮着盖着，明白说江南制造局委员聂仲芳就合乎女儿提出的"五好"条件。

他是聂亦峰的长子，今年 17 岁，本人健康，秀才，小小年纪就被局里的洋人看重，洋人很少看得起中国人。其父现为广东高州知府，是父亲的同窗好友，人品也极佳。其家庭中人，多从事实业，思想开通，都是做正经事的。

一提聂亦峰，夫人便熟悉。当年他几度进京考试，都住在曾府，前后住了半年多，人确实很好。

曾国藩又说，我看孩子比老子要有出息，少年英俊，谈吐极为不凡，也很有见识，洋人都说是个极有出息前途的新型人才，我已让他做我的幕友，他喜爱实业，仍让他参与管理制造局的工作。

欧阳夫人听了极为高兴，曾纪芬也听得一阵阵脸红。

接下来是相亲。旧社会说的相亲，实际上不是男女本人相亲，婚前是不许见面的，多是第三者代看，第三者根据自己的立场代看，出入就大了。多是看好家庭，或者对自己有利就好，到头来男女本人成了牺牲品。

这回，母亲和女儿要亲自相亲。

事情很好办，把制造局委员聂仲芳请到总督署，说他的管理有一套，曾大人要深入地谈谈。客厅里聂委员与曾大人谈话，屏风后夫人和女儿偷看偷听。夫人把聂委员从头到脚看了无数遍，女儿事关本人，眼睛比老人亮，看得更仔细。

一个青年美男子一下子印入两个女人的眼睛里和脑海中，哪有不中意的。这样的美少年，见所未见的。

夫人满意了，问问女儿，女儿满脸通红，两眼尚未离开端坐在帘外的聂委员呢。

晚饭留在家里吃，理由是招待同乡好友之子和属下的得力委员。

曾府的饭菜都简单，聂委员只吃饭菜不喝酒，十七八岁的年轻人，思想开通，吃起饭来也很大方，不一会儿三大碗白米饭下肚，外加一大碗汤。吃得曾大人满心欢喜，吃得屏风后的两个女人心花怒放。这个美少年饭量大，不喝酒，是个健康正派人的表现。

总而言之相亲成功，后来聂委员明白了曾大人要选自己做女婿，又听说曾大人的小女儿不仅人漂亮，而且思想开通，还是个才女。一向了解曾府对子女要求严格，虽说曾纪芬比自己大了几岁，常说"女大三，抱金砖"；到哪选这位好妻子去。

曾国藩总算为小女儿选了个好女婿。

聂缉椝成了曾国藩的小幕僚，继续经办江南制造局事务。成婚后，夫妻果然极为幸福，成为江南一段婚姻佳话。

聂缉椝果然不同凡响，光绪十年（1884年）任上海制造局总办，这可不是凭着曾大人的关系，那时曾国藩已故12年了，1890年任苏松太道。早年他认为国办企业因体制问题，入不敷出，积极主张私人办企业，搞股份公司。19世纪90年代初，个人入股华新纺织新局、继而收买华新纺织新局的股份，独立开办复泰纺织局。1894年升任浙江按察使，1899年署理江苏巡抚，1901年实授安徽巡抚。宣统元年（1909年），独资经营恒丰纱纺厂。成为中国近代著名企业家、著名民族资本家。

五十

最关心的还是两位最成功的幕僚

同治十年十一月二十二日（1872年1月2日），由李鸿章、马新贻规划重建的两江总督衙门，经过五年的建设终于落成。督衙在原洪秀全天王府的基础上重建，规模比原天王府小得多，但比起太平天国之前的总督衙门要阔绰多了。

总督从盐道衙门暂借的房屋院落中搬进新督府，这是一件喜庆的事情，庆祝、设宴自不能少，又在年关临近，热闹非常。但曾国藩总说："太奢了！天道忌奢！天道忌奢！"命人在署东开出菜地，亲自劳作，减几分奢靡。

江南的冬日依然温暖如春，但坐在新建的署衙里，总觉得空旷、凄寒，随之而来的是感到病体沉重。肝区阵阵作痛，头晕目眩，两脚麻木，失眠，噩梦不断，梦中尽是那些死去的朋友。他意识到自己将不久于人世，似乎想着交代点重要的后事。

于是，赶紧写信给李鸿章。

他想来想去，心里最关切的两个人，一是李鸿章，二是左宗棠。这两个人居然和他都有点过节，但总体来说既不算大，也理所当然。大家做的事那么大，那么复杂，哪能没点磕碰的。再说，李是自己的弟子兼幕僚；左是自己的朋友兼幕宾。

他们是两个成功者，同自己的地位不相上下，似乎事业超过了自己，他们的成功不也是自己的成功吗？

左宗棠还在西北作战，他只能写信让李鸿章前来。

想到李鸿章，他心里更多的是宽慰。他庆幸有这个可资接班的学生，自己多年的事业都由他接了过去：湘军不复存在了，有李鸿章的淮军支持着大清朝；天津教案自己处理得那么费劲，李鸿章轻松解决；洋务事业自己开了头，李鸿章大刀阔斧干得正欢。

他很佩服这个学生。虽然对他热衷功名利禄有些看法，但也总能宽容他。

李鸿章接到老师的信，尤其读到"此次晤面后或将永诀，当以大事相托"时，深感老师对自己的器重。生怕见不到老师最后一面，便不顾年关将近，百事丛杂，冒着北方的严寒，长途跋涉，由保定赶往江宁。

师生见面第一件事是进一步商量幼童出洋的事，第一次上奏是老师拟的稿子，这次商量后，曾国藩让学生拟稿。李鸿章根据老师的指点，未经文案，执笔立就。曾国藩看了这二千余字的奏稿，条理缜密，文笔洗练，心里很是高兴，仅改数语便让他亲自呈递[①]。

接着，曾国藩向学生细细叙说往事。

一件事关于湘军的裁撤，自己顾虑太多，犯了重大错误。

湘军由自己亲手募练，征战十几年，为国家立有殊功。但是因自己的原因，竟然解散。这等于自毁长城，寒了将帅的心，也等于实际的自杀。湘军众多将帅，飘如秋叶，无依无靠，任人宰割。自己也成了剪翼之鸟，以致"剿捻"无功，倍受折辱。幸赖淮军尚在，攻灭了捻军，成就了大业。

他让学生切记自己的这个教训，今后淮军若有被议裁的一天，千万不要像老师那样，畏首畏尾，只可加强，不可削弱。乱世之中，手里的军队切不可放松，于国于家都是如此。

第二点让学生切记，数十年办事艰难，难在人心不正，世风不淳。要正人心，淳世风，先靠一二人默运于渊深微莫之中，使后来者为之应和。他说

① 此稿见《李文忠公全集》，奏稿，第19卷，第7—10页。

自己和李鸿章就是这样的关系，先正己身，培养后人，把这种人作为"种子"，让种子生成参天大树，开花结果，使天下布满。他让李鸿章早为下手，以一身为天下表率，多多培养"种子"，绵延不断，天下应和，世风就会好了。

李鸿章问，如今放眼天下，哪些人可以作培养的"种子"？曾国藩听了似乎不想说出，思之良久才说：海内第一号人物当是左宗棠，他有着伟才大略，待人耿直，廉洁自守。李鸿章听了感到不解，老师和左氏七八年信息不通，外人已无不知之，为何老师还有这个看法？

曾国藩看出学生心有疑问，便进一步解释，他和左宗棠争的是国事，不是私情，左氏"知人之明，谋国之忠"，才是他的最大长处。李鸿章听了连连点头。

曾国藩继续说，左宗棠之后就是彭玉麟，他光明磊落，疾恶如仇，淡泊名利，重视情义，是天下少有的奇男子。其次是郭嵩焘，郭之才天下难有其匹者，而且非书生文章之才，将来会有发展的。再往下数，刘长佑心地端正；沈葆桢很有能力，但心地狭窄。

最后议论的是办洋务，交代说：洋务怎么办都好，但要抓住一点不放：也是冯桂芬说的，"以中国之伦常名教为根本，辅以诸国富强之术。"

丁日昌是办洋务的好手，但操守欠检点，你应注意别让他出大格。

李鸿章插话："关于他议论颇多，天津人骂他丁鬼奴。此人有点像门生，做事不大留后路。"

曾国藩又说："户部有王文韶者，你可知之？此人有宰相之才，今后要注意接纳。"

李鸿章说："门生谨记。"

曾国藩又说："黄翼生人极廉洁，但本事不大，长江水师提督一职，有合适的人选再换。"

曾国藩思考一阵又说：至于我的幕中之人，将来你能用则用，不便用者亦望能顾盼之。张、黎、吴、薛四子已为之门生，你之师兄弟也。张廉卿裕钊老实持重，做你事业不行，将来可成就古文之业，乃有成之人。吴、黎、薛三子，尚需历练，但他们这些年追随我，幕中事多所参斟，将来可期大用，你或能用，能帮你大忙的。

李鸿章说："曾门四弟子，已露头角，士林也无不知之，弟子当视为同门师弟，门生当尽其绵力照护他们！"

曾国藩说："人才长短，大多靠个人的努力，或有几分天分，但主要靠他们自己的努力，亦不需你刻意提携。"

李鸿章突然发问："恩师，你看门生最大的不足是什么？"他想以突然发问，得到老师直率的真言。

"你的不足在欠容，我一生无他长处，就这一点比你强。"曾国藩也不犹豫地回答。

后面，二人议论最多的仍是办洋务问题。李鸿章提出，合地球东西南北九万里，万国竞争，乃三千年一大变局。从我国论，自三代而今，亦合三千年矣，目前正在大的变局之中。物竞天择，适者生存，我们一定要跟上这个变局。大刀长矛的时代早已过去，抬枪、土炮也不再适用，洋人日新月异，我们一定要急起直追，师其所能，夺其所恃。因此，轮船一定要造，工厂一定要办，新的学校也要搞。老师满足了容闳的愿望，派幼童出洋，这是得人才最快捷的方法。如果我们不急起直追，西洋人已先行了数百年，以后将再也追不上了。

曾国藩凝神细听，对"三千年一大变局"的看法甚为欣赏，让他就此论点，向太后、皇帝上一奏折，让天下人受到教育。

曾国藩问："同一个天津教案，我去办累得死去活来，你和丁日昌怎会轻松？你办外交的准则是什么？"

李鸿章笑了笑："那好比推车上大坡，老师已推到山顶，只差一小步，我是借恩师的努力只走了那一小步，自然没费事。"李鸿章的言外之意是曾国藩吃力不讨好，功亏于一篑。

曾国藩仍未懂，抬起头仍看着李鸿章。

李鸿章进一步说："洋人非常狡诈，同洋人交涉不能太认真，不能顶着干，应是顺着牵。就像赶牛，推着牛腚走不行，而应顺着它、引着它走。再如同流氓打交道，你也得打痞子腔，正人君子气死也白搭！"

曾国藩瞪大了眼睛听，仍然听不懂如何同洋人打痞子腔。

和李鸿章长谈之后，曾国藩像是交代了后事，感到了轻松。

年底，曾国荃从湖南老家到了江宁，一是来看望大哥，再是想和大哥一家过个团圆年。过了初七，曾国荃从外面进来，交给他一封信，嘴上说："大哥，你绝想不到，是左老三从西北寄来的。"

曾国藩听罢，突然站了起来："是季高的来信？快给我看！"

拿过一个长大的信封，长面写着"曾涤生仁兄亲启"，还是原来那般亲切的称呼。打开信封，一纸书信映入眼帘：

涤翁尊兄大人阁下：

寿卿壮烈殉国，其侄锦堂求弟为之写墓志铭。弟于寿卿，只有役使之往事，而无识拔之旧恩，不堪为之铭墓。可安寿卿忠魂者，唯尊兄心声也。

八年不通音问，世上议论者何止千百！然皆以己废人，漫不着边际。君子之所争者国事，与私情之厚薄无关也；而弟素喜意气用事，亦不怪世人之妄猜臆测。寿卿先去，弟泫然自愧。弟与兄均年过花甲，垂垂老矣，今生来日有几何，尚仍以小儿意气用事，后辈当哂之。前事如烟，何须问孰是孰非；余日苦短，唯互勉自珍自爱。戏作一联相赠，三十余年交情，尽在此中：知人之明，谋国之忠，自愧不如元辅；同心若金，攻错若石，相期无负平生。

曾国荃也把信看了一遍说："大哥，季高向你赔罪了！"

曾国藩则说："不是赔罪，正是季高心地光明之处。"

八年不通音问，要说一点隔膜没有，那谁也不会相信。但左宗棠毕竟是磊落君子，"君子之所争者国事"，此言或有左的本心之处。"知人之明，谋国之忠，自愧不如元辅"，这句话由言大志大的左宗棠写出，曾国藩心潮起伏，有这句话，八年的隔膜一下子畅通了。

李鸿章、左宗棠，有此二人为国家撑柱，曾国藩完全放心了。

收看左宗棠的来信，他认为这是年关以来收到的最好礼物，一份大礼。